U0512205

四川师范大学出版基金资助项目

戏曲文物符号学
向度艺术研究与
数字化保护

Xiqu Wenwu Fuhaoxue
Xiangdu Yishu Yanjiu Yu
Shuzihua Baohu

郑　轶　刘丽娟　著

人民出版社

自　序

　　戏曲文物在各类文物中占有较大的比例，而这些戏曲文物及戏曲元素展现在木雕石刻中，不仅仅是因为其美观与装饰性，更重要的是具有一定的文化与社会价值，因此戏曲文物作为一种特殊的文物形式，需要进行相应的保护和传承。戏曲文物的保护工作主要体现在两个方面：一是对戏曲文物本身进行保护，二是对其相关资料研究与文化传承保护。因此，通过符号学的理论范式对戏曲文物进行解析，不仅是从艺术研究的角度分析其特征，更重要的是将戏曲图像背后所携带的文化意义与社会价值展现出来。通过符号学向度的艺术研究，将戏曲文物更加全面地剖析具有一定的研究价值与意义。同时，数字化保护已成为保护文物的重要手段之一，可以有效提高文物的保存及传播效果，并为后续的研究提供更多的数据支持，不仅可以更好地保存戏曲文物的历史价值与文化内涵，还可以为戏曲文物的研究提供更多的便利条件。本书通过数字化的技术复现与修复，在另一个空间维度中，对文物的传播与文化传承起到了一定的作用，也是对文物数字化保护有效途径的探索与研究。四川师范大学郑轶老师带领青年团队跋涉于四川，对大量的石刻和木雕文物进行了实地调查，针对具有戏曲元素的文物进行数字化手段材料整理，融合历史学、民俗学、艺术学、计算机信息技术等学科知识与方法，对这些宝贵的第一手资料展开多学科的综合研究，撰写成这本《戏曲文物符号学向度艺术研究与数字化保护》。该书以戏曲文物为载体，涵括了巴蜀文化尤其是明清以来形成的巴蜀民间文化的诸多方面，是通过戏曲文物对巴蜀民间文化的一次系统搜集、整理和研究。

在理论范式上，主要采用符号学对传统戏曲文物符号进行解读与解析。对文物中的图像成因进行理论分析，深入探讨戏曲文物中所蕴含的符号意义，揭示其与文化、历史以及社会动因的关系，为研究提供更加深入的理论基础。本书聚焦具有戏曲元素的文物展开研究，主要在木雕、石刻文物、建筑文物中展开田野调查，针对性较强，内容集中。在研究范式上，主要融合符号学理论、艺术学、信息技术等学科开展研究。具体为采用符号学方法对戏曲文物进行研究与分析，拓展传统的文物研究范围，挖掘、解读和呈现戏曲文物的多层次含义。从艺术学专业角度，融合使用激光扫描、高精度建模、倾斜摄影等前沿信息技术手段，对文物进行全面的数据采集与整理，最终采用 AR 技术以及 VR 技术对文物进行高精度全方位细节以及数字化修复展示。为研究数字内容的准确性、全面性提供更为科学有力的支撑，便于读者深入理解文化意义。

戏曲文物是人类宝贵的文化遗产，运用数字化的手段进行文化遗产保护与传承，通过符号学向度研究与数字化保护，不仅仅关注事物的表象特征，更是揭示了这些表象背后所隐藏着的深层结构关系。《戏曲文物符号学向度艺术研究与数字化保护》在研究中不仅采用文献学方法，更能结合历史学、口头传统以及艺术学等学科的理论与方法，也是在方法论上进行的一次探索实践。

郑　轶　刘丽娟

2023 年 3 月

写于四川大学

目　　录

前　言

　　通过符号学的基本原理与方法对戏曲文物具有的艺术性、文化性、社会性进行解读，在当下学术研究中是一个尝试性的探索，并且结合当下的数字化手段，在四川地区的文物中对其进行数字化的修复与再现也是一种更为精准的实践尝试。本书主要分为四个部分来阐述这一问题。第一部分为绪论，介绍了本次课题的来源、目的以及意义；第二部分为相关概念界定及理论基础分析，包括戏曲元素、数字化技术等方面的内容；第三部分为主体案例设计与实现，以具体的实例来说明如何将戏曲元素应用于文物数字化保护工作之中；第四部分为总结和展望，对整个项目的成果进行总结，同时对未来可能出现的新情况提出一些思考和建议。

　　笔者在长期的文化遗产的数字化保护过程中发现，只是通过简单的图像化呈现文物的原貌并不能对文物价值进行深入的研究，但通过符号学这一理论范式对其进行解读与解析，对文物中的图像成因进行理论分析，既不是对文物形式的泛泛而谈，又能从各个研究角度进行解析。本次只针对戏曲文物展开研究，针对性较强，内容集中，主要在木雕石刻文物中展开田野调查，笔者认为更加具有研究价值。

　　另一方面，从数字化技术角度来看，比之前笔者出版的一本《MR 文化保护》的专著得到了更深层次的技术提升，除了通过高精度的建模手段外，本次还采用了激光扫描技术、倾斜摄影技术等先进的技术手段对文物进行全面的数据采集与整理，为本次数字内容的准确性提供了更为科学完备的数据支撑。

在大部分文物中的元素不是一个独立存在的个体，即是与文物本身原有的实用性、功能性等综合存在的文本组合形式，任何元素在文物的整体文本中必定有着一定的意义。符号学即意义之学，任何被符号化的图像都是能被感知意义的，文物中的所有图像文本也都是有意义的文本，从文物的整体性出发，也就是从文物的价值出发，因此，文物中可被感知的元素符号所携带的意义价值也就成为文物价值的重要组成部分。德里达曾说："从本质上讲，不可能有无意义的符号，也不可能有无所指的能指"①，因此，文物中的符号元素的表达是一定具有意义的表达，在整个文物作为文本形成出现的时候，其中的戏曲元素作为意义的携带载体，可以是物质的、精神的或者社会中所反映的东西，也可以是文物本身所具有的价值与意义通过另一种题材的图像形式表达出来。

本书的第二个讨论出发点是通过戏曲元素在不同文物中的呈现，结合实践中的应用场景对文物中的戏曲元素进行解析，并且通过数字化的方式进行修复还原，从而更加直观地再现其应用场景。本研究将从以下几个方面展开：首先，介绍戏曲文物的基本概念和历史背景；其次，分析戏曲元素在不同的文物中出现的形式与特点；最后，探讨如何利用数字技术手段来实现戏曲文物的修复还原工作。首先，我们需要了解戏曲文物的基本概念和历史背景。戏曲元素是指在戏曲表演过程中所使用的各种艺术手法、表现手法以及文化符号等方面的内容。这些内容通常包括音乐、舞蹈、服装、化装、语言、角色扮演等等。戏曲元素在中国传统文化中有着悠久的历史渊源，它不仅代表了中国传统文艺的表现形式之一，而且也反映了中国古代社会的政治

①　[法] 雅克·德里达：《声音与现象：胡塞尔现象学中的符号问题导论》，杜小真译，商务印书馆 1999 年版，第 20 页。

经济社会生活状况。因此，对于文物的价值研究具有重要的意义。

在展示方法上，书中涵括了数百张图片，同时利用现代混合现实技术，让文物更加直观、立体地呈现在读者面前，从而更好地理解和欣赏。此外，书中提供了一些关于数字化的保护措施以及如何进行保护工作的建议，还采用了扫描二维码观看虚拟文物。

扫描上方二维码下载APP

第一章　符号学向度艺术研究基础

第一节　符号学理论研究基础的意义

首先，符号学是专门研究与对象意义有关问题的学科，包括符号对象意义的产生，对象文本意义的构成，以及对象意义在传播与展现中的功能性和方式等问题。它不仅仅关注事物的表象特征，更是要揭示这些表象背后所隐藏着的深层结构关系。因此，符号学可以帮助我们理解不同领域内的各种现象，尤其是那些看似毫无关联的事物之间存在的内在联系。

其次，符号学强调"解释项"（或曰"语境"）的重要作用。任何符号都不可能独立地发挥自身的功效，必须依赖一定的语境才能体现出特定的含义。这就要求人们在使用符号时，需要考虑其所处的环境及其他因素，否则很容易造成歧义或者误解。

最后，符号学注重对符号的历史演变和发展趋势进行考察。符号并非一成不变的，它会随着时间的推移不断发生变化，甚至有时候还会衍生出新的符号形态。

符号学是一门研究和分析符号的学科。本研究旨在探讨符号的本质、演变过程、各种符号之间的联系，以及它们与人类行为之间的关联。通过对中国传统文化中的戏曲符号进行深入剖析，可以发现这些符号不仅仅具有指示性功能，同时还承载着丰富而深刻的象征意义。例如，"蝙蝠"这个符号在中国传统文化中有着重要的地位，有"福"等谐音的正面含义。古代社会，人们把象征性的东西作为一种符号，希望能够带来幸运、平安、美满的生活。法国新托马斯派哲学家马里坦 1957 年指出，象征性的概念与人类文明的关系是一个极具挑战性的课题。"符号与人类的历史文明、日常生活息息相关，自远古时期它就作为人类经常使用的工具存在，和人类会呼吸一样普遍"，在现代哲学界，符号研究的地位近年来越来越受到专家学者的重视，尤其以语言类最为明显，并且结合了逻辑学、哲学、人类学、心理学、社会学、传播学、信息科学的研究方法与成果。其研究的根本是探究具有普适性方法的理论，在现代接受度最高的符号学理论体系主要有以下三种。

一、索绪尔的符号学理论

索绪尔是瑞典的一名语言学家，也是现代语言学之父，被誉为符号学的创始人。他在世时从未出版过符号学相关著作，他最出名的著作《普通语言学教程》乃是学生们收集并整理的课堂笔记，这本著作是索绪尔关于符号学理论、符号构成及它们之间的意指关系的详细阐述。语言学并不是这个学科的整体，无论过去还是未来，符号学发展过程中呈现出来的规律都能运用在语言学当中，因此，符号学归属于所有人文事实里的一个无比明确的区域。这位语言学家预见了这门学科的地位。

（一）符号的基本构成要素"能指"与"所指"

我们将概念与象征形象结合起来，构成一种独特的符号，"在这里，我们建议使用符号来表达整体，它既可以指向概念，也可以描绘出特定的意向的外观。"能指是文物装饰、造型、图像等符号的形式，文物的这些符号可以被人们所感知；所指是这些符号所代表的意义。"能指""所指"一起构成了西方符号学理论的重要基础概念。"能指"是文物符号的表达层面，如戏曲文物的色彩、纹样等可被人直观看到、感受到的一面；"所指"是文物符号的心理内涵层面，戏曲文物图像等所传递的内容及其所蕴含的内在的精神性的意义等。以索绪尔的观念看戏曲文物，它们仿佛硬币的两面，相关并且正反对立，是戏曲文物符号的两个基础构成部分。

戏曲文物作为能指，它们可以引发人们的多种观赏体验，游览者会根据自身的体验产生各种感觉，文物造型是否能够为游览者带来较好的视觉享受，文物使用方式是否方便清晰识别，文物是否能够让使用者感受到其中蕴含的寓意，文物各项部件如何组合、聚合，等等。人们在游览观赏文物时，将会产生一系列更深层次的思考，这便是该文物的所指。

（二）文物语言和言语的不同

语言和言语都是人类文明发展的产物，但言语产生在语言之前，语言是言语形成并完善到一定程度才出现的，它们虽截然不同却互相关联。语言存在规范性与潜在性，如文物造型语言是社会约定俗成的，色彩、材质有一定的规范性；而言语是工匠个人的语言行为，体现工匠个人习惯如题材偏好等现实性的私人行为，并且工匠的个人言语要想通过文物被使用者所理解，前提是基于约定俗成的语言来表达，例如，工匠想表现孝文化必须以当代社会所广泛接受的题材作为基础才能达到传播效果。故而索绪尔认为"语言是言语的基础，并且是因言语而生的"。经过近三百年的不断发展，戏曲文物也形成了自己的造型语言。纵观世界各国的戏曲文物却又不尽相同，这正是体现了不同国家、不同城市的独特个性。

（三）文物符号的任意性

在索绪尔的观念中，文物语言符号的首要原则便是文物符号的任意性。但是一种文物造型表达方式要想被社会所接受，这种任意性往往又会受制于约定俗成的集体习惯。工匠实现了装饰符号表达方式完全任意的符号会变得接受度极低，很难达到工匠所期望的效果。同时，戏曲文物创作过程当中，如若工匠完全不遵从任何规范，不考虑戏曲文物使用者的需求，不从戏曲文物功能实现的角度出发，任意发挥个人想象，使用完全任意的符号去表达个人想法，那他的创作终将是不被社会认可和接受的无理无据的作品，是无法大量保存流传至今的。

二、皮尔斯的逻辑学符号学理论

在符号学界，皮尔斯是与索绪尔并驾齐驱的重要学者。他的著名理论被称为三分法，他认为符号由涉及物、对象和解释者共同组成。皮尔斯根据符号涉及物和对象的关系，将符号用像似符号、指示符号和象征符号三种类别区分。在戏曲文物中，梅兰竹菊象征着高贵、幽雅、坚韧和淡泊四种品质。这些雕刻被用来装饰床榻的围屏、柜橱的门扇、桌案的牙条和桌椅的腿部等部位。博古也是清代戏曲文物中常出现的装饰题材，即将古代的陶瓷容器、

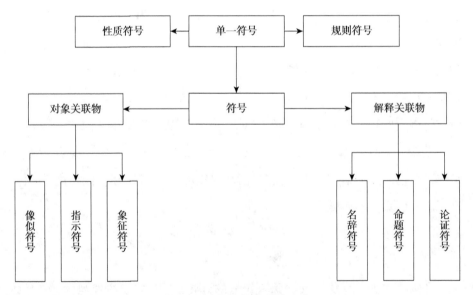

图1-1　皮尔斯的三分法理论

书法与绘画作品、文房四宝等内容作为装饰图案，或雕刻或镶嵌的方式装饰在戏曲文物上，用来表达文物拥有者的文雅以及传达文人世家代代相传的寓意等等。其三分法的具体内容如图 1-1 所示。

莫里斯以奥格登、理查兹和皮尔斯等人的理论为基础整理成了一种被称为指号学的科学理论，同时他将符号学划分为符构学、符义学和符用学。通过将符构学和三种理论应用于文物研究，我们可以了解到文物的结构，从而更好地理解它们的符号构成；符义学是一门研究如何通过文物中的各种符号来表达其含义的学科；符用学旨在深入探索文物符号的起源、运用、表达功能以及它们所反映出的人与文物之间的相互作用。

三、苏珊·朗格的艺术符号学理论

苏珊·朗格说："艺术可被看作一种符号，一种不可或缺的生命符号，无论如何它都是代表整个艺术，而不是指单一的作品。"① 在这样的理论下，整个文物可作为一个符号整体来解读，它是一个艺术符号，或是整个符号系统。通过这一文物符号体系，我们可以更深入地了解到人类的共同情感与思想，并将其转化为实际的行动，从而使之成为一种有效的沟通桥梁。她强调了形式与感性认知之间的密切联系，指出在艺术和审美过程中，形式是一种表现形式，而艺术的独特之处在于它以一种独特的方式存在。

她进一步论证了艺术符号与艺术中的符号两者之间的区别，她认为艺术是感性认知的符号产物，是"感性的、无法言传的，并且依赖于非间接的认知，饱含情感、富有鲜活生命力与独特的，能被感知的有灵魂的存在"。因此，她的理论是极具创造性与逻辑性的，可作为我国传统艺术中精神文明的研究工具和方法论。在文物创作中，工匠是创造文物艺术符号的主体，工匠通过对客观世界的认识与体验，在自己丰厚艺术积淀的基础上，将脑海中存

---

① ［美］苏珊·朗格：《艺术问题》，滕守尧、朱疆源译，中国社会科学出版社 1983 年版，第 24 页。

在的抽象符号和意象，通过个人的创作能力和方式，转变成具象的可被大众感知的文物作品。工匠的这种文物创作过程可以被看作为一种审美表现行为、认知具象化的实现过程。

以上符号学体系是现代符号学的基础理论，从欧洲和美国发散至全球，并且没有局限于一般符号学研究，还与其他学科综合发展，形成了文学、电影等设计符号学理论，这就是符号学这门一般科学性理论发展的背景。

第二节　以符号学理论为研究范式的意义

符号学是一种跨学科的研究方式，旨在研究符号与意义的关系。在这个理论框架下，戏曲文物中的元素也可以被视为符号，以此来分析它们的文物价值。

从符号学的角度来看，符号是一种代表意义或概念的事物。戏曲文物中的元素可以被视为文化符号，因为它们在文化中扮演着重要的角色。例如，中国京剧中的"鸣金收兵"动作可以被视为一个符号，它代表着结束战斗和宣示胜利。这种象征性的行为不仅能够传达情感，还能够传递文化内涵。此外，戏曲文物中的元素也是一种艺术形式的体现。它们通过音乐、舞蹈、服装等方面的表现手法，将传统文化融入其中。这些表现手法不仅是为了娱乐观众，更是为了让人们更好地了解历史文化。

戏曲文物中的元素的文物价值体现在多个方面。首先，它们是文化遗产的一部分，反映了特定历史时期和地区的文化、社会和政治背景。其次，许多戏曲文物中的元素具有审美价值，它们可以被视为艺术品，展示了古代花样繁多的文化传统和创造力，达到了中国古代戏曲艺术的顶峰。这些元素的美学价值，可以让人们在观赏中获得享受和愉悦，也可以成为今天艺术创作的策源地。此外，它们还具有文化传承的功能，能够传递和保留文化语言和价值观。年轻人在接触和学习这些元素的过程中，不仅能够了解古代儒家思想和各个朝代的历史背景，也能够增强自身的文化认同和民族自豪感。在文化传承和教育方面，戏曲文物的价值和作用不容小觑。因此，可以说戏曲文物是历史、艺术和文化的重要载体，承载了中国古代人民丰富的文化传统和精神财富。然而，戏曲文物也面临着一些挑战。随着社会的发展和社会观念的变化，这些文物可能会失去其原有的意义和价值。因此，我们需要采取措施保护和传承这些文物。包括加强对传统文化的宣传教育工作，提高公众对于传统文化的理解和认识水平等。在研究戏曲文物的文物价值时，符号学提供了一种有益的分析方法。符号学家使用符号分析和语义分析等方法，来探索文化符号与文化背景的互动关系。这种方法可以帮助我们更好地理解戏曲文物的文化意义和文物价值，并广泛地应用于文化遗产保护和传承的领域。

第三节　戏曲文物中的文化性与艺术性

以符号学理论为研究范式研究戏曲元素文物的意义，戏曲元素在文物中既有文化性，也有艺术性。

从文化性来说，戏曲文物中的元素是中国传统文化的重要组成部分，反映了中国古代社会的思想、价值观、道德规范、历史、神话等多重文化层面。这些元素包括角色、服装、道具、音乐、舞蹈、动作等，都是中国传统文化的重要符号和标志。它们反映了古人在审美观念、道德准则、文化艺术等方面的成就，承载着深厚的文化内涵。

从艺术性来说，戏曲元素在文物中也是一种独特的表现形式。通过对戏曲文物中元素的研究，可以更好地理解文物艺术发展历程及其特点。同时，戏曲元素也具有一定的审美价值和社会意义。戏曲艺术是以声、乐、舞、技为主要手段，将话剧、舞剧、音乐、杂技等多种艺术形式融于一体，以丰富的表现形式、深刻的内涵、高超的技巧和浓郁的民族气息闻名于世。其中戏曲元素的造型美术、动作美术等方面呈现出卓越的艺术成就，表现了中国古代文化艺术的丰富内涵和独特风貌。因此，对于戏曲元素在文物中的研究具有重要的学术价值和现实意义。它不仅有助于我们深入了解古代中国的历史文化遗产，更能够促进我国戏曲艺术的发展与传承。

戏曲文物中元素的文化性和艺术性相互关联，互为补充。在文化性方面，戏曲元素是中国传统文化的重要组成部分，代表了中国古代社会的思想和文化内涵，是中国文化的瑰宝。在艺术性方面，戏曲元素以其杰出的艺术成就和表现形式，具有鲜明的民族特色和广泛的艺术价值。因此，研究戏曲元素的文物意义，需要综合考虑其文化性和艺术性的双重作用。

文物中的戏曲元素作为一种重要的"展示"性符号，是文物作为从实用功能属性到艺术结合文化载体的关键转化，不仅是将文物作为历史性的存在，也是将其作为艺术品来欣赏。在这样的作用之下，文物中的戏曲元素就不能是纯粹的个体存在，而是作为"伴随文本"与文物的整体产生了关联，被整体展示了出来。有了这种社会性的赋义，"形式"化的组合就变成了聚合的文物文本而存在了。

综上所述，戏曲文物中的元素的文化性和艺术性相得益彰，共同构成了文物中的丰富内涵和独特魅力。通过对这些元素的深入研究和保护，有助于传承和发扬中国传统文化和艺术精神。

第四节　戏曲文物数字化知识图谱

一、数据来源与研究方法

本书首先将"戏曲文物数字化"与"文物数字化保护"作为主题词在知网数据库核心合集中进行检索。设定检索时间跨度为2007—2022年（10—15年），检索时间为2023年1月13日，共得到597条文献记录，筛除重复、信息不全的文献，最终得到 320 条有效的文献记录。

在研究方法上，本书采用定性与定量相结合的方法，借助知网数据库分析工具统计文物数字化活化领域文献的年度发文量，同时采用知识图谱的方法，利用德雷赛尔大学陈超美教授开发的 CiteSpace 系列应用软件对检索到的文献进行可视化分析。CiteSpace 主要基于共引分析理论和寻径网络算法对相关领域内文献进行计量，从而探寻热点演化的关键路径和拐点，分析学科发展的潜在动力机制和前沿。本书的整体研究设计如图所示。

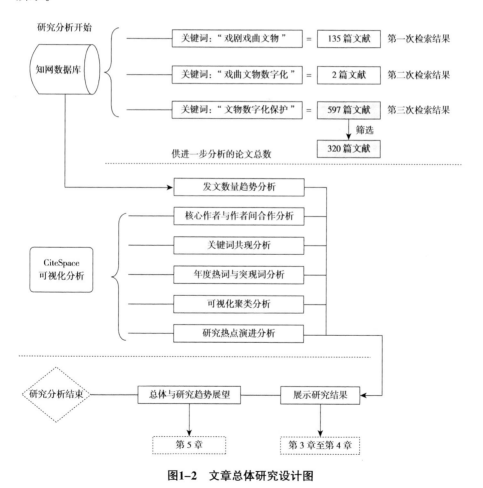

图1-2　文章总体研究设计图

二、文献总体趋势分析

对数据库检索的 320 篇文献（如图 1-2）人工剔除重复项、冗余项，得到 200 篇有效文章，按发表年份进行统计整理，绘制戏曲文物数字化研究领域的文献数量趋势图，如图 1-3 所示。该图将年份和该年发表的文献数量对应。普莱斯文献指数增长规律指出，在某领域诞生初期，相关文献数量的增长处于不稳定阶段；在该领域的快速发展期，文献数量呈指数增长；当该领域的理论处于成熟阶段时，文献数量的增长相对缓慢，呈线性增长；随着该领域学科理论的完善，相关文献数量日趋减少。戏曲文物数字化研究领域的文献数量在近几年呈指数增长，因此处于快速发展时期。

通过对 200 篇有效文献进一步分析可以发现（图 1-3），2007 年 1 月至 2022 年 12 月戏曲文物数字化研究文献量总体呈现上升态势，从文献分布特点来看，可分为 3 个发展阶段。

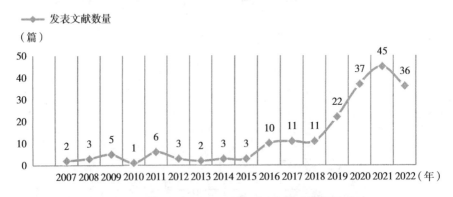

图1-3 戏曲文物数字化研究领域文献发表数量趋势图

第一阶段（2007—2012 年）：初始起步阶段。在这个阶段，戏曲文物数字化研究仍处于起步阶段，仅有部分学者关注并进行相关研究，研究文献数量相对较少。此阶段可能是在数字技术应用于文物保护和研究之初的时期，研究者对于数字化方法和技术的应用仍处在探索和试验阶段。

第二阶段（2013—2018 年）：发展阶段。这个阶段戏曲文物数字化研究的发文数量开始逐渐增加。研究者对数字化技术的应用方法越来越熟悉，并且发现了更多机会和挑战。此阶段可以看到更多学者开始关注和参与相关研究，发表的相关文献逐渐增多。并且这个阶段文献发布量与国家相关政策的发布高度契合，国家文物局于 2014 年发布了《数字文化遗产保护与利用十三五规划》，明确了数字化文物保护的重要性，并提出了一系列政策和措施，包括加强数字化文物资源的建设和整合，推动数字技术在文物保护中的应用，促进文物数字媒体的发展与利用等。2018 年启动《中国国家数字文化遗产保护与利用科技工程专项规划》，旨在加强数字文化遗产保护与利用的科技研发。该规划提出了数字文物保护与传播技术创新、数字文物保护技术方法体系等方面的研究重点。

第三阶段（2019 年至今）：加速阶段。在这个阶段，戏曲文物数字化研究的发文数量呈现快速增加的趋势。数字化技术在戏曲文物研究和传承中的重要性得到广泛认可，许多学者、机构和团队加入到相关研究中。大量的学术论文、研究报告和项目成果陆续发表，推动了该领域的发展和创新。

这三个阶段并非线性发展，而是相互交织和相互促进的过程。随着数字化技术的不断发展和应用，未来戏曲文物数字化研究将进一步深化，并为保护、传承和创新传统艺术作出更大的贡献。

三、来源情况分析

（一）核心作者与作者间合作分析

通过分析文物数字化领域内高产作者及作者间合作关系可以找出该领域具有影响力的学者及其合作情况，便于追溯团队的研究脉络。式（1）为学术界确定领域内核心作者的普莱斯定律公式：

$$K_1 = \frac{0.749 \ (\mu_{max})}{2} 。 \tag{1}$$

式中：K_1 为该领域的核心作者发文量临界值；μ_{max} 为发文量最高作者的论文数量。根据普莱斯定律，戏曲文物数字化领域发文数量最多的是学者吴健，发表了 5 篇文献，即 $\mu_{max}=5$，用式（1）计算得 $K_1=1.8725$，因此，发文量大于等于 2 的作者是该领域的核心作者，文物数字化领域的核心作者共 17 人，具体如表 1-1 所示。

表 1-1 知网数据库戏曲文物数字化领域的核心作者统计

序号	作者	单位	发表篇数
1	吴 健	甘肃省敦煌研究院	5
2	孙 鹏	武汉语墨文化交流有限公司	3
3	周明全	西北大学	3
4	刁常宇	浙江大学	3
5	梁金星	武汉纺织大学	3
6	戴 畋	中国国家博物馆	3
7	宋艺文	郑州轻工业大学	2
8	薛战胜	陕西中医药大学	2
9	陈姝聿	秦皇岛市玻璃博物馆	2
10	耿 然	北京市大兴区文物管理所	2
11	赵治瑞	甘肃省高台县博物馆	2
12	宗立成	西北大学	2
13	张宝圣	山西博物馆	2
14	卞长永	山东省浏宁市博物馆	2
15	邹於真	岳阳楼景区管理委员会	2
16	吴玉涵	北京师范大学	2
17	王 琪	武汉大学	2

采用 CiteSpace 对戏曲文物数字化研究的发文作者进行可视化分析，得到了 2007—2022 年戏曲文物数字化领域的作者合作网络共现图，如图 1-4 所示。不同作者之间的连线代表发文作者之间合作的紧密程度，以第一作者为准，按照发文量排名，得出排名前 17 位的作者，其中发文最多的作者

是吴健，达到 5 篇，其次是孙鹏、周明全、刁常宇、梁金星、戴畋、宋艺文等，对我国戏曲文化数字化研究的发展作出了突出贡献。

同时，从作者相互合作的角度来看，各个研究团队的内部合作较为紧密，主要集中在少数核心作者和他们所在的团队或机构之间，形成了一些比较紧密的合作网。而在整个领域范围内，不同研究团队之间的合作联系较少，缺乏有效的协作与交流。戏曲文物数字化研究总体上形成了"内部紧密合作、外部相对分散"的合作格局，以核心作者为中心，以地域为纽带。戏曲文物数字化领域存在代表性研究团队，结合表 1-1 对核心作者的统计，将合作紧密的核心作者视为一个研究团队，通过梳理核心作者发表的文献，总结出如下两个研究核心团队：

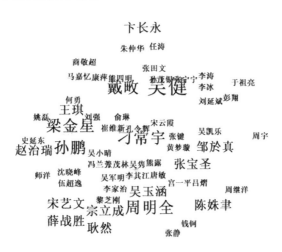

图1-4 知网数据库戏曲文物数字化作者合作网络图

一是以吴健（JIAN WU）教授为代表的甘肃敦煌研究院数字化保护团队，探索了文化遗产数字艺术呈现的新模式及新方法、新理念，并提出了文物数字复原技术的整体评估方法和成套数字化解决方案，通过特定手段对文物进行实体原尺寸复原与虚拟呈现，扩大数字成果应用范围，这为戏曲文物数字化保护工作提供了一系列的技术和方法，并进行了测试和改进。这还为戏曲文物的数字化保护工作以及文化遗产的可持续发展提供了重要的借鉴和贡献。

二是以刁常宇（CHANGYU DIAO）教授为核心，由李志荣（ZHIRONG LI）、鲁东明（DONGMING LU）等学者组成的团队，是最早投身文物数字化实践的计算机领域学者，致力于研究和开发用于文物数字化保护的先进技术和方法。包括三维数字化扫描技术、高分辨率图像采集与处理技术、数字化存储和管理技术等。构建"文物＋数字化保护与传播"的框架，将现代科学技术与文物保护相结合，通过数字化技术手段对文物遗迹进行非接触式记录和保护，提高文物遗迹保护和研究的效率和准确性，而且对戏曲文物数字化的未来趋势也进行了探索。

（二）核心发文机构与机构间合作分析

通过分析科研机构之间的合作网络，可以更深入地研究知识的演化路径，帮助学者们了解在该领域科研能力强、学术贡献大的机构，为机构间寻求合作、深化和发展该领域学术研究提供帮助。表1-2统计了戏曲文物数字化领域发文数量最高的 10 个机构，其中发文数量最高的 3 个机构分别是中国国家博物馆、秦皇岛市玻璃博物馆和山西博物院。

表1-2　知网数据库文物数字化领域文献发文机构统计

序号	机构	发表篇数
1	中国国家博物馆	8
2	秦皇岛市玻璃博物馆	4
3	山西博物馆	3
4	南京邮电大学传媒与艺术学院	3
5	福建博物馆	3
6	故宫博物院	3
7	云冈石窟研究院	3
8	武汉语墨文化交流有限公司	3
9	甘肃省高台县博物馆	2
10	陕西中医学院	2

　　通过 CiteSpace 对所获得的 320 篇文献的发文机构进行可视化分析，并绘制出戏曲文物数字化领域的发文机构共现网络图，如图 1-5 所示。从图中可见，关于戏曲文物数字化研究的机构主要集中在各大博物馆，其次分布于各个高校及文化艺术公司。发文机构出现频次在 3 篇以上的机构有 8 个，其中中国国家博物馆发文数量最多，共有 8 篇文献，其次是秦皇岛市玻璃博物馆、山西博物院、南京邮电大学传媒与艺术学院、福建博物院、故宫博物院、云冈石窟研究院等，这说明戏曲文物数字化研究机构相对集中。不同机构之间连线相对较少，表明研究机构之间的合作并不密切。通过分析戏曲文物数字化领域的发文机构共现网络图可以看出，合作关系的形成主要以同博物馆、同院校纽带为主导，跨学科、跨机构的合作不足。

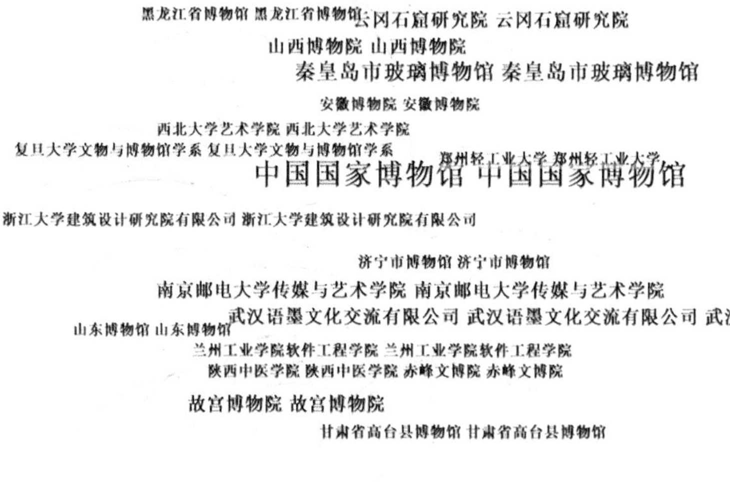

图1-5　知网数据库戏曲文物数字化发文机构共现网络图

（三）学科分析

从相关的学科分类来看，目前国内的戏曲文物数字化研究相关性较高的学科有档案及博物馆、考古、计算机软件及计算机应用等，其次与旅游、宗教、自然地理学和测绘学、建筑科学与工程、美术书法雕塑与摄影也有较为密切的联系。由档案及博物馆、考古学起步，后来逐渐向计算机、宗教学、地理学领域渗透，最近建筑学以及美术学也开始介入戏曲文物数字化的研究当中，如图1-6所示。

学科分布

图1-6　知网数据库戏曲文物数字化学科分析图

综上所述，戏曲文物数字化的研究具有跨学科交叉融合的显著特点，涉及档案及博物馆、考古、计算机软件及计算机应用等多个学科领域的知识与技术。这种多学科融合的综合研究充分整合了各学科的特点，并与学科融合的趋势相契合，有助于推动我国戏曲文物数字化研究的发展。通过不同学科领域的专家和研究者之间的合作与交流，我们能够加强对戏曲文物数字化的认识和理解，为该领域的发展开辟更广阔的道路。

四、研究热点分析

（一）关键词共现分析

关键词共现分析是探索学科领域知识结构的重要研究方法，该方法通过统计分析文献中的关键词探寻领域内各主题间的联系[1]。式（2）为根据齐普夫定律推导的高低词频临界值模型，可计算领域内的高低词频临界值[2]：

$$K_2 = \frac{-1 + \sqrt{1+8I_1}}{2}。 \tag{2}$$

式中 I_1 表示领域内词频为 1 的关键词数量。

运行 CiteSpace 可提取文物数字化领域的 369 个关键词，其中词频为 1 的关键词有 287 个，通过式（2）计算得 $K_2=8$，即词频大于等于 8 的关键词为该领域的高频关键词，因此，文物数字化领域的高频关键词共 15 个，具体如表 1-3 所示。

表 1-3 频率排名前 20 的关键词

序号	频率	中心度	出现年份	关键词
1	65	0.08	2013	博物馆
2	63	0.26	2009	数字化
3	50	0.39	2007	文物数字化
4	49	0.33	2009	文物保护
5	43	0.20	2014	数字化保护
6	31	0.15	2009	文物
7	20	0.06	2013	数字化建设
8	19	0.06	2013	文物管理
9	18	0.04	2020	数字化技术
10	16	0.05	2011	保护
11	11	0.09	2012	博物馆文物

① 吴小节、谭晓霞、汪秀琼：《市场分割研究的知识结构与动态演化——基于1998—2015年 CSSCI 经济管理类期刊数据库的文献计量分析》，《管理评论》2018年第12期，第257—275页。

② 卢阳光、闵庆飞、刘锋：《中国智能制造研究现状的可视化分类综述——基于 CNKI（2005—2018）的科学计量分析》，《工业工程与管理》2019年第4期，第14—22、39页。

续表

序号	频率	中心度	出现年份	关键词
12	10	0.08	2012	文化遗产
13	10	0.02	2019	管理
14	8	0.05	2021	革命文物
15	8	0.04	2010	三维激光扫描
16	6	0.03	2011	数字化博物馆
17	6	0.01	2014	数字化传播
18	5	0.03	2014	不可移动文物
19	5	0.02	2010	馆藏文物
20	5	0.01	2012	三维建模

采用 CiteSpace 软件对 2007—2022 年戏曲文物数字化研究相关文献的主要关键词进行统计，并绘制文物数字化领域的关键词共现网络图，如图 1-7 所示。关键词共现网络图是以关键词为十字形节点、共现关系为边的网络图，节点大小表示关键词的共现频次，中介中心性指关键词与其他关键词的相关性，若某个节点中介中心性较高，则该节点在网络图中的连接能力较强，在该研究领域的作用较重要。通过分析关键词频率表以及关键词共现网络图谱，有利于更好分析揭示戏曲文物数字化研究领域的发展演变脉络。戏曲文物数字化领域频次最高的关键词是博物馆，频次与中介中心性较高的关键词包括"数字化""文物数字化""文物保护""数字化保护"。由此可见，戏曲文物数字化领域的研究热点主要围绕"文物数字化""博物馆""数字化"等方面进行，并且文物的数字化保护是研究的核心主题。其他的高频次关键词整合近似之后，有"数字化建设""数字化技术""数字化传播""博物馆文物"等，反映出研究热点集中在戏曲文物的数字化技术层面，以实践操作的研究为主。高频词中还出现了"博物馆"一词，反映出博物馆对于戏曲文物数字化的关注度很高。

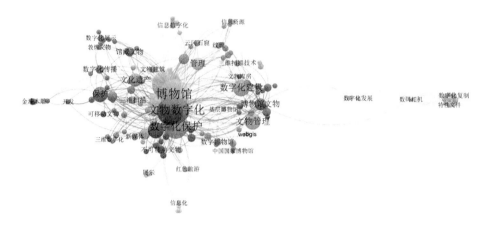

图1-7　2007—2012年戏曲文物数字化关键词共现网络图

（二）年度热词与突现词分析

对戏曲文物数字化领域的773个关键词进行筛选，通过年份计数法归类统计词频大于等于10的关键词，将其归纳到词频的出现年份，得到文物数字化领域的年度热词归纳表，如表1-4所示。

表1-4　戏曲文物数字化领域年度热词

年份	年度热词
2007	文物数字化
2009	数字化；文物
2011	保护
2012	博物馆保护；文化遗产
2013	博物馆；数字化建设；文物管理
2014	数字化保护
2019	管理
2020	数字化技术

由表1-4可知，戏曲文物数字化领域的研究工作主要在近十年展开，

2007—2011 年，戏曲文物数字化的研究处于发展初期，学者们开始探索文物的数字化保护，试图采用数字化技术保留、整理和呈现戏曲文物的信息，并且进行文化遗产的传播和研究；2012—2013 年，博物馆的介入对于戏曲文物数字化的发展起到极大的推动作用。博物馆作为文物的收藏机构，负责收集、整理和保存珍贵的文物。在文物数字化保护中扮演着多种身份，包括文物收藏和整理、数字化技术的应用、数字文物数据库的建设、数字化展览和教育、文物保护与修复指导以及文物研究和传播，为戏曲文物数字化的研究奠定了坚实的基础。此外，数字化建设也成为戏曲文物数字化领域的话题之一，学者们的相关研究多聚焦在戏曲文物领域推进数字化技术的应用和建设工作，包括数字化资源的建立、数字化展览的创建、数字化文物库的构建等；2014 年以后，戏曲文物数字化的相关研究快速发展，学者们与更多的数字化技术方法相结合，关注并探索各种数字技术，例如基于三维扫描的数字化重建、虚拟现实技术、图像识别和处理技术等。这些技术可以使戏曲文物得以长期保存和传承，免受时间、环境等因素的侵蚀和破坏，以更好地展示和传播文化遗产。

    Jon Kleinberg 基于 brust 两阶段设计的跳跃检测算法，可以从样本数据中挖掘出突现词[1]。突现词指在某一时间段内被引或共现频次较大的关键词，旨在揭示领域内不同阶段的研究热点和演进趋势。突现强度越高，表明关键词在这个阶段研究热度越高。本文基于 brust 算法，运用 CiteSpace 软件对 320 篇文献进行分析，最终从 869 个关键词中挖掘出 20 个突现词，如表 1-5 所示。

---

    [1]   KLEINBERG J., "Bursty and Hierarchical Structure in Streams", *Data Mining and Knowledge Discovery*, 2003, 7(4), pp.373-397.

表 1-5 戏曲文物数字化领域前 20 突现关键词

Top 20 Keywords with the Strongest Citation Bursts

Keywords	Year	Strength	Begin	End	2007—2022
纹理	2007	1.31	**2007**	2008	
金漆木雕	2007	1.19	**2007**	2010	
戏曲艺术	2007	1.24	**2008**	2010	
信息	2007	1.28	**2010**	2011	
馆藏文物	2007	1.18	**2010**	2011	
修复	2007	1.19	**2011**	2012	
数字化复制	2007	1.85	**2014**	2015	
icc	2007	1.23	**2014**	2015	
印刷色彩	2007	1.23	**2014**	2015	
复制品	2007	1.23	**2014**	2015	
临夏砖雕	2007	1.21	**2015**	2016	
保护传承	2007	1.1	**2016**	2017	
文物管理	2007	4.34	**2017**	2019	
数字化建设	2007	2.04	**2017**	2020	
元数据规范	2007	1.05	**2018**	2019	
管理	2007	2.76	**2019**	2022	
文物保护	2007	2.13	**2019**	2020	
数字化技术	2007	4.59	**2020**	2022	
博物馆	2007	4.18	**2020**	2022	
3D打印	2007	1.14	**2020**	2022	

由表 1-5 可知，"数字化技术"与"文物管理"的突现强度显著高于其他突现词，其中"数字化技术"在戏曲文物数字化领域的突现强度最大，说明对戏曲文物数字化发展的影响也尤为突出。数字化技术旨在将物理实体（如文物、文件、艺术品等）转化为数字形式，以便更好地保存、管理、分析、传播和利用相关信息。数字化技术可应用于各个领域，包括文化遗产保护、图书馆档案管理、艺术创作、教育、医疗、娱乐等。因此，可以将数字化技术视为戏曲文物等文化遗产传承与传播的热门技术手段。由于部分年份没有出现具有代表性的突现词，所以选取了 20 个突现词，将戏曲文物数字化研究的突现词，根据变化分为三个阶段。

第一阶段为 2007—2013 年，突现关键词为"纹理""金漆木雕""戏曲艺术""信息""馆藏文物""修复"等，其中"纹理"为这个阶段突现强度最高的关键词，中心度为 1.31，说明这一阶段学者们的研究方向主要是以戏曲文物的纹理本身为主，通过对戏曲文物的造型、纹饰等研究以达到更好地修复、保存和传承戏曲文物的目的。

第二阶段为 2014—2017 年，"数字化复制""icc""印刷色彩""复制品""临夏砖雕""保护传承"为这一时间段的研究方向，"数字化复制"为这个阶段突现强度最高的关键词，中心度高达 1.85。表明该阶段学者们的研究对象主要以数字化复制为主，通过数字化技术，达到戏曲文物的复制及保护传承。从第一阶段到第二阶段，戏曲文物数字化研究的突现词演变，反映出学者们的研究从基础文物研究转向了实践应用阶段。2014 年，国家文物局出台了相关政策，针对数字化文物保护提供指导和支持。例如，鼓励开展数字化文物登记记录、数字化文物展示和研究等工作。数字化技术手段提供了更多的工具和方法，促进了戏曲文物的保护、传承和研究。

第三阶段为 2018—2022 年，这一阶段的突现关键词为"文物管理""数字化建设""元数据规范""管理""文物保护""数字化技术""博物馆""3D 打印"，并且出现了交叉叠词"数字化"，其中"数字化技术"的中心度最高，高达 4.59，表明这一阶段是以"数字化技术"为主要研究方向。从 2018 年《中国国家数字文化遗产保护与利用科技工程专项规划》正式启动到 2022 年《关于推进实施国家文化数字化战略的意见》，数字化技术已经纳入国家整体发展战略，其中就包括数字文化遗产保护。在这种背景下，戏曲文物数字化的研究也更为深入，主要集中在戏曲文物的深入发掘以及传承保护技术方法的持续创新。

（三）可视化聚类分析

对共被引网络顶点进行模块化聚类可以进一步反映文物数字化领域内研

究主题的分布情况，CiteSpace 在聚类标签的提取上提供了潜语义索引（Latent Semantic Indexing，LSI）、对数似然率（Log-Likelihood Ratio，LLR）、互信息（Mutual Information，MI）3 种算法，其中 LLR 算法能够有效推断事件之间的联系，在 CiteSpace 的聚类分析中最为常用。基于 LLR 算法，采用 CiteSpace 软件对 320 篇文献进行聚类，得到文物数字化领域的可视化聚类分析时间线图（如图 1-8），该领域文献被分割成了 8 个核心类群（如表 1-6），聚类结果显示，数字化、文物数字化、博物馆文物和博物馆是最大的 4 个聚类，它们体现了文物数字化领域的热点主题，其中数字化作为最大的聚类，体现了其在文物数字化领域的突出地位。同时，对于表 1-6 中的聚类平均轮廓值(Si-houette，简称 S 值)，一般认为，S>0.5 时该聚类可视为合理的聚类，S>0.7 时意味着该聚类是令人信服的。因此，表 1-6 的 8 个聚类均为合理聚类，而且数字化、文物数字化、博物馆文物、博物馆、文物保护、数字化保护 6 个聚类是可信性更高的聚类。另外，表中年份为该聚类中文献的平均发表年份，时间越晚的聚类在文物数字化领域内越具有前沿性，数字化保护、博物馆、博物馆文物等出现时间较晚的聚类体现了文物数字化研究领域研究的前沿热点。

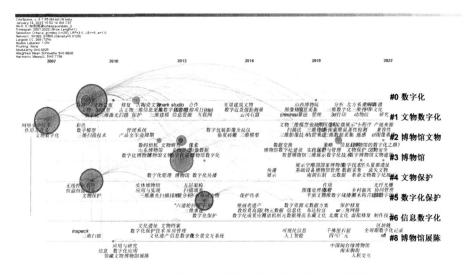

图1-8　文物数字化领域的可视化聚类分析时间线图

表 1-6　文物数字化领域聚类名称

聚类号	聚类名称	聚类规模	聚类平均轮廓值	年份
#0	数字化	54	0.858	2014
#1	文物数字化	45	0.961	2015
#2	博物馆文物	37	0.911	2017
#3	博物馆	32	0.701	2019
#4	文物保护	32	0.866	2014
#5	数字化保护	31	0.888	2017
#6	信息数字化	19	0.907	2015
#8	博物馆展陈	10	0.975	2014

（四）研究热点演进分析

研究热点的演进分析可以帮助学者了解领域知识结构和变化趋势，将可视化分析得到的 7 个聚类总结为两大类，并对每个大类主题中的高被引与高网络密度文献进行梳理分析。

1. 戏曲文物数字化

第一类是戏曲文物的传承保护研究，对应的聚类关键词如表 1-6 所示，有数字化（#0）、文物数字化（#1）、文物保护（#4）、数字化保护（#5）。文物是如何通过数字化技术展现新的风貌，哪些数字化应用成果能够为文物研究提供数据支撑。学者们从戏曲文物的传承手段入手，研究视角聚焦于数字化技术与戏曲文化的结合。戏曲文物数字化就是将戏曲文物相关的物品、文献、资料等文化遗产转化为数字形式，使其能够在电子设备上进行存储、处理、传播和展示。旨在利用数字化技术的力量，将宝贵的戏曲文化资源永久保存并向更广大的受众传播。戏曲文物的传承保护主要受社会环境、教育、国家政策、文化交流等多个因素的影响。当代社会对传统文化的认同和尊重程度较高，戏曲文物的保护与传承也表现出了积极的态度和努力。戏曲文物数字化正是在这些因素的共同推动下应运而生，数字化技术使戏曲文物得以更好地保护、传承和传播，使其成为当代社会的宝贵财富。

2. 博物馆与戏曲文物数字化

第二类是博物馆与戏曲文物数字化之间的关系和作用的研究，如表 1-6 所示，对应的聚类词有博物馆文物（#2）、博物馆（#3）、博物馆展陈（#8）。由此看出博物馆在戏曲文物数字化方面扮演着重要的角色，研究者们多从博物馆方面入手，依托数字化技术进行文物保护传承，有效推进博物馆的数字化建设。博物馆作为保护和保存戏曲文物的重要场所，在文物数字化方面作出了积极的努力，并提供了数字化记录、存储、展示、研究和教育的各种服务和资源，推动了戏曲文物的保护、传承和传播。同时，数字化也为博物馆进行戏曲文化保护、展示、研究和教育提供了新的途径和工具，使得博物馆能够更加灵活地展示和传播戏曲文物，也使得戏曲文物更容易被学者和研究者使用和研究，促进学术研究和学术交流。与此同时，数字化还为博物馆之间、跨领域之间的文化交流和合作提供了便利。因此，博物馆的介入，也为戏曲文物数字化提供了新的研究视角。

第二章　戏曲文物符号学向度研究基础

第一节　文物中的抽象造型的文化价值

每一件文物都蕴藏着深厚的历史文化底蕴，它们为人类提供了宝贵的精神财富，特别是那些抽象的形式，更能够体现出它们的独特性和历史意义。某些意义和价值可能源于实际应用，而另一些则可能源于纯粹的情感需求，而不具备任何实质性的功能。无论文物中的抽象造型有多么重要，它们都是一种抽象的概念，无形无影，无色无味，却蕴藏着丰富的文化内涵，令人叹为观止。人们因对其抽象意义和价值的深刻认知，无论是在实际应用中，还是在理性思考中，甚至在情感上，都会尽最大努力去维护和保存那些蕴含着丰富文化内涵的古老建筑。深入研究文物中抽象造型的文化价值，我们发现它们可以分为三类。

一、科学价值

在文物中，抽象的形态对于人类的文化来说至关重要。由于其独特的社会意义，人们竭尽全力地维护和保存文物，从而发掘出它们背后潜藏的深刻价值。文物造型的科学价值体现在它们可以帮助我们辨认出不同类型的文物，深入了解它们背后的客观规律，从而有效地利用这些资源，推动人类继承和发扬优秀传统文化，实现更高层次的创新、应用和生产。然而，文物造型中蕴藏的科学价值本质上是一种抽象的概念，它无形无影，无色无味，却又无处不在。人类就是为了文物中的这些抽象的文化价值而传承和保护了各种文物造型。所以，文物中抽象造型的科学价值是为了提高人类在现代社会对文物中抽象造型的衍义与应用这一实用目的的实用价值。

通过对龙凤图案的精心设计，艺术家们将其融入到戏曲元素文物的设计当中，从而赋予其独特的文化内涵。他们把龙凤图案的纹理、元素、造型等组合起来，旨在表达出其中的精神内涵，并将其美丽的外表与深刻的哲学思想联系起来，从而使其具有更高的艺术价值。此外，文物中的莲花造型、蝙蝠造型等也都无不是为了各自在造型领域的意义或价值才传承下来的。传承文物造型的目的是为了更好地认识和分类蕴藏在各自特定领域的事物，以及更深入地理解和掌握这一领域的客观规律，从而发挥其核心价值。

无论是具体的还是抽象的文物，它们都蕴藏着独特的、深刻的价值观，这些价值观可以从它们的外观和内涵中得到体现。人们通过保留和维护文物的形态，旨在利用它们的抽象意义，来弥补他们在日常生活、工作和创作过程中的知识缺失。因此，文物的抽象形态具有独特的科学和文化意义，同时也具有重要的实际意义。

二、艺术价值

文物在其根本上也可以称为时代的艺术，文物造型则可以称为艺术造型，那文物中的抽象造型也就是艺术造型的一种，从而蕴含着丰富的艺术价值。然而，艺术作品的艺术价值与其他文化形式有着显著的差异。它不仅仅关注实际的利益，也不仅仅关注物质上的收获，更重要的是，它把重点放在了心灵的满足上。利用文物的抽象外观，我们能够唤起人们对它的情感意义的认知，进而让他们在心灵上有一种更加丰富的体验。因为这些情绪的满足会带来审美的快乐，因此，它们的价值也就成了美学和审美的象征。通过审美对象的解读，人们可以获取到一种深刻的、具有象征性的情感价值，因此，它也被称作象征价值。人们通过创作各种艺术作品来表达他们对抽象概念的理解和欣赏，因此，文物中的抽象形式也蕴含着丰富的象征意义和审美意义。

艺术作品蕴含着深刻的意义，而文物造型则受时代的演变和地域的影响，它们的形态、内涵及其价值被不断拓展，甚至可能具有双重含义。如文物中的龙造型，不仅是身份与地位的象征，也具有驱邪避邪的寓意。龙是古代人们情感所需而出现的一种生物，人们对其极其崇拜，尊为祥瑞，以其象征最高统治者，其造型也因人们对其情感要求不同而出现了不同的象征意义。所以，其造型应用的方式不一样，其象征意义也相应不同。在家具文物中，常以龙首、夔龙等形式出现，造型有简有繁，龙形较抽象，有着身份地位和美好生活的象征；在古代建筑上，常以盘龙、鸱吻等形象出现，造型复杂，龙形具象，有着身份地位和镇宅驱邪的象征；在文物玉器中，常以应龙、螭龙、蟠龙、虬龙等形象出现，造型简约，龙形抽象，是古代皇帝身份地位的象征。龙造型的不同象征意义是对艺术背后都有自己承载的抽象意义的完美诠释。

三、实用价值

无论是文物中的具象造型或抽象造型，都在其外表的形式之中蕴含有自己特定领域的、抽象的核心价值。人类之所以传承和保护文物造型也都是为了以各类文物造型的抽象价值来弥补人类在生存、生活与开展生产活动中自身智力的不足。所以，文物中的抽象造型的科学文化价值就是一种特定的实用价值，也是一种特殊的审美价值。而戏曲文物中的符号学向度艺术正是这种特殊审美价值的具体体现。文物抽象造型的文化价值，不仅是在戏曲文物中的符号学向度艺术通过对戏曲文物中所包含的各种元素进行分析和解读，从而揭示出这些元素之间的相互关系和相互作用的本质规律；而且是通过对戏曲文物中所包含的各种元素进行重新组合的方式，从而创造出具有独特魅力的艺术作品。因此，戏曲文物中的符号学向度艺术不仅可以丰富人们的生活体验和精神世界，还可以为我们提供更多的思考空间和灵感来源。因此，戏曲文物中的符号学向度艺术不仅具有重要的历史意义，而且也具有独特的审美价值和社会意义。同时，戏曲文物中的符号学向度艺术也可以作为艺术研究与表现的重要组成部分之一，为文物文化研究、社会学研究等提供丰富的史料，以及为艺术研究提供更加丰富的内涵和形式上的可能性。

第二节　文物为载体的文化价值

文物为载体的文化价值，是将载体作为承载了一定意义或物质的"介质"，戏曲文物中的文化价值作为一种抽象之物并不能够直接被人们感知到它的存在，就需要借助文物这一载体将它展现出来，不同的戏曲文物之中具有不同的文化价值，所展现的不同的戏曲文化价值也将通过不同的戏曲文物符号展现给人们，为人们所感知。如果没有戏曲文物作为载体，戏曲文物中的文化价值这种抽象的符号就不能单独地在人们之间传递。所以，为了能让戏曲文物中的文化价值这种抽象的符号可以以确切的符号形式在人们之间进行传递，并让人们能够解读，就必须要有一个能承载并且能让人感知它的载体，那就是戏曲文物。虽然戏曲文物中的文化价值可以作为一种衡量尺度，但是人们却不可以直接感知，只能通过这种可感的文物符号作为载体将其承载，只有让这些可感的文物作为载体，才能让人们感知到通过这种可感文物符号作为文化载体来传递其携带的特定文化价值，原本抽象的戏曲文物中的文化价值才能得以传播。

我们知道，只要是文化，就一定具有它特有的文化价值，并且在这些不同的文化中所蕴藏的特有文化价值都无法被人们所直接感知，同样，在戏曲中，没有戏曲文物作为人们所感知它们的载体时，它们悄无声息地存在于我们周围的生活中，这就意味着戏曲文物中所蕴藏的文化价值在没有戏曲文物作为它们文化价值的载体时，我们既感知不到它们的形态，又不能找寻到它们的踪影，不可视听，也不可触摸，更不可嗅到其气息。总而言之，文化价值就是这样一种，只要没有文物作为它们的载体，就不能被我们人类通过自身的任何器官所直接感知的存在。为了让这种极其抽象的戏曲文化价值能够被我们人类所感知和把握，并且还可以让这些抽象的戏曲文化价值在我们人与人之间进行传递，以及被我们人类所利用，我们就必须设定一个可以承载这种戏曲文化价值的载体，那就是戏曲文物。戏曲文物这一特定的戏曲文化载体能够恰到好处地承载人类历史长河中所生成的特定的戏曲文化价值，这些不同的戏曲文物中的文化价值通过特定的戏曲文物作为载体进行传递，使得戏曲文物中的文化价值这一抽象之物得以代代相传、生生不息。

在戏曲漫长的历史发展过程之中，我们的祖祖辈辈创造了许许多多的戏曲文化，这些戏曲文化也具有各自的戏曲文化价值，在祖辈积累的庞大的戏曲文化群体中，有精神层面的戏曲文化，也有物质层面的戏曲文化，这些戏曲中的文化都是通过以戏曲文物为主的物质载体来呈现给今天的世人。自古以来，各个国家的人们对于自己本民族的传统文化的发掘与保护就从来没有停止过，戏曲也是一样，在庞大的体量中，戏曲文物不仅仅是一个个冰冷的器物，而是承载着戏曲绵延不断的历史文化脉络，而这些戏曲文化的绵延就体现在不间断的戏曲文物载体上，因此，通过戏曲文物这一载体进行考察就是对戏曲文化这一民族智慧结晶的最好考察，戏曲文物载体中的文化价值体现着现代人们与祖先对话，它们承载着戏曲过去历史之中绽放出的光辉，也预示着我们对戏曲未来发展的美好希望，这些戏曲文物中所承载的戏曲文化价值远远不可估量。这些在历史中蔓延的戏曲文物载体，由于其自身的特殊性具有不可再生的特性，因此，在对戏曲文物承载的文化进行发掘之前，对戏曲文物的保护就显得格外重要。戏曲文化的形成往往是通过长期的历史发展和演变而来的，不同地区的戏曲文物符号所代表和承载的戏曲文化价值具有较大的差异，同时它们又具有较强的文化感染力，它们中所蕴含的戏曲文化价值是可以从多个角度进行展示的。戏曲文物符号作为中华民族在戏曲历史长河中发展而流传下来并且可供后人触及的有形物品，它们身上所承载的戏曲文化价值展现出了中华民族在不同时代的戏曲文化与民族精神，我们在观看这一特定载体时能够更直观地触及其中的戏曲文化价值，并且深刻地体会到中国丰富、博大的优秀的戏曲文化和其承载的戏曲精神。

　　这些大大小小的戏曲文物符号中所承载的文化价值，就像我们现在所倡导的礼仪、道德，形成了一种潜在的制度，它其实是一种精神层面的戏曲文化。戏曲之所以运用这一套制度，是由于长期的历史发展所导致，戏曲文化所体现的制度本身的目的并不在于戏曲文物的表面，而是为了凸显戏曲文物背后的戏曲文化价值，并且使得戏曲的表演者、文物的制造者以及戏曲的观赏者自觉遵循这一文化传统，这些不同戏曲文物传递的戏曲文化价值就给当今大众传递了当时戏曲的风貌。这些富有戏曲特色的戏曲文物背后所承载的文化意义和价值就是为了维护具有中国特色的戏曲文化。这种文物符号其背后蕴藏的戏曲文化价值本身无影无形、无声无息。但是这种抽象的文化价值如果不运用这种可以为人们所感知的戏曲文物以器物的形式所展现出来，当时的人们恐怕对戏曲的感触也比较单薄，而今天的人们想要考察戏曲的历史文化脉络恐怕也无从下手，也正是这些属于戏曲的文物载体的出现，人们才能去感知和把握其文化，也才能让这些戏曲中的文化价值在人与人之间、代与代之间实现传递。所以，运用这种可视可感的形式，就是为了更好地将戏曲文物符号所承载的精神和抽象的文化价值传给世人。

　　不管是我们还是先人，平时所使用的产品和实用器物其实也是一种文化，都具有它所特有的文化价值。综合观之，我们不仅需要其文化价值，还需要一定的使用价值。如果一个器物光有内涵而无法被运用，那它的功能就是空洞的，便会被人抛弃。例如，来源于四川绵竹地区的凤头茶具，它既是一个具有实用价值的茶具，其上富含戏曲元素的精美雕花也使得它成为一件精美的装饰品，当时使用它的人们会运用它来装饰环境。其他种类的戏曲文物的实用价值其实同文物载体背后的文化价值一样，其本身无声无息，我们并不能凭空地创造和传递它，而是根据我们的所需所求来创造。所以，作为设计师的我们是无法创造文化价值和实用价值的，更不能将使用者所需的价值直接传递出来。当时的设计师们之所以要使用各式各样的材质，将戏曲中的元素提取出来制作成不同尺寸的使用产品并成为今天的戏曲文物，就是为了在各式各样的戏曲载体中进行探索，探索出可供使用者使用，并且能够使广大使用者赋予其使用价值又或是附加上戏曲中的文化价值而且能够进行传递的器物。在此期间，设计师只是探索器物与人赋予价值之间的桥梁，只有亲身经历并且对戏曲加以体会的人，才能对这些器物载体在形体、色彩和表现形式等方面进行进一步的综合塑造，也只有这样，承载戏曲文化的载体才能拥有它真正的文化价值。

由此可见，戏曲在其历史长河中所产生的丰富多样的文化，为了其背后的意义或价值能够被创造出来并且被加以利用和传递，都必须要形成一种可以恰好承载这种原本抽象的戏曲文化所蕴含的价值和意义的可感形式。并且，在传承这些戏曲文化的时候，所承载它的可感载体发生变化，它背后所蕴含的戏曲文化价值也可随之发生变化。所以，不同戏曲文化的承载往往具有其稳定性和特殊性，不同的戏曲文物载体也就有了其特殊的戏曲文化价值。另外，这些可感的戏曲符号形式还需要有一定的物理属性，不同物理属性在戏曲文物中给人的感受有所不同。可见，在为了能更好地实现塑造出戏曲文化现象的可感形式时，必须要兼顾其物理属性。但值得我们注意的是，现在存在的戏曲文化现象在我们通过其物理属性从而塑造出的某种可感形式，其形式本身并不是目的，就像戏曲的文物载体背后所蕴藏的一样，我们所要表达的戏曲内容存在于这表面的形式之中，这种戏曲的内容就是戏曲文物载体恰好承载的戏曲的文化价值，这才是我们塑造这些戏曲文物载体的根本目的。所以，戏曲文物载体中的戏曲文化价值才是依附于文物载体这一躯壳的灵魂，它们相生相灭。相反，也正因为戏曲的文化价值依附于其文物作为的载体，所以，戏曲的文物载体也必须能恰如其分地承载其中的文化价值。

第三节　戏曲元素符号的外延与内涵

由于戏曲元素符号的两类功能，造就了戏曲元素符号的纹样或图案也都具有两类不同的语义。两类戏曲元素符号分别是：一类是具有实际功能，可以真正传递信息的，这些符号通常包含了理性内容。这些符号来源于戏曲元素本身，并且通过它们在视觉上表达出来；另一类则是具有艺术价值，它们不需要真正传递信息，而是根据观众个人的思维和主观意识来表达，这些符号包含了潜藏在其中的、暗示的信息。戏曲元素符号的创作旨在通过它们来表达意义，并传递信息。当一个具有明确意义的戏曲元素符号被传递给观众时，他们通常会根据自身的想象力和主观感受，去解读这些元素背后潜藏的意义，而不是仅仅依靠它们本身的表面意义。

戏曲文物中元素符号系统不仅受到编码规则的限制，还受到观众的主观感受和思维活动的影响，从而产生出不同的意义。符号学家们将戏曲元素的表达方式划分为两个部分：一部分表现出明确的意义，另一部分表现出潜藏的情感。这两部分的界限取决于它们所遵循的规则。

一、戏曲元素符号的明示义

戏曲元素符号之所以被创造，就是为了匠人们主观的思想、情感、意志与当时社会客观的信息或价值等的忠实传达，即要求准确地把握对方的真正想法，并将其准确地传递出去。然而，由于戏曲元素符号很难通过现场性的演示来传播，因此，我们将以戏曲元素符号系统为例，来解释它们的含义。

清代家具上的戏曲元素符号是具象之物，既能看见，也能摸着，可以直接进行传达。清代的工匠们将戏曲元素融入到家具的设计中，以此表达出他们的情感和思想，并将其转化成一种抽象的形式，从而使得这些作品能够真正地传递给后代。清代家具上的戏曲元素符号的创作源于人们为它们赋予了新的含义和价值，从而形成了独特的艺术形式。这是一个明显的、合理的动机。清代家具的设计师以传统的植物纹样为基础，将其融入到戏曲元素符号之中，从而形成了岁寒三友的独特图案，它不仅仅代表着清代的历史，更蕴含着深刻的寓意，让清代的家具更加精致、富有艺术气息。通过利用这些动机，我们可以创造出一种能够表达清代家具戏曲元素的抽象植物纹样符号，从而让人们感受到它们的存在。

当符号的形成和戏曲的元素得到广泛的认可时，原有的动机便不复存在，而是被一种自由的、自主的、普遍的规范所取代。随着时代的发展，戏曲元素的设计理念和清代家具的结合已经深深地融入到当时的文化氛围中，形成一种社会共识，使得清代家具的语义学规则得以清晰地流传并一直延续至今。清代家具的语义学原理清晰地指出：哪些戏曲元素符号能够成为清代家具的装饰，并且在不同的场合中发挥重要作用；清代家具上所采用的戏曲元素符号都有其独特的含义，这些含义在不同的场合中表现出来。因此，从戏曲中的符号开始，它们的语义便已经通过其特有的语言学原理得到清晰的界定。清代家具的语义通常由戏曲元素符号清晰地表达出来。

清代家具不仅是由各种独立的戏曲元素符号组成的，而且这些元素符号还被结合在一起。因为决定戏曲元素符号与清代家具之间的每一种可被允许的结合关系都明确为某种表述，它是被戏曲元素符号的直观含义所明白无误地规定了的。通过运用多种戏曲元素符号，我们可以创造出一个精致、完美的清代戏曲家具，它们不仅仅是一种装饰，更是一种表达深刻思想的象征。

无论清代家具的结构如何复杂，其中蕴藏的内涵又如何丰富，它们的意义和价值都源于戏曲的程序，而戏曲的程序则成为一种艺术形式、材料和技术的媒介。这种艺术符号载体是经过对生活的提炼、美化和升华，进行虚拟化和意象化处理而创造出来的。所以，都具有唯一、确切的语义。程序承载了丰富的情感元素，并且拥有鲜明而生动的视觉效果。程序是一种将规则与自主性完美结合的工具，既反映了日常生活的实际情况，也能够超越日常的想象。借助这一理念，我们将对口头禅、术语、图片、文字进行标准化和系统化。这种由戏曲程式所决定的语义就是一个清代家具视觉层面上的理性内容，就是明示义。对于那些使用清代戏曲元素符号来装饰家具的工匠来说，他们必须熟练地运用语言学和结构学原理，以便更好地理解和传承戏曲文化。因此，学习和使用戏曲元素符号的人士，应当努力学习和掌握它们，以便更好地发挥它们的价值。通过使用戏曲程式语义学和语构学的规则，我们可以更好地理解和传递符号的含义。例如，在本段文字中，我们将探讨文物中使用戏曲元素的符号的含义。因此，只要掌握了戏曲程序，就可以准确地理解它。这是我们能够准确地传递的唯一真实信息。根据社会共识，我们可以将其表达出来，即字面上的含义（Sense），也就是所谓的明示义，如图2-1所示。

图2-1　清代家具的明示义

总而言之，"字面上的语义"是戏曲元素符号系统的一种明确表达方式。通过这种方式，我们可以将戏曲元素符号的含义传递给后人。同时，这种方法也有助于保护和传承中国传统文化。

二、戏曲元素符号的外延与实用功能

清代戏曲元素家具符号的产生源于对意义的理解，它们的存在建立了一种能够表达和理解的联系，并且以编码规则的形式被固定下来，成为清代戏曲元素家具符号编码的重要组成部分。符号的外延（Denotation）可以被理解为一种通过规则而被赋予的特殊含义，它可以表达出一种特定的概念或意图。因此，任何一个符号系统，只要它能够将其中的概念和实际内容联系起来，就可以被视为一个拥有广泛的语义的符号体系。

清代戏曲中的家具符号系统，无论是否经历了符号化的过程，都具有广泛的语义意义。清代家具是汉语中一个重要的符号，它指的是清代制作的各种不同质地、风格和流派的家具，这些家具拥有许多前代所没有的品种和样式，而且造型也变化多端，如图2-2所示。所以，外延也就是由符号规则所明确规定了的意义。

清代戏曲家具的符号系统，不仅包含其本身的意义，还可以传递出丰富的信息。

清代戏曲家具的符号系统被精心设计，以便准确地表达出每个戏

图2-2　清代家具的外延

曲元素的含义，这些符号的使用也受到了严格的规范和约束。通过利用清代戏曲家具符号系统所构成的信息，可以获得唯一明确的、仅由编码规则决定的信息。戏曲元素符号的明示义可以通过它们所表达的信息来获得，而这些信息又可以通过符号学的术语来表达，即外延。

清代戏曲的元素符号体系为信息提供了一个基础，它们的含义受到规则的限制，但仍然可以清晰地表达出来。清代戏曲家具的符号体系可以通过书面形式传递出真正的信息，从而更好地满足家具使用者的需求，同时也为他们提供了更多的激励机制。因此，匠人们不得不按照一定的规范来组织符号，以便将其转化成可以被接收和理解的信息，这样一来，发送者就可以更好地运用这种符号系统来传递他们的想法，从而实现他们的表达目标。因此，拥有广泛含义的符号体系可以被视为一种实用性强、能够真正传达信息的符号体系。在一个科学编码的符号体系中，它的语义可以被视为一种更广泛的概念，而其所承载的功能则可以被视为一种更加实际的应用。

从古至今，人们利用象征、比喻、谐音、寓意等多种手段，将各种图案题材结合在一起，创造出独具特色的吉祥图案，其中最具代表性的是四个字的吉祥成语，它们满足了人们多样化的审美需求。

清代家具上的传统吉祥组合图案，无疑是当时最受欢迎的艺术形式，它将多种元素结合在一起，构筑出一个充满吉祥寓意的画面，既体现出当时社会的理想，又展示出当时人们的审美观，象征着他们对幸福生活的追求。特别是在清朝中晚期，这类题材的使用已经达到了顶峰。无论是哪一幅画作，哪一个图案的结合，都蕴藏着祝福、幸福、财富的美好祝愿。传统的祝福，如喜悦的笑容、麒麟的祝愿、万年的长寿、幸运的双鱼、丰收的祝愿、多子多孙，一直被广大民众所接受和传承。传统的吉祥图案以其独特的含义和象征性，深刻地反映出人类对于幸福安康的渴望。传统吉祥图案，如喜上眉梢和麒麟送子，代表着工匠与社会的约定，是一种明确的外在表达。除了每种传统图案的含义有所不同外，其中的每一个元素的外形都受到了当时的审美标准的限制。因此，传统的吉祥图案系统是一个受到时间和环境影响的、依赖于时间的语言结构。因此，这种符号信息具有明确的指示作用，它可以将匠人和家具消费者内心深处的情感和思想传递给整个社会，从而发挥出其重要的传播作用。同时，具有外延语义的传统吉祥组合图案系统也是具有实用功能的系统。尽管一只喜鹊和一只松鹤的象征意义无法直接体现，但是，随着传统吉祥图案的出现，这种象征已经被社会普遍接受，因此，它们的象征意义也变得更加显而易见，即外延语义。因此，在传统的吉祥图案中，它们能够准确地表达出其外部含义，具有显著的指示作用。这句话清晰地表明，它能够准确无误地传递出其中蕴含的信息，同时也展示出当时社会对于美好祝愿的热切渴望，以及其中蕴藏的深刻含义。因此，传统的吉祥图案松鹤万年具有重要的实际作用，即能够准确地传递信息。

一个拥有广泛含义的符号体系，不仅可以实现信息的准确传递，而且还可以满足各种实际需求，它已经发展为一个完善的、科学的符号体系。

第四节　以文物为载体的戏曲符号的横组合与纵聚合

一、横组合与纵聚合关系分析

以文物为载体的戏曲符号作为一种非语言符号，我们要与语言符号相区别开来。戏曲符号的呈现是多维度且立体的，它根植于民间，反映的也是民间故事，所以说其承载的是民间的审美趣味，描绘了中国社会中最传统、真实的道德观念与价值观念，是一个完整的大类，既具有符号化的象征意义，又具有一定的抽象化美学内涵，并非像语言符号文本按照既定的顺序进行排列发展。

罗兰·巴特提出可以用切分和类比的方法对横组合和纵聚合进行分析。戏曲符号的时代、纹饰、色彩等元素组成了其横组合轴，这些不同的元素不存在一定的先后主次关系，是一个完整的存在。但只要横组合轴上的要素发生改变，那么这个符号就会以新的方式产生。我们同时运用类比的方式去分析纵聚合关系，得出戏曲种类体裁、人物角色与情节设定、价值取向等意识层次上影响文物戏曲符号各要素选择的纵聚合轴。

二、以文物为载体的戏曲符号的横组合

（一）时代缩影

任何艺术符号都是创作者的思想体现，也是一个时代的缩影。中国的戏曲繁荣于明清时期，是当时抒发情感的主要途径。按照历史的发展轨迹，不同朝代以文物为载体的戏曲符号所承载着的价值属性不同。

在徐州的两汉文化遗存中，有不少表现表演艺术的文物，如汉墓中出土的一些乐舞俑、汉画像石等，尤其是汉画像石，其中的歌舞、竞技、傩舞等图像，真实地再现了两汉时期栩栩如生的表演艺术形态，这些艺术形态蕴含着中国戏曲的早期元素。

元朝，我国戏曲正式进入成熟期，戏曲的繁荣标志着各色各样的手工艺者选择大量的戏曲人物及故事情节作为文物的着意表现对象。到了元末明初，社会动荡不安，发展不平稳，文物上的戏曲符号数量大不如前，折射了当时明初科举制度恢复，许多文人更向往官场上的功名，而丧失了创作的活力。

时代的每一次更迭，都蕴藏了历史背景以及社会文化的转变，所以，以文物为载体的戏曲符号的所指不仅仅是表层的视觉效果，更多的是这个时代所留下的印象。

（二）纹饰

戏曲符号的纹饰，是指雕刻在文物上的纹样，多为平面效果，恰当美观的戏曲图案或者纹样会使文物更加有内涵、富有表现力，其更能作为反映戏曲内容以及历史的媒介，具有很强烈的标志性和符号性。而在符号学背景之

下，对于以文物为载体的戏曲符号纹理的解读尤为重要，人们会将文物上的纹理作为解读戏曲的重要符号之一。戏曲符号的纹理样式和时代背景、经济基础、家庭喜好、民族特征、地域特色都有着密不可分的关系，每一个朝代都有自己独特的趋势，并且这个趋势还会随着地域以及文化的改变发生改变，随着历史的演变而更替。总的来说，戏曲符号的图案在一定程度上直观地展示了当地当时所流行的戏曲文化以及价值取向。文物创作者在绘制戏曲图案时，不仅仅是参考，更多的是把创作者本身的情感、价值等要素进行二次创作。所以，在进行创作之时，创作者要对戏曲的故事了解深刻，才能融入戏曲本身的价值所在。

常见的戏曲符号图案素材有花草树木、民族特色、文字、传统纹理、几何图案等。梅、兰、竹、菊作为传统的图案题材，单独成纹或合成"四君子"图案。道德高尚的人成为君子，所以，人们通常将其作为戏曲中主要人物角色的性格品质。竹子，挺拔优雅；兰花，芬芳四溢，令人心旷神怡；梅花，勇敢抗拒严冬，傲然挺立；菊花，犹如"花之隐逸者"，优雅迷人，即使在冰天雪地也依然屹立不倒。这表明，戏曲中的各种角色都在通过对自然元素的运用来表现出更优秀的品质。所以，戏曲文物上的花纹不仅仅是一个装饰，更重要的是能够从多维度去塑造一个完整的戏曲人物形象。

（三）色彩

戏曲符号色彩的能指方面，主要是在众多外在装饰之中选出最具有角色意义的所指部分，从而更好地辅助文物的形成，符合中国的审美标准，即戏曲元素的双重性功能。通过戏曲符号的色彩选择不同，从而将不同的情感表达输送给观众，使得戏曲符号与色彩符号对应地融合。戏曲符号色彩在文物上以视觉符号的形式出现，色彩符号的获得，是人类社会色彩文化体系长期积淀的结果。不同的民族因其地理位置、习俗、文化背景以及审美观念的差异，使得他们的色彩符号所蕴含的深刻含义也大相径庭。

色彩作为戏曲文物的重要视觉符号，在能指和所指方面都具有不同的指向性。从古至今，诗词文学、书法绘画等各个领域都强调表达的写意性，从先秦哲学到宋元书画，都是如此。诗词文学和书画艺术都是艺术的象征，它们用自己独特的符号来表达自己的情感和思想，从而使我们能够更加深刻地理解和欣赏这些艺术形式。戏曲色彩的能指部分，是在众多标识及繁杂的外在形象上选择最具角色塑造意义的指代部分，以简单清晰的图案纹饰和色彩构成来替代社会意义和自然景象，辅助戏曲也作为戏曲符号，运用了许多色彩符号，并由其深刻的内涵，体现着不同人物的性格，比如红色表示赤胆忠心／紫色代表智勇刚毅／黄色代表骁勇善战等。① 面部表情作为戏曲文化的标志，其本身所蕴含的色彩符号能更好地帮助不熟悉戏曲的人群更加了解不同色彩的面部表情下所蕴含的独特个性。

三、以文物为载体的戏曲符号的纵聚合

索绪尔和罗兰·巴特的理论指出，符号的纵聚合方向的结构单元具有两个显著的特性：第一，它们之间具有共同的特征，即具有相似的形状、大小、位置或功能。第二，在纵向聚集的情况下，每一个结构单元都应当与周围的环境形成鲜明的对比。

而对以文物为载体的戏曲符号来说，是更加复杂的符号系统。所以，根据戏曲符号的功能，将其在纵聚合轴上的单元划分为戏曲种类与体裁、戏曲情节与人物设定、价值取向。

（一）戏曲种类与体裁

作为"综合艺术"的戏曲本是众多形式成分的聚合，因此，戏曲种类具有复合性质，种类之分主要是由一些重要成分的形态差异及其聚合方式的变

---

① 占士红、邵校：《戏曲脸谱艺术在陶瓷装饰中的运用》，《中国陶瓷》2010年第12期，第80页。

化造成的。所以说，戏曲种类的多样性必然导致戏曲符号样式的多样性，从而使得戏曲符号与其相适应。

从另一个角度来说，不同种类的戏曲因其本身的类型特征从而导致其产生的戏曲文物符号侧重点有所不同。比如汉代的叙事性歌舞，可以说是以歌舞为主的泛戏曲形态，所以，戏曲符号呈现的侧重点以歌舞为主。教化类的泛戏曲形态也有乐器伴奏，主要使用鼓作为伴奏乐器，所以，其主要戏曲符号呈现为乐器。在现已发现的戏曲文物中，我们能根据不同种类戏曲，看到不同种类戏曲形式的情况。由于戏曲的种类繁多，戏曲的种类在很大程度上决定了以文物为载体的戏曲符号的表现，即在戏曲文物的纵聚合轴上的戏曲种类制约了其在横组合轴上的戏曲文物构成单元的组合。

（二）戏曲角色以及情节设定

戏曲中不同的角色是由作者根据生活对他们做了高度的艺术概括和虚构，塑造出了一个个鲜明的艺术个性人物形象，也成为了典型的戏曲符号。"素腰包"中的白素贞象征着纯洁、善良和对爱情的忠贞，这在《白蛇传》中得到了体现。从造型上，其宽松的服装特点可以表示人物已经怀孕。"腰包"不仅仅是一个女性角色的舞台道具，它还可以帮助她们更好地表达自己的情感，通过腰部的绑带，轻盈的舞步，展现出她们的精湛技艺，让观众惊叹不已。同时，又反映出了深厚的社会内容，从而构成了生动的具有社会生活的画面，我们从这画面中感受到了封建社会生活的具体性和丰富性，而这种艺术的感染力的强弱关键点就是对人物形象的塑造。

中国戏曲塑造人物性格具有浓重的抒情诗色彩。王夫之在《姜斋诗话》中对"性情"进行了深入探讨，他指出，"性情"的人物形象具有深刻的情感表达，能够把握景象，触发心灵，把握神韵，并且运用化学手法来表现出来。如果只是追求技巧，那么本质上就是一种外在的行为，结果就是失去了含情而能达，性格刻画通过人物内心情感的细腻剖析达到刻画出人物性格的目的，例如，"黑歪碎花脸"中的李七，面部表情左右不对称，几条扭曲的线条贯穿左右脸，面部色彩交错，主要描绘了李七曾经是一个强盗，并且被打破过脑门，头部留有血窟窿，面部扭曲。行当的划分含有人物性别、年龄、性格等类型内容，但并不会因为同属一个行当而千人一面，百人一腔，从而留下的戏曲文物也是各式各样的。

（三）价值取向

从表现的层面来看，以文物为载体的戏曲符号除了传达具象化的信息之外，还起到了还原历史的作用，在当时手艺人创作文物时，要考虑到戏曲本身表达的主题，同时，购买者也要考虑到主题是否符合个人本身的气质。

在许多戏曲表演中，演员只靠唱腔很难去传递部分信息，而通过文物上的戏曲符号我们可以更加直观地去看到当时戏曲的场景，以及所使用的道具服饰，这些文物都能帮助观众一目了然地去了解戏曲本身所表达的主题。所以，文物能更好地让戏曲符号多元化呈现在我们的面前，并且辅助特定戏曲内容以及主题的表达，升华戏曲的主题。

第五节　文物中符号元素的形式语言

一、文物中符号元素的形式语言的基本概述

所有艺术形式都必须依靠它们自身的方式来呈现，不管它们被视为什么样的方式，其本质目标都在于传递信息。设计语言也是一种类似这样的方法，它可以帮助我们更好地理解和描述设计过程。文物中符号元素的形式语言是在大众视觉心理基础上发挥作用的一种语言形式，它以文物为载体，利用不同的戏曲视觉元素进行不同的设计表现，从而进行传统文化信息的传递与交流。文物中戏曲装饰元素的形式语言里不仅包含了对于传统戏曲的传递

与升华，更反映了当时的社会文化气息。形式语言可以被看作是一种桥梁，它能够帮助信息传递者把他们的理念和情绪传递给观众，并以一种独特的视角展示出来。文物中符号元素的形式语言也是利用特定的视觉语言形式来让文物信息的内涵得到有效的传递。文物中符号元素的形式语言就是文物内涵在表达过程中的重要载体，它所形成的戏曲装饰符号元素可以带给信息接收者不一样的感官体验。

而形式化是指将设计的对象进行一定规则的形式转换形成一定的符号或者图形，这样可以使得所要表述及表义的对象变得明确和无歧义。文物中符号元素的形式化是指使用符号的方式对整个文物进行表述的过程。在文物的戏曲装饰元素中，需要将舞台上的戏曲场景再现于文物中，利用戏曲本身的一些形式进行转换，使得整个文物中的符号元素变得更为直观。从传统文化中提炼出特定戏曲装饰符号元素进行具有象征意义的设计活动，其中的戏曲装饰元素不仅仅是一种装饰，更具有现实的意义及内涵。文物的戏曲装饰元素的形式语言，是表达文物装饰符号的整个设计过程的设计语言。文物中的符号元素的基本特征是它对于要表达的戏曲文化内涵具有一定的明确性和无歧义性。对于文物的戏曲装饰元素的形式语言，主要表达方式是将各个视觉元素通过设计，然后灵活运用形式语言完成表达，并产生独特的审美价值，更好地传递戏曲的传统文化信息，体现戏曲特殊的艺术魅力。

二、文物中符号元素的形式语言的特征

（一）文物中符号元素的形式语言具备表义性的特征

文物符号元素的形式语言就是用文物作为载体来塑造表达戏曲的艺术内涵以及审美情感。文物中戏曲的特定内容需要借助艺术语言才能表达出来，从而传递信息给大众。文物中戏曲装饰元素的形式语言以形状、色彩、色调等艺术语汇构成，通过直观的符号元素为大众认知而掌握。文物中戏曲装饰元素的形式语言通过使用戏曲的视觉式样而进行传统文化以及传统理念的思

想交流，其自身也遵循了一定的理性思维来赋予符号元素的象征意义。戏曲装饰元素的形式语言在一定的规则范围内来演绎。首先，在文物中戏曲装饰元素内涵的表现上，通常会有明显的层次结构，从主体深入到更为复杂的细节。无论是整体还是细节，都需要通过形式语言的表达来展示出来。一般来说，文物中符号元素形式语言的构成是由许多不同或相似的符号经过排列组合而成的，比如点、线、面等，它们构成了图像、文字、颜色等完整的戏曲装饰元素的形式语言来表达整体内涵。此外，文物中符号元素的形式语言的表达方式也受到了个人的主观偏好的影响。这种方式不仅可以帮助信息传递者更好地展现文物戏曲装饰元素中富有的深厚情感内涵，而且可以为信息传递者和信息接收者之间的交流搭建起一座桥梁。

文物中的戏曲装饰元素极其丰富，传统的图形、色彩构成了文物中符号元素特有的形式语言。文物中符号元素的形式语言都具备其自身的特点和规则。在文物中符号元素的表述主体是图形，信息传递者以特定的规则形成特定的戏曲装饰图形来诠释意义，其中的形式语言承载着设计者需要传递的语境和语义。首先，图形是文物中戏曲装饰的重要元素，它们不仅能够展示出文物的特色，还能够传递出丰富的传统文化内涵。通过运用具有民族特色的传统图形语义的解读，结合象征性和寓意性等手法，以简洁易懂的方式与信息接收者进行互动，从而达到良好的传播效果。这些图形是对具象客观存在的戏曲进行抽象化的处理形成的，在视觉效果上有着独特的表达方式。其次，色彩也是文物中戏曲装饰元素形式语言的重要部分，它也具有象征、寓意和夸张的作用。通过对颜色的运用，可以将戏曲的象征、寓意和夸张的特征融入到文物中符号元素的形式表达之中，从而更好地体现出文物内涵的本质和特征。采用颜色作为象征，可以使我们更加清晰地认识到文物的象征意义。最后，文字作为文物中最直接的符号元素，不仅能够直接表达戏曲装饰元素的图形和色彩，还能够深刻地揭示文物的内涵，并且能够通过审美角色来诠释其外在形式和内在含义。它们可以被用于任何设计语境，成为一种独特的形式表达方式。通过结合不同戏曲中的元素，可以创造出一个全新的、具有多种特征的表达方式。这些特征可以是自然的、几何的，也可以是抽象的，并将其赋予具有视觉冲击力和深厚文化内涵的特性。信息传递者恰当地使用图形、色彩以及文字形式语言，遵循一定规则和秩序进行文物中的戏曲装饰元素的符号设计。作为一种形式语言，它被广泛应用于文物戏曲装饰元素中，为其形态表现和视觉欣赏提供了重要的支撑，并在不同的形式表现中得到体现。因此，使用适当的形式语言对于设计实践来说尤为重要。通过文物中符号元素的形式语言，大众可以更好地理解文物所传递的信息，这些信息往往无法通过简洁的语言和文字来表达。同时，形式语言的多样性使得大众能够更好地理解作品背后的意图。

（二）文物中符号元素的形式语言具备表象性的特征

在文物中戏曲装饰元素通过一定的形式语言呈现纯粹的美感的时候，也会传递一种无法言喻的情感境界，而这一层情感是通过语言符号难以表达的。文物中戏曲装饰元素既抽象又富于情感，虽然它们与人类的语言存在差异，但却能够进行表达从而传递出深刻的信息。文物中戏曲装饰元素传递给大众的不仅仅是一些客观存在，还可以是一种精神层面的表达方式。文物符号元素的形式语言就是用文物作为载体来塑造表达戏曲的艺术内涵以及审美情感。文物中戏曲的特定内容需要借助艺术语言才能表达出来，从而传递戏曲传统文化给大众。它们都有属于自己的特殊语言，要想真正地了解其中内涵，就必须要了解它们的语言。

文物中符号元素的形式语言的表义性具有明显的规则和严谨的逻辑，而形式语言表象性也遵循着理性的方式，这也是文物中符号元素的形式语言在不断完善发展中的重要标准。因此，文物中符号元素的形式语言可以为当代设计提供新的思路，它以符号逻辑为基础，抛弃了主观自由编码所带来的冗长体验，从而更好地表达信息和内涵。随着社会的进步，传播主体、受众、环境以及科技的进步都在推动着形式语言的发展与完善。

三、形式语言在文物中符号元素应用的作用

首先，通过使用形式语言，文物中的戏曲装饰元素能够更清楚地表达其内涵，更好地让大众解读其文物信息。文物中的任何一个需要传递的文化信息都需要具体的符号元素形式语言的表达才能被解读，文物中符号元素的形式语言是信息传递者和信息接收者之间的桥梁与纽带，体现在文物中符号元素的呈现中。信息传递者通过文物中符号元素的形式语言的运用来传递传统戏曲文化的内涵，信息接收者通过对形式语言的解读来理解文物中的表达。文物中符号元素的形式语言本身就传递一定的内在信息，具备语言的特征，但这种特殊的语言系统具备更多的不确定性，传递的信息也存在多义性。图形、色彩以及文字构成了文物中戏曲装饰元素的形式语言的基本构架。在文物的戏曲装饰元素中，符号元素的使用具有独特的方式和规则，它们的象征意义、深刻寓意以及夸张手法都能够很好地体现出它们的审美价值，也更容易被大众认知理解。文化的意义和形式表达是密不可分的，它们共同构成了文化的内涵，而不同的文化又有着独特的表现形式。文物的戏曲装饰元素也是一种视觉艺术形式，它需要巧妙地使用各种形式语言来表达信息，利用不同的方式来提升传统文物作品的内涵。通过这种方式，可以为大众带来更加美观的视觉体验和心理满足。了解形式语言在文物中符号元素的应用，可以理解更深层次的含义，并且有助于以后的设计师在创作过程中更好地表达情感，并创造出令人震撼的作品。

其次，形式语言在文物的戏曲装饰元素的应用可以进一步地呈现当时的艺术化发展趋势以及审美状态，为后期对于文物信息以及当时的戏曲艺术的发展提供一些信息资源和设计思想。文物中符号元素形式语言的发展一方面受到当时社会现状以及艺术思潮的影响，从而形成不同的形式语言；另一方面，社会技术对艺术发展的影响也在形式语言的构成发展中得到体现。文物中符号元素的形式语言不仅能清晰而准确地展示出文物作品的主题，也能帮

助大众了解创作者的意图。这种形式语言打破了民族和地域的界限，使得大众能够更好地了解当时的文化、历史、艺术等各个方面。文物中的戏曲装饰元素不仅反映出当时社会的信息，还蕴藏着深刻的艺术价值和审美意义。人类的审美观念和自然界的规律是紧密结合的，尽管在全球范围内，不同国家、民族和历史时期，人们对美的理解和追求有着显著的差异。虽然传统文化已经跨越了数百年的历史，而且随着时代的进步，大众的审美观念也发生了巨大的变化，但是，无论是外观上还是内涵上，大多数人都能够认同美与丑的概念。古代文物中的戏曲装饰元素放到如今这个时代，看上去也是极具形式美感，并且富有深意。经过数千年的演变，中国传统文物中的戏曲装饰元素，以图形、色彩等多种形式表达，展现出中国传统戏曲文化的深厚底蕴和中国人独特的艺术创造力与精湛的设计技巧。文物的象征意义丰富，其中包含了众多不同的戏曲和戏曲装饰。这些象征意义反映了古代人们的思维和文化内涵，并通过外部表达方式得到展示。经过多年的实践和探索，大众已经形成了一种共识，即以客观存在的美学原理为基础，即形式美法则。形式美法则被广泛应用于文物的戏曲装饰元素中，这些传统的艺术形式的表达方式对当代仍然具有重要的影响。现代设计的基础结构实际上也继承了传统的艺术风格，它们互相联系，共同演绎出独特的魅力。

文物中符号元素虽然本质上是独立的形式语言，本身没有太多的视觉和情绪色彩，但随着社会的发展，艺术的进步以及大众审美水平的提升，大众开始把自己的主观情绪和欣赏需求融入到符号元素的设计之中，使得符号元素的形式语言成为一种具有代表性的设计形式，既可以用来传递信息，也可以用来表达情感。通过运用设计、语言和艺术手法，可以表现出作品的情感，并让信息接收者更好地理解其中的内涵。形式语言作为文物中符号元素的一种载体，信息传递者从不同的角度及方位与现实世界建立起关系，然后作用于大众的心理意识中，呈现出不同的形式语言。中国传统的文物中符号元素与现代的设计有着千丝万缕的联系。将传统的戏曲装饰元素与现代设计理念相结合，创造出更加精致和简约的作品。通过使用形式语言，文物中的戏曲装饰元素成为了一种重要的信息传递和沟通方式。随着社会的不断进步，大众的审美水准和欣赏能力也在不断提升，并且越来越多的需求也在不断涌现。以中国悠久的历史文化为基础，文物中戏曲装饰元素的形式语言蕴含着许多具有实际价值、可以激发现代设计创新的思维和想法。除了继承传统文物中艺术的精华，还应该深入挖掘其中的文化内涵，将其融入自身的思维，将其转变为具有时代特色的作品，为它们注入全新的活力。

第三章　戏曲文物艺术研究分析

第一节　戏曲元素造型的美学原则

在文物中，戏曲元素的美学造型往往符合自然规律并且能够激发人们的愉悦感。它们通常具有生动鲜明的形态，让人感到舒适。戏曲元素中的各种美学特征可以用来衡量美的标准，包括和谐、平衡、比例、节奏、韵律、统一和变化。

戏曲元素造型的美学原则是前人经过不断的积累和创造总结出来的规律，同时也是分析对象"美"与"不美"的原则，这些原则还随着时代的发展变化以及科技的进步、社会文化的发展而发生变化，并不是绝对的。

一、戏曲元素造型的比例与尺寸

戏曲元素造型都有比例与尺寸的问题，"比例"指的是戏曲元素造型中各个部分之间的比例关系，以及它们与整体之间的大小差异，"尺寸"则指的是这些元素造型与观众的生理或生活所见之间的尺寸关系，它们之间的比例关系可以是大的也可以是小的，这些都是影响戏曲表演效果的重要因素。

在戏曲元素造型中都有良好的比例与尺寸，正确的比例是形成完美的戏曲元素造型的基础，是一种抽象艺术形式，是根据实用功能的需求，结合各方面的因素，以及人们的审美爱好和欣赏习惯等形成的。

在文物中戏曲元素的比例关系并非固定，它受到各种因素的影响而发生变化。这些因素仅仅限于形式美学的范畴，为了创作出完美的作品，我们必须将这些因素融入到整个作品中，从而达到全面的审美效果。

（一）戏曲元素造型的比例

戏曲元素造型的比例，应该从三个方面来考虑进行合理的安排与组合，第一，以实用功能要求。根据实用的功能特点来进行比例的设计，戏曲元素造型需要兼顾各个部分之间的尺寸与比例的关系；第二，以技术条件要求。不同时代的技术条件不同，从而对于戏曲元素造型的雕刻也有限制；第三，以审美比例要求。戏曲元素造型的比例关系除了需要按照功能技术要求的比例之外，还可以按照人们的审美意识来决定比例。

运用适当的比例来表现戏曲元素造型的美，其中常见的尺寸比例关系如下：

（1）整数比例；

（2）黄金分割比例；

（3）中间值比例；

（4）模度理论。

尽管上述描述的形式美中的比例关系可以为我们提供参考，但它仍然受到其他因素（如产品整体视觉效果、平衡关系等）的限制，因此，我们必须采取新的方法来综合处理这些问题。此外，人们对于戏曲元素造型的比例也不是固定不变的，它们也会随着时代的变化和科技的进步而发生改变，因此，我们不能一直拘泥于现有的形式美理论，而应该探索新的方法来更好地欣赏这些美。当前的理论仅能提供参考，无法满足未来的需求。因此，我们应该深入研究，以适应新时代的发展，并创造出具有新颖戏曲元素和形式美的理论。

（二）戏曲元素造型的尺寸

1. 戏曲元素造型尺寸的概念

尺寸代表着一种规范，它不仅仅局限于一个人的身高，而且还涵盖了一种对于某件事情的评价和判断。"相对比较"是指戏曲元素造型对象的尺寸与人体的尺寸的比较，或者是与其他生活中熟悉的事物之间的比较，会更加容易判断造型的大小。

2. 比例与尺寸的关系

在戏曲元素造型的设计中，如果各个部分只有良好的比例关系，但是没有合理的尺寸，是不能合理地使用的，因此，需要先解决尺寸的问题，再进行比例关系的进一步推敲，良好的比例与尺寸是以整体的艺术价值、制造技术和实用功能为参考依据，需要运用联系的眼光来看待，推敲比例和尺寸与功能等实用价值之间的关系，从而确定独具一格的比例和准确无误的尺寸。

二、戏曲元素造型的均衡与稳定

文物中的戏曲元素造型会运用不同的比例、尺寸、色彩、结构和材料组成，体现出文物的独特性，文物所表现的感受也是不一样的，文物中戏曲元素造型的均衡与稳定感，其研究目的就是为了整体造型的完整性与和谐性。

（一）戏曲元素造型的均衡

1. 戏曲元素造型均衡的概念

在戏曲元素的设计中，均衡的概念强调了各个组件之间的重心，并且遵循了力学的规律。这种设计方式既能够满足人们的日常需求，又能保持平衡和稳定。而在文物设计中，均衡的概念更多地涉及组件的体积比例。

2. 戏曲元素造型平衡的表现形式

根据力学的原理，有四种平衡关系：

（1）等形等量平衡；

（2）等量不等形平衡；

（3）等形不等量平衡；

（4）不等形不等量平衡。

3. 戏曲元素造型获得均衡的方法

为了让文物看起来更加平衡，我们应该避免使用完全中心对称的设计。在进行分配和搭配时，应该选择不同的连接方式，以实现平衡。在戏曲元素的立面造型平面图形构图中，均衡感也是同样重要的。

在具有戏曲元素的文物中的造型问题，除了在文物的主体上寻求其均衡，对其装饰纹样与附体也要同样重视，应该与主体一起考虑均衡问题，如果主体有不均衡感时，附体和其装饰纹样就可以改变均衡问题。

（二）戏曲元素造型的稳定

1. 稳定的概念

文物中戏曲元素造型的稳定指的是上下部分的重量关系，在自然界中的物体，在靠近地面的部分结构更加的稳固，往上却更加的轻盈，是为了维护自身的稳定性，使得重心降低。稳定性能够让人感受到安全和轻松，而不稳定性则会让人感受到危险和紧张。因此，在具有戏曲元素的文物造型中，应根据其所要表达的目标，选择不同的材料和造型。"实际稳定"和"视觉稳定"两个方面表明了稳定的重要性，即文物中戏曲元素的实际重量是否符合稳定条件，以及通过形体外部体量的视觉关系来实现的稳定。当在文物上融入戏曲元素和部件造型时，应该充分考虑它们之间的稳定性，以便营造出一种完美的稳定感。

2. 增强戏曲元素造型稳定度的方式

具有戏曲元素的文物造型中遵循力学的稳定性原理，可以采取下列的方式将文物造型的重心尽可能地降低，来达到稳定的效果，给观赏者带来安全、宏伟的感受，同时增加造型的丰富性与多元性。

3.采用附加元素或者扩大支撑面来增加稳定性

（1）运用色彩对比的方式增加稳定性，增加下部色彩来达到增强下部造型稳定的效果。

（2）通过运用多种材料和处理技术，可以创造出多样的质感和色彩，从而达到稳定的效果。无论是什么材料，只要采用不同的处理方式，就能够呈现出不同的质感。

（3）运用表面的装饰来增强文物的稳定性；通过细节处理，虚实关系的处理等等方式，获得造型的生动性。

（三）戏曲元素造型的和谐

1.戏曲元素中和谐的概念

戏曲元素造型的美学原则中，和谐是最重要的元素，也是在文物中戏曲元素造型最能表现生命力的因素。和谐作为美的基本特征，具有戏曲元素造型的文物是否和谐，取决于文物的内部结构与外部的造型。当其达到和谐，才能达到美学原则的最高境界。

文物中的戏曲元素造型都有不同的形式、材质、色彩和功能，从而表现其不同的特点与意义，部分之间虽然有差异，但是整体的联系又十分密切，融合和谐，各部分之间的差异和多样性是文物中戏曲元素造型的基础，同时各个部分之间又相互联系与统一。戏曲元素造型的美学原则就是要解决矛盾，达到内部和谐的美感与造型的统一，只有在统一中寻找变化，才能产生视觉体验，增强美感，在戏曲元素造型中做到变化与统一。

和谐（Georg Wilhelm Friedrich Hegel）的概念已经远远超出了简单的对称、对比，它不再受到几何物体的固有规律的限制，而是一种更加自由的和谐，就像德国哲学家黑格尔在《美学》第1卷第2章所描述的，"和谐"是三级美的最高境界。

2.戏曲元素在变化中求统一

戏曲元素造型的美学原则中，在变化中求统一的手法的运用，使得元素造型协调统一、形象一致，整齐而和谐。统一在戏曲元素的造型中起着重要作用，它包括形式和功能的一致性、比例尺度的协调性以及格调的统一性。这些统一有助于构建出完美的造型形象，使其具有协调性和美感。

（1）调和统一

在戏曲元素造型设计中，对于组成整体造型的单个部分之间的联系，应该尽可能地在自身的质感、形式、色彩上体现共性，寻找相似点，增加内在的联系，从而得到协调统一的效果。调和统一有以下的几个方面：元素造型的比例尺寸的调和，戏曲元素的比例与尺寸的比例在合理的范围内，元素色彩的调和。戏曲元素色彩的调和是整体造型获得统一和谐的重要因素，整体造型的设计不仅仅需要形体的美，还需要色彩的和谐，色彩需要从多个方面的环境、功能因素来考虑。

（2）韵律统一

在戏曲元素造型中韵律也是一种表现的形式，是一种有节奏、周期性、有规律的变换，是构成整体造型统一和变化的有力手段。韵律的表现形式多样，各有不同，形成了丰富的视觉效果。

（3）呼应统一

在戏曲元素造型中呼应是在不同的组件和部分中，运用相同或是相似的处理方法，使得画面具有形象、大小、色彩与质感的呼应与一致性，从而达到整体造型变化中统一的效果。

（4）主从统一

戏曲元素造型中，各个组成部分之间存在着明显的差异和联系。主题元素在整体造型中起着决定性的作用，而从属元素则起到烘托的作用。在造型中，主题元素突出，而从属元素则会有意识地削弱它们。主体和从体之间相辅相成，融为一体，达到变化中统一的效果。

3. 戏曲元素在统一中求变化

通过在戏曲元素造型中寻求变化，我们可以使造型更加丰富多彩、生动活泼。这种变化是通过造型元素的差异性来实现的，旨在保持统一性的同时，让造型更具有视觉美感。

在统一中求变化的视觉美感的基本方法有：

（1）戏曲元素造型中的对比

对比能突出地表现文物造型中两个部分的差异性，对比关系只存在于同一性物体中，更加突出对象的差异，相互衬托，突出具体特点，在统一中求变化，应该以人的视觉感受为主要的依据，来表明差异，常用的对比手法有：

形状对比。戏曲元素造型的对比主要是在形状的方向、长短、大小、形态以及凹凸程度中体现。在戏曲元素的造型中，线性对比运用外轮廓与内轮廓的对比，直线与曲线的对比，方形与圆形的对比，体量大小的对比来丰富造型的层次感。

排列对比。通过在平面或立体的空间中进行排列对比，可以创造出疏密、虚实、高低、深浅等变化，从而让整个戏曲作品更具有协调性和统一性。

色彩对比。在戏曲元素造型中运用色彩的冷暖、明暗、纯度、色相、面积的对比关系来让造型更加新颖、灵动活泼，达到在统一中寻求对比的目的。

（2）节奏变化

通过运用节奏的变化，戏曲元素造型可以更加生动，增强韵律感。同时，通过统一和变化，可以协调节奏，并通过造型的形态、色彩、大小等元素创造出丰富多样的变化。

（3）重点突出

在戏曲元素整体造型中都是运用部分的造型组合而成的，各个部分的功能结构又各不相同，在整体的造型中对于各部分的形状、大小、色彩等方面需要分清主次，从而呈现生动的效果，使得重点和视觉中心更加的突出。

第二节　文物中的形式语言

戏曲文物通常以戏曲装饰元素通过一定的形式美学原则进行语义传递和叙事表达，明清家具文物中的戏曲装饰元素的形式语言主要体现在线条、形态、色彩肌理与空间等要素中，这些形式语言是思想与技艺的巧妙融合，是工匠的创新思维和情感倾诉的手段。它们具有一定可视性和形象性，能够更容易增加大众对文物中的戏曲装饰元素及符号的认知和理解。

一、以线驭型

"线"作为最基本、最纯粹的造型语言，具有方向、速度、力量，追求流动之美，而非立体感。流动起伏的线条更加富有生命力，具有律动感，在一定程度上满足了人体视觉的新鲜与兴趣。中国人对线似乎有着独特的情感，"中国的艺术是线的艺术"是李泽厚先生在《中国美学史》中提出的一个重要观点，即中国艺术以意象美为核心，追求万物皆有灵，在绘画、书法、建筑、雕塑、工艺美术等艺术创作思想上都追求一种意象美。中国原始艺术题材中，狩猎、祭祀、舞蹈等生活场景对线的运用，其最大的形式特征为简洁质朴、粗犷奔放，以抽象化、概括化的图形表达形象，以线驭型。这种原始艺术是当时人们在实践中创造出来的，它不仅体现了中国艺术的精神，也为人们提供了一种独特的视觉体验，让人们感受到中国艺术的魅力。随着历史的演进，从商周时期的装饰性青铜纹样，到汉代墓室石刻艺术，线条流畅、自然，隋唐五代的线条更是精致细腻，线条与体积的完美结合，使得线的表现更加生动、丰富，更加具有视觉冲击力和艺术感染力，都体现出线的表达是中国传统绘画、雕塑、工艺美术的根基。

明清时期的家具文物，从床、桌、椅到屏风、储藏柜、吊灯、支撑架，其外形、色彩和装饰元素均表达了极为丰富的抽象思维和美学效果。线的作用对于中国艺术而言至关重要，吴为山先生在《中国古代雕塑风格论》中指出："线的作用一般有三种：一种是表达轮廓，二种是突出体积，三种是展示神韵。"明清家具文物上雕刻的神话故事情节，如八仙过海、三星高照、蟠桃盛宴等，以及装饰中的回纹、梅兰竹菊纹、鱼龙走兽、祥瑞神兽纹等，都是人们对自然界的美妙想象，经过长期的演变和发展而形成的精美艺术品。这些纹样以其流畅、灵动、优雅、含蓄的线条，将云龙、吉祥纹饰等君王象征和百姓喜爱的元素完美地呈现出来，无论是虚实、浓淡、粗细、曲直，都能让人感受到它们的情趣。技艺者运用精湛的刀法，将简练的线条附着于形体之上，无论是平行还是交叉，都能营造出一种意象美，从而使得人物的轮廓和神态更加生动逼真。特别是人物的服装，通常由简单的几笔线条勾勒而成，非常生动。可见线作为明清家具文物造型的重要语言形式，不仅是雕刻艺术创作时不可或缺的媒介，也是技艺者情感表达的承载者。

二、形与体

形体是物体的外轮廓，点、线、面、体构成物质形态的基本形体。人们对于不同形状的感知有着明显的差异，圆形给人以丰满的感觉，三角形给人以稳定的感受，正方形则让人感到平稳。或方或圆中，人们最先看到的是物体的形状，无论是长方形还是三角形。那么，形体则可以分为规则形体与不规则形体，规则形体在表现事物时简单明确，具有秩序化的特点，反之，不规则形体更具有灵活性，自由性。形与体不能剥离，形体在人们感知某种区域时，可以使人们忽略物体背景而对物体形体产生界限的基本形状，人们在观赏艺术作品时，通常被形体造型所吸引，从而忽略其中的纹样肌理。在明清文物家具中，部分带有人物故事，雕刻的场景通常以块面作为背景，人物、建筑、植物等形态运用概括的手法，通过具象或抽象的形状进行呈现，同时在形状上辅以线条进行修饰。明清文物家具中的装饰元素大多采用曲线线条形成非规则形体，如明清家具文物中的植物纹样，大多是具有曲线美感的形体，非规则形体在视觉上更具美感、节奏感、运动感，让表现的物体形象更具生命力。

三、色彩与肌理

色彩能够直接影响人的视觉感官，色彩与线条、形状相比，感官机能更加直观，色彩作为艺术生产活动的外化语言形式，它可以塑造明清家具文物的艺术特点，也能渲染出作品的情绪与气氛。早期，中国在色彩方面受到传统哲学和文化审美的影响，依据阴阳五行说产生了"五色"，色彩与大自然有着密切联系，色彩作为一种物象外延表现形式，早期人们与自然色彩共同生存，色彩在刻画物象的表现形式上是一种非常重要的语言形式。明清家具文物艺术的戏曲元素部分与文物自身本体色彩表现形式一般有两种，一是根据刻画的文物物象进行表面涂抹着色，在上色时通常采用金漆对戏曲部分以及装饰元素部分进行上色处理，而金色象征贵重豪华、富丽堂皇，通常用于装饰，这也意味着色彩不仅有功能价值，同时也兼具形式美感。在明清家具文物色彩形式表达中，根据戏曲元素的不同加以区分，如在明清家具文物中，侧重对八仙过海中的人物全身进行金漆处理，对于戏曲元素中的建筑、植物、动物、祥瑞符号等元素则是通过金漆与文物本体漆色相辅相成进行描绘，对重要建筑结构、动物形象、植物纹样、祥瑞符号进行艺术处理，其视觉效果是色彩与纹理、肌理、材料的共同塑造；二是在明清家具部分文物中，通过漆画的方式进行文物色彩装饰，将戏曲场景刻画在黑色漆面柜门上，使得文物具有尊贵高雅、富丽堂皇之感。这两种色彩表现形式都为丰富文物艺术表达发挥着自己独特的作用。

肌理是一种独特的视觉效果，它可以从物象本身的纹理结构中获得，比如石头纹理、木材疤痕等，它们的多样性使得它们在工艺美术作品中有着多种表现形式，从原生态的自然痕迹的保留，到随机的、偶然的、浑然天成的艺术效果，再到技艺者手工打磨、雕琢、保留等多种技艺方式，都可以让人感受到它们的独特魅力。通过有意识的、主观的创造，艺术家们可以利用工具和自身的审美来获得肌理效果，这些肌理效果可以丰富作品的表现形式，并且能够更好地传递情感。材料的质感对于造型语言来说至关重要，而肌理质感也是人类日常生活中不可或缺的交流媒介。

明清家具文物在色彩与肌理表现中的突出特点是追求自然，明清家具文物所采用的木材大多是质地坚硬、色泽优美、纹理细腻的珍贵木材，经过多项工序精心加工，使其保持原色，充分发挥木材的纹理优势，展现出木材本身的自然色泽和肌理，营造出一种纯朴自然、线条流畅的艺术氛围，让人们在欣赏家具文物时，感受到它们的精致、优雅、华丽，而且装饰恰当有度，给人以雍容华贵的感受。明清家具文物的设计极具艺术性，从主体到装饰，从"美材"到其他元素，都以简洁自然的风格呈现，特别强调木材的纹理，以及肌理的自然之感，使得它们更加精致、优雅。不难看出，明清家具文物中独特的色彩与肌理的语言表现形式是创作中至关重要的媒介要素，不仅让家具制作者通过木材的不同雕刻方式实现自我的风格，也表达了古典明清家具文物的文化价值与审美意识。

四、空间与时间

空间是由形体之间的距离、方向、大小关系塑造而成的。明清家具文物是创作者通过装饰元素的雕刻的空间手段创造三维空间，占据真实的物理空间，使画面给人造成一种身临其境的感受。明清家具文物的戏曲部分以及装饰元素通过不同雕刻方式体现出不同的空间语言形式，如明清坐具文物中的靠背部分采用浮雕的雕刻形式展现真实空间体积，携带一定体积可触摸的三维空间艺术，在通过浮雕刻画戏曲人物时，非常注重线条与形体的结合，戏曲图案凹凸有致，体现装饰审美与精神表现。在床具文物的床围则采用镂空雕刻的形式对装饰符号进行刻画，对纹样穿透雕空，凸显形象轮廓，栩栩如生，形象真切，表现出极强的工艺与技法。不同的空间雕刻形式给人传递不一样的尺度与感受。在明清家具文物中，人们可以打破时空的限制，在文物中通过刻画具有连续性的戏曲元素以及装饰元素进行表现，将每个文物戏曲片段、场景进行组接、连贯，形成一个具有连贯性的时空系列，如在文物中两扇柜门则是刻画了不同的戏曲人物故事，但同时两者从画面描绘、人物服饰、场景风格来讲，都具有一定的联系，因此，它们是具有连续性的；在神龛的整个戏曲装饰元素中，将八仙过海的人物合理地安排在神龛的各个位置，通过文物家具结构来进行区分与连接，形成了一幅幅既具有独立性也具有连贯性的画面。空间在明清家具文化语言表达中更多的是情感传递，通过对戏曲元素的不同雕刻手法传递出不同的空间情感，如质感、触感、光影等因素。

第三节　文物中戏曲元素语言表达维度

一、文物造型语言中蕴含的符号

符号是一种普遍存在的非具象概念，我们所居住的环境中充满了符号。不过对于符号的定义，每一个派系都存在不同的观点，在现代符号学主要有三种具有代表性的论述。文物的造型语言往往可以被看作是一个符号或符号体系而展现的，在皮尔斯划分的三个符号层次中，其符号的编码越发复杂，信息含量也越发庞大。

符形是像似符号的表征方式，意味着可被感知的符号外形或形体和其所指之间的相似程度。换而言之，即在像似符号中，符形就是以像似的形式去表征所指之物的。例如，四扇隔扇的装饰就采用杨玉环、王昭君、貂蝉、西施古代四大美女作为像似符号，此类像似符号是对现实的模仿和纪实。此外，还有采用戏曲故事作为表征的，比如古代著名的《木兰从军》，则是以整个故事的经过切割为六至八组画面，装饰在文物表面。以及《岳母刺字》《三娘教子》《将相和》等古代戏曲故事①，将这些故事的情节作装饰画，这些故事中的人物及场景形象被工匠精心安排和构图后，组合为一套完整的像似符号，并以独特的编码方式进行排列，这样一来使得文物这一能指带有了独特的文化以及含义：第一，它的符形是在工匠处理时通过一定的手法与文物的外形框架相结合，第二，这套符号系统本身带有明显的艺术美感。这样一来，既在文物装饰上做到了合理的构思，又使得使用者和游览者能够受到文化和艺术的熏陶，起到了一举多得的作用。文物在视觉层面展现了当代社会的精神面貌和流行文化，它作为一个符号系统在留给后人以丰富的艺术文化资源时，并重新唤起了大众对传统文化的注意。

戏曲文物的象征符号更为突出，首先主要体现在装饰图案上对原始象征符号的使用，在戏曲文物的装饰上，原始社会象征符号的使用十分突出。例如，在原始社会，对各种图腾的崇拜是当时母系氏族的习俗，其中最为广泛推崇的是龙凤图腾，直到清代这两个符号都是皇权的象征，到了现代仍然以其"龙凤呈祥"的美好寓意而受到大众推崇，除此以外，天马、飞虎、神牛、貔貅、麒麟等典型的吉祥神兽也常常作为象征符号装饰在文物上，造型不仅巧妙精美，生动形象，而且在实用性上也十分重视。

其次是基于当代文化新创造的象征符号，它们与原始象征符号的传承并行发展，最具有代表性的是著名的"二十四孝图"，其象征着儒家的孝子文化，将这二十四孝故事作为装饰雕刻在戏曲文物之上，将忠孝文化表现得淋漓尽致。除了二十四孝图，倒立的蝙蝠、桃子等也是戏曲文物常用的象征符号，其象征的是"福到"和"长寿"，花鸟纹是从自然界提取的灵感，也是常见的吉祥图案。

---

① 徐华铛：《高墙深巷中的幽古雅韵　中国古门窗艺术赏析》，《包装世界》2005年第4期，第84页。

除了原始象征符号、新创造的符号以外，文物的象征符号常见题材还有神话传说。其对戏曲文物的影响极为深远，在中国传统的文化氛围中，往往都对长生不老有着执着的追求，在古代中国人的观念里，长生不老的人叫作"仙人"，其中最著名的是曹国舅、吕洞宾、铁拐李、韩湘子、张果老、汉钟离、蓝采和、河仙姑，八位仙人都象征着庆寿。在文物表面装饰象征符号的意味表达中，应该认识到的是：这些文物装饰能被广泛使用的原因在于，它们都具有公有意谓，这是符号可以在文物装饰中流通与传播的关键，如果工匠在文物的装饰上采用非常个人的题材，甚至与当时的文化立场相反，公有意谓缺失，这样将导致的后果是给受众的解读造成了阻碍，因此，直接导致该符号的传播失败。在文物装饰的设计过程中，其背后的理念、目标受众、表达形式、传播途径等多种因素的共同作用，使得这些理念能够更加准确地反映出当时的社会背景、文化氛围、社会现实。

除了文物装饰本身，其背后的意义也受到周围环境、目标受众、符号所要传递的信息以及如何将其传递给他人等多种因素的共同影响。

戏曲文物丰富的文化内涵及精美的雕工画技给人以优美的视觉享受，体现了中华民族优秀的传统戏曲文物文化。随着西方文明的渗透，人们越来越需要重新审视自己的传统文化，以此来表达对它的热爱、反思和自我提升。戏曲元素的文物不仅是一种艺术形式，它还蕴藏着丰富的文化内涵和社会价值。通过观赏戏曲文物上的雕刻装饰，人们可以理解它们所代表的象征意义，并回顾历史，从而产生共鸣，满足对美的需求和愉悦。

二、作为图像载体的文物

文物不仅仅是一种视觉图像载体，它更是一种表达意义的工具，可以在不同的时空背景下，通过多种方式来传递和理解所要表达的内容，从而促进交流和对话，使其功能发挥到极致。观察戏曲文物的历史，我们会发现它不仅是人类交流思想和意志的媒介，更是一种深刻反映社会内涵的"有意味的形式"。它不仅仅是一个象征，而是一个活力四射的生命，充满了情感和意义，让人们感受到它的魅力。

一件戏曲文物，不仅仅是一种艺术形式的创作，而且还具有极高的视觉价值。古人在制作这些文物时，首先考虑的是它们的可观赏性，因此，它们的主要特征就体现在三维空间中的视觉效果，从而使得它们能够更好地反映出历史的真实和社会的发展。古代工匠们致力于尽可能地运用色彩、图形、线条等造型语言来表现出精美的艺术效果，这一点在许多具有代表性的戏曲文物中都得到了体现。例如，绵竹汉王椅就是其中的一种，它既保留了清代戏曲文物的典型艺术特征，又因其功能而拥有独特的艺术风格。清代椅以明代传统制作工艺为基础，经过不断的创新，将精致、实用的传统美学思想融入到椅子的设计中，形成了一种简洁优雅、宽敞大气的风格。通过对楠木、玉石、石头、竹子等珍稀材料的大量使用，结合精湛的制作技术、匠心独运的设计理念，将传统的木雕技法融入到戏曲文物的创作之中，使之与室内装饰的审美观念完美契合，从而创造出具有中国传统特色的戏曲元素的文物。清代椅子的设计注重比例、曲线和线脚的协调，将艺术美学与人体结构的自然特征完美结合，展现出高度的科学性和实用性。明式椅的设计独特，其整体风格显著，并具有重要的传承意义。

在观赏者的视野之下，戏曲元素的文物所承载的内涵和其本质的意义被深刻地展现出来，从而为观众带来一种全新的体验。表现在物体上的空间无法仅凭肉眼感知，必须依靠观众的洞察力和思考才能真正领会其中的含义。戏曲元素的文物种类繁多，而且具有丰富的变化。所有这些文物都应该以它们的表现方式为受众提供方便的解读。当观众能够深入理解文物时，它们的功能和价值就会被充分发挥出来。文物的重要性已经远远超越了它们的实用价值，它们不只是一种简单的历史记录，而是一种深刻的象征，蕴含着古老的思想、历史的智慧和对美好事物的渴望，成为文化传承和文化交流的桥梁。文物中戏曲元素的外观独特，其材质和结构都体现了民族特色，并且具有可持续发展的潜力，值得研究和借鉴。

　　日本建筑师黑川纪章认为，对传统有两种理解，一种指眼睛看得见的，如建筑或戏曲文物的样式、外观、装饰等。另一种指眼睛看不见的，如构图方式、序列等，它是传统和精神的反映①。文物的戏曲元素设计不仅要将可视化的元素融入现代，还要深入挖掘隐藏在背后的元素，从根源上提炼出它们的精髓，将这些元素融入现代戏曲文物的创作之中。研究明清戏曲文物的造型设计，可以更好地理解其中蕴含的美学规律，挖掘出中国古代设计文化的精髓，为提升中国文物在国际上的竞争力和走向世界提供启示。

三、戏曲文物的文字之美

　　文字是一种普遍存在的表达方式，它贯穿于我们日常生活的各个角落，每一个细微的细节都可以用它来表达。人类文字的起源可以追溯到最初用图形来标记信息，但随着时间的推移，它们发展出了两种不同的方向：一种是拼音文字，它使用少数字母来表示语言中的音素；是一种具有象形和表意特征的文字，汉字代表了这一领域的典型表现。刻画在文物表面的文字，是一种平面的文字图像。

　　文字的本质是通过构建一种形式来表达语言。当古代人们尝试使用文字来沟通时，他们也在通过视觉来传递信息。因此，从某种意义上来说，文字本身就是一种可视化的艺术作品。在中国传统文化中，图文结合被认为是非常重要的一部分，而且经常出现在我们现代的设计中。随着人们逐渐习惯于使用语言和手势来沟通，如何使用文字来表达更加复杂的信息，已经成为人类文明史上的一个重要里程碑。随着文字的不断传播，许多原本晦涩难懂的知识被揭开，人类也因此进化出了文明。古代的文字可以通过两种不同的方式来表达：一种是通过实体来表达，另一种则是通过模仿来表达。文物的每

---

①　肖鹏：《解读黑川纪章空间设计中的传统意味》，《大众文艺》2010 年第 21 期。

一个符号都是一种独特的艺术表达，它们不仅仅是一种表达方式，而是一种深刻的概念；它们不仅仅是一种表达方式，而是一种深刻的思想；它们不仅仅是一种表达方式，而是一种蕴含着深刻含义的概念。例如，"万"字形的花纹和回纹，虽然代表着相同的吉祥的含义，但它们的真正含义却存在差异，而由于语境的不同，它们的含义可以是不同的，从而产生了一定的矛盾。然而，正是由于它们不对称的特点，使得文物的装饰更加丰富多样。

汉字由点和线组成。采用多种点与线的搭配，创作出丰富多彩、变幻莫测的文字。"产品"中的每一个汉字都是一件精心构思的艺术品，它们将点、线结合在一起。文物中戏曲元素与文字的结合，如床帷子的做法通常采用攒接。攒接技术是一种将长条形的物体通过拼接和拼装，形成复杂的图案的方法。通过"寿""吉""吉庆有余"等图案，我们可以感受到一种独特的文化气息，它们既可以作为一种装饰，也可以作为一种结构，从而传递出一种深刻的象征意义。而桃子在戏曲文物中是具有代表功能的事物，是戏曲文物符号的体；而它指代的对象是过生日的人，尤其指老人。在清代的文化背景下，对其做出的相应解释是"祈福多寿"，因此，桃子这一具有代表性的戏曲文物符号，用来指代过生日的人，被人们赋予了一定的民俗寓意，即桃子象征长寿，传达了人们祈福多寿的愿望，而这一含义逐渐成为人们的共识，这便是符号传递信息的一般规律。

叙事可以被视为将一个真实的、虚构的、连续的、有条理的故事以及其他相关的事件以某种形式表达出来，比如文物的叙事，它以某种符号的形式将这些事件有条理地组合起来，从而形成一个连续的、有机的故事或事件系列。不论是以何种形式表达，都会有其独特的表达方式，甚至是以同一种形式表达，但其表达的结果可能会有所不同，而文字叙事则是以文字为基础，通过精心设计的语句，将一个复杂的故事、情节、人物等串联起来，以便更好地传递信息。文字是传递信息的唯一方式。

在文物的文字叙述中，各种文体形态均具有独特的表达作用。戏曲与小说一样，也是叙述型文体。从故事的角度来看，戏曲文物具有叙事文学的特质，无论是神话题材还是生活题材，都以故事为核心，通过文字和图画等符号形式来表达一系列的相关事件，这些符号形式在戏曲文物中扮演着重要的叙事角色，就像小说中的诗词一样，不同的文体形式也都能够发挥出它们的叙事功能。

四、文物的图形之美

(一) 文物的归属形态

"文物戏曲所运用的媒介语言符号具有浓烈的归属性，因其属造型艺术的一支，以静态的物质形态依托空间产生符号，与受众间以视觉、触觉进行传播与接受。"[1]戏曲文物必然存在着一定的图形形式，从戏曲产生之起，它所展现的穿戴服饰、舞台、建筑、角色行当、乐器等，总会以一定的图形面貌来向受众传递信息，以达到故事情节的塑造、情感的传递。戏曲符号表达着故事要塑造的人、关系、观念或者幻想，意指了某种不直接的意识，另一层面也直接地表达着某种约定俗成的信息，表达着人类的思想符号。戏曲文物中的图形形式通过符号既展现了时代的风貌，又与受众之间取得情感的共鸣、联系与沟通。时代的归属感即由戏曲文物的图形符号所表达，它作为一种媒介，自然地流露出一个时代、地区、民族的生活方式、审美意识和情感、心理特征。戏曲文物是依托于图形传递信息的。第一，戏曲的形具有美感，它是符合尺度、比例的，具有形式美的表现力；第二，戏曲的形是一定社会意识形态的表现，它是具有一定规范与合理性的，符合当下人的心理、生理需求；第三，戏曲的形是具有丰富内容的，它是集社会文化、宗教、历史等各方面的语义，是具有极强时代特征的符号语言。这是一种有共鸣性的、有归属情感的符号。

---

① 吴艺华：《戏剧中的道具魅力——日本传统戏曲"能剧"中的面具造型艺术研究》，《戏剧文学》2017 年第 10 期。

情感反映是人情感的激发，是人的感官形成的基础，它是现实生活与意识之间沟通的过程，也正是精神与意识的关系，戏曲文物是集审美情趣对现实反映的一种独特方式，它是现实世界中人的生活方式、艺术模仿的表现，是依附于客观世界表达主观性倾向的艺术符号，揭示着艺术源于生活。戏曲文物的归属性也表现内心的真实，形象符号不一定是人人都见过、经历过的外在形，它也是逻辑思维的体现，个体的想象与感受是独特的，针对个别事物的印象与情感是独立的，通过一种想象性经验去联想图形的符号意义，来感受情感，这也是戏曲的艺术，因人的情感是主客观联系的产物，这种归属感的触发也具有客观性。归属感也具有熟悉化倾向，在图形表现时，不似绘画的变形与陌生化趋向，为让受众有直观的感受，现实主义的语言结构和形式是最主要的，目的则是唤醒对事物的感觉如同所见所想一样，又会经过一定的艺术手法，让形式简洁化，留给人以想象空间，刺激人去感受、领悟这一图形，似熟悉的陌生人，产生新的视点与不同的感受，形式与反映内容即似一种矛盾的对立体，把意识的对象与自我意识的对象联系在一起，把外在的客观事物与自身的判断感受结合在一起，戏曲的符号对象是人的世界，一方面用人的主观性去把握形式的固有性，另一方面又将客观世界结合意识对象加以符号体验化，从而形成人对戏曲符号的归属肯定，使得戏曲的符号随着不断的文化交融而创造新的成果。

文物戏曲中所运用的符号不外乎图像化了的话本文字符号以及模仿概括的图形符号两种。话本文字符号利用约定俗成的各时代的表现符号，以让人一眼便能分辨和认出其朝代区间属性，文字符号即由零散的字符逐渐积累、发展，通过人规范形式成为了一种文字符号体系。可以从文字符号的形式中印证、推演出戏曲文物的产生、发展、成熟阶段，文字符号的发展历程有详细、较为精确的年代划分与符号特征，两者相联系，戏曲文物的归属感就能确定了。文字符号能帮助研究者更快捷地找到文物的归属年代。然而模仿概括的图形符号较话本文字符号更易让人产生联想，它有较强的寓意与象征。

"如《西京赋》走绳索图，人在支撑的绳索架上进行表演，这个绳索架以线条形式进行一个社会中表演情境的还原，结合表演者构成一幅戏曲，给人以直观的形象感受。[1]"此外，也可利用文字符号与图形符号两者结合的形式，集文字的确定归属性与形象的联想性于一体，让戏曲的时代归属感更加明确。

总的来说，文物戏曲的符号构成非一图一画的片面的形式构成。在文物戏曲的传达过程中，其是以完整地演绎故事，集言语、动作、音乐等多环节共同传达的，最终形成了会言说的戏曲符号。一方面，图形的动、静、平缓、铿锵等情境的设定皆为一个完整故事的创造，是伴随着表现需求所定的形式载体；另一方面，戏曲的符号亦是一个巨大的观念圈和语义场，融汇了时代精神、文化、审美等多方面的语义。戏曲图形符号是一种社会历史的综合图像表现，其体现了特殊的时代语言，并会随时代、社会的发展而变迁，不同时期的戏曲有着不同的图像特征与归属形态，是人类文明、文化的载体。

（二）文物中戏曲元素的图形符号

文物作为一种社会审美、技艺艺术化的产物，是人们对使用器物的创造体现。无论时代的变迁、地域的差异、人们地位、阶级的不同，文物的存在意义有着不同的指向。以文物的使用功能作为应对自然、生活等一切环境的存在价值、基础要素；更进一步为思想意识的审美、形式的表现；更深层次甚至超越使用与意识审美的伦理、阶级文化的表现。基础要素，也是表义的层面，是图形化、生活化的，它不具有什么隐藏的含义，是直接性、熟悉化的；意识审美要素，它的图形具有超过使用意义的存在价值，似不会说话的推销员，表达着该阶段创造者的审美、价值等观念，具有一定的市场隐射意

---

① 赵金平：《〈西京赋〉名物研究》，硕士学位论文，贵州师范大学中国古典文献学，2018年。

义；更深层的图形意义本质上是人文精神的表达，它超越了实用与审美。文物中戏曲元素的图形符号或直接、或抽象、或暗喻，但总通过可感官到的图形所表现，具有图像符码性。它以一种印象性的、具有实际存在性的图示让观察者的意识受到刺激，与经验中存在的相似事物达到共鸣，从而在不断变化的现实世界中，以约定俗成的语言符号搭起了跨地域的视觉体验桥梁。文物中戏曲的符号元素可划分为以下三种："一为体态语言，包含手势、身体姿态、面部表情、眼睛动作等；二为环境空间，包含人在社会中对空间的利用与生活方式的感知；三为服饰和器物发挥符号功能，如官帽、琵琶等表明装者的社会角色。"① 这些图形符号的指向能从表义、使用功能方面深入到审美意识甚至更深层面的艺术理想的述说或使用对象借助文物表达一些象征意义，将文物戏曲元素作为创造的产物，以隐喻、暗喻等形式实现图形之美、艺术之美的途径。

1. 文物中戏曲元素的图像表义

人类历史上保存下来，诸如家具、壁画、画像石、陶器等含有戏曲元素的文物，它们都含有明显的特征描述、感觉的指称、形象的概况或抽象性。这种将知觉对象的某种特征加以描述、创造，符合人对事物的条件反射与认知，从而刺激人对其产生理解，成为人与人之间联系沟通的桥梁，符合共同精神生活空间下人的思维，符号通过这种图像式的表现，在人类中产生共鸣与同化，构成交流。

含有戏曲元素的文物在各个时代、不同地域的表义是有差别的，这符合人类的审美意识是不断发展变化的、生活方式具有差异性。"黄竹三先生将戏曲分为了孕育时期（秦汉至隋唐）、形成时期（宋金）、成熟阶段（元明清）三个阶段，初期为乐舞、百戏、说唱等刻、画；形成期还有舞台、碑刻、戏台等；成熟期增加了剧本、剧目、抄本等。② " 文物的戏曲元素是在一

---

① 俞建章、叶舒宪：《符号：语言与艺术》，上海人民出版社 1988 年版，第 12 页。

② 方成军：《宋元戏曲的考古学观察》，硕士学位论文，安徽大学，2003 年。

种特定的文化环境中独立形成的可视化语言，以文物中戏曲的图像客观地表现出来，在形式上具有一定的标识符号，并寄托于某些空间建构。这种标识符号具有一定的稳定性和丰富性，通过简化、归类的方式，将传达到视网膜上的形象逻辑化，以一种鲜明的平面特性或抽象特征形成特有的视觉语言构成图形语义。图形是可以理解的符号，在不同的时代中形成相同故事的不同符码。文物图形符号含有能指与所指的基本表义信息，在实物图形的表现形式下，符号往往还联结或有多种指称的可能性，我们把概念和戏曲图形形象的结合统称为符号，以此表示整体，用能指与所指分别指代两者，能指指图形形象，所指即图形形象所含有的意义，即思想、审美意识等。文物的历史是人对世界的认知与理解，借助文物图形进行创造表达，同时通过文物图形符号去接收其传递的信息，是人类社会联系的本质。

2. 文物中戏曲体态图形元素

文物中的体态图形元素具有指称意义。体态主要指人的体态与动植物等具有生命特征的姿势、状态，它往往直接性地代表或描述可观、触、感的事物。戏曲文物在刻画人、动物体态时，会通过他们的姿势、状态向受众传达其含有意义，是依据人视觉、知觉、心理感官所建构的，并考虑了地域文化背景，以具有地域文化特征的约定语言来塑造图形，从而指代该人或动植物，可以让语境的精确性得到提高，不同地域的人会对其表现感到认可与达到交流的可能。体态图形元素具有丰富的表现含义，它以建构者与受众之间联系的同符号的可联性为媒介，传达着可以是情绪、状态等的表征意义。就活动的人来说，按形态有站姿、坐姿、卧姿等诸多形态，按动势有敲、举、挥、走、跳、吹等运动之分，这些体态具象性的图形能达到很直接的信息传递，让图形的能指层面清晰明确。如俯身微躬体态，以俯、躬的动态性质的符号投射于观者眼中，将图像构成一种写生、模仿式的图像符号，使其对图像有关联想象空间。什么样的人或地位会呈现此体态，它所指的社会含义是多样的，需综合其他组成图形来全面地理解与解释。具象的形象描述能很快地刺激人的神经，从而引发人对对象动作的认识与定义。其转换意义的过程需要具象、抽象图形及解释关联图形从指正、印证的角度去更好地帮助人论证其中的形式与情感的关系。

3.文物中戏曲环境空间图形元素

文物中环境空间图形元素具有认知、信息传递功能。其中包含自然环境与人为环境两方面，自然环境的所谓认知功能，体现在表象指代与感受意指两个层面上，表象指代为春、夏、秋、冬从感官上的信息传递。如春：新芽萌生、柳树、燕子；夏：烈阳高照、树木茂密、荷花；秋：枯木、落叶、莲蓬；冬：雪花、梅花；以人们相互认同的对自然、环境的认知，将出现在相应时间的植物用以指代季节，传递相应的信息。感受意指则为人处在这些自然空间中的不同理解，以获得隐喻的体验感，如春，有的人会感受到燕子春来归南的思乡之情、冬季梅花林寒独自开的冷冽、孤独之感，意指着人的思想感情，无具象、明确的含义。人为环境为一切人所创造的物象，如器物、家具、画作、设施、建筑等，它们都具有一定的外形表现，承载着人对社会、自然、环境、工具的改造与理解、审美观念。G.勃罗德彭特在《符号·象征与建筑》一书中指出，建筑形象不仅仅是一种外观，而是一种物质的表达，它可以通过视觉、听觉、触觉等感官来体现，并且还可以通过韵律、色彩、质感和密度的变化来表现出来。[①]如江南建筑，白墙黑瓦，当受众看到该图像符号时，其表征的地域性特征极强，会直接联想到文物的指涉地区。人为环境的物象图形也具有"隐喻"的特征，它会让人联想到使用者的身份、状态，是以"类似或相似性为基础的代用词。"如"胸口碎大石"会让人联想到石头的坚硬，将两者放在一起，构成同画面的存在，胸口和大石之间具有了等值性，感受到胸口如石头般坚硬，惊叹人的功夫了得。

---

① ［英］G.勃罗德彭特等：《符号·象征与建筑》，乐民成译，中国建筑工业出版社 1991 年版。

4.文物中戏曲服饰和器物图形元素

文物中的服饰和器物图形元素具有意指意义。其只有依托于"形式"，才能构成有意指意义的图形符号。这种意义可以是表现物当下的真实姿态，也可以是表演化、创作者虚构的，想要向我们传递的意指意义，即代表一种关系、地位、观念、审美情趣等。其图形首先要依托于合适的对象，它具有衬托形象的意义；其次，服饰、器物的形代表了人物形象的身份以及符合人物的心理、生理需求，象征着文化、审美因素；最后，和受众引起共鸣，传递信息。

戏曲中的服饰、建筑可意指人物地位、故事的发生地区等，同一戏曲表现地区不同，呈现的风情面貌也不同，语音表现所指涉的内容与语境相符。人物的衣饰含有制作材质的不同，所表现的人物朝代、身份地位亦存在相应的符号之意，如"素纱禅衣、缎、绸、貂皮等服饰质料含有多层的意指含义，纱将轻、薄的信息进行归纳与演绎"。① 即是材质轻盈的意指，另亦是西汉织物最高水平的意指，除舒适柔滑等实用性外，还以其品质高低和名贵程度来意指使用者的身份地位。穿戴方式：长袍束带、窄袖长裙、圆领长袍等服饰符号表达，直译着刻画对象的穿着，同时也意指着某个人物的身份、时代背景等信息，体现这一时代的服饰变化、审美观念。将所涉及的对象与不同的媒介进行联系，将某一对象或者意识中的场景进行编码、记录，意指能快速地在人的意识中形成联系，亦可因人的解读与理解不同而产生更多的指涉关系。

戏曲中的生活性浓烈，也让文物的丰富性与意指信息有更直接的图形体现。人在适应自然时形成了各种器物，特有的工艺、物件作为一种具有社会生活化的反映，用符合人的思维与理解的称呼，形象化的图形出现，打破了文字的垄断，便捷了沟通。器物的符号语言不但记叙着生活生产的

---

① 邓皓凡:《养蚕缫丝　素纱禅衣》,《少儿国学》2020 年第 15 期,第 50 页。

发展、变化过程，在长久的时间过渡中也是人的审美感受不断演变的符号。除满足日常的生活之用外，也在戏曲中以特殊技艺、能力出现，含有更多的故事性与可指性。《汉文帝纂要》载："百戏起于秦汉曼衍之戏，技后乃有高缍、吞刀、履火、寻橦等也。"器物图形积淀了丰富的内容，是高度符号化的图形语言，它所表达的形式不仅具有实用的工具意义，更有来自于历史、社会、文化等各方面沉淀的符号意味。任何一种事物都是用符号来指称的，具有约定俗成的性质。家具中的器物图形：钟、磬、鼓，以其约定的特征指代着乐器。若这些形象单独出现，它是单独的表现形式，是孤立、仅形象的体现形式，为指代意义，是构成画面与意识主题的基础。将这种体态元素与点势的器乐组合在一起，形成了一种符号语言，人跪姿敲钟、敲磬、盘坐吹箫、笙等演出画面，用修饰的语言，几种元素交织、并置，从而给予画面以生动、丰富的表现力，纯粹而有生命力。在文物的戏曲图形中，器乐、人物这两种基础图像符号是不能单独存在的，戏曲是有情绪、表现、故事性的，当它们由一定的规律进行组合与人的意识相联系，就能使我们进行联想，感受到简洁、直接的感觉，戏曲符号的图形特点就是追求人们脑海中"记忆"的符号，通过这种符号获得最单纯的艺术感，为意指意义。当然，戏曲中一切的符号元素会因地域文化的不同而产生差异，这种差异可能在装饰性上最为突出，也因它们有联系与差别，表现出人们视觉感受上的交流和不同审美之间的联结。

五、色彩之美：戏曲元素文物的视觉心理

色彩是一种构成表象符号的元素，是具有一定指向性的语义符号。戏曲在文物中的色彩符号所指是视觉语言媒介的重要或决定元素。色彩在我们的视觉感知中扮演着极其重要的角色，它影响着我们对周边事物和环境的反映及情绪变化，是我们视觉审美的核心。在戏曲作为文物元素长期使用色彩的过程中，社会固有化的色彩联想带有某种象征的意义，使得人们对其的视觉

审美反映特别敏感，就视觉认知而言，色彩优于图形符号的传达。固态的戏曲文化——古戏楼的彩绘图饰，大都以戏曲曲目或曲中人物为主，图饰精美，戏台额枋上多有彩绘，图饰色彩或典雅或绚丽，观者通过视觉感受达到未看曲目其图饰色彩却先声夺人的效果，具有浓厚的戏曲氛围，此事例正是利用各种色彩表现性的情感氛围，从而来呈现戏曲文化元素中的象征意义。歌德在"颜色论"中就颜色对情绪的影响做出最直观的理解，他将颜色分类为"加色（plus colors）"和"减色（minus colors）"。典型"加色"如黄色、红黄、橙等易使知觉者充满生机、倍感温暖和鼓舞即主动的色彩；典型"减色"如蓝色、红蓝等易使知觉者感到寒冷、疲倦或焦虑即被动的色彩。① 阿恩海姆曾言"主动的色彩能够产生出一种积极的，有生命力的和努力进取的态度；而被动的色彩则适合表现一种不安的，温柔的和向往的情绪"②。可见戏曲元素文物中的色彩作为构成表象符号的元素，能够扩大表现手段及增强所指的意义指涉。

　　阿恩海姆认为，"色彩的表现作用太直接，自发性太强，以至于不可能把它归结为认识的产物"③。但色彩不仅具有审美形式的能指，同时具有现实内容的所指。戏曲元素文物中色彩元素是构成文物语言的重要元素之一，戏曲元素文物中色彩体现在三个不同层次上的内涵与外延。首先，色彩通过视觉感受关于美的印象蕴含的情感内容构造审美的意义，色彩作为一种视觉信息，通过戏曲元素文物中的色彩以图像的形式给予观者主观感受，这种视觉信息的刺激对于自身需要状况会引起的心理状态，即戏曲元素文物中的色彩第二层次的语义内涵与外延——色彩在审美感受上所传递的情感力量。

　　色彩的审美与人的主观感情有很大的关系，弗拉姆曾经说过："由物质

---

①　杨建邺、李香莲：《歌德、西贝克和歌德的〈颜色论〉》，《自然辩证法通讯》1994年第4期，第59—66页。

②　[美]鲁道夫·阿恩海姆：《艺术与视知觉》，滕守尧译，四川人民出版社1998年版。

③　[美]鲁道夫·阿恩海姆：《艺术与视知觉》，滕守尧译，四川人民出版社1998年版。

唤起和抚养并被心灵再造，色彩能够传达每一事物的本质，同时配合强烈的激情。"①创作主体通过色彩将内心世界对于戏曲文化情绪化的把握，运用隐喻、转喻、象征、联想等方式外化于物质媒介，受众通过审美活动在自然或生理或心理流露出对于色彩情感的波动，表现其对于戏曲元素文物色彩的强烈情绪，无论是用表现性的语言来表现主观世界还是审美体验，都是通过色彩来表现情感的。

诺贝尔奖得主、德国色彩专家威廉·奥斯瓦尔德曾言："色彩蕴含着深层次的意识形态性，色彩运用于艺术时应当是意识形态的产物，是社会意识的基础。"②戏曲中《霸王别姬》虞姬服饰色彩的孤艳，与周围暗冷的色调对比，似乎无声地昭示着诀别的到来，这便是色彩在结构上的整体象征意义，即戏曲元素文物中色彩元素的第三个层次的内涵与外延。颜色在文化中扮演着重要的角色，它不仅代表着一种象征性的概念，还包括对审美文化的影响。它不仅代表着一种历史悠久的文化，还能够揭示出这种文化背后的深刻内涵。

（一）"表意"的戏曲元素文物色彩

色彩在信息传递方面具有独特的效果，正确的色彩表现能够更为有效直观地传递给受众信息。戏曲元素文物中色彩元素表现是有一定规律的，文物在色彩表现中无论是通过色彩表达信息还是色彩的象征作用都具有语义所要传达的历史积淀的文化结晶以及潜移默化的审美等心理感受，脱离上述心理感受的作品将会失去灵魂，无法体现真正的内容。色彩作为一种语言，同时也具有约定俗成的文化现象，是历史积淀的特殊文化结晶，话语在不同的历史、文化、民族下发展变化，所传递的声音符号早已在人类意识中潜移默化

---

① [法]杰克·德·弗拉姆：《马蒂斯论艺术》，欧阳英译，河南美术出版社1987年版。
② 荆世鹏：《浅析红色在中国当代艺术设计中的运用》，《文教资料》2010年第5期，第104—105页。

地形成约定俗成的观念，而人类对色彩的认知运用同样已形成这一观念。色彩在戏曲元素文物中扮演着重要的角色，它能够通过第一时间和第一感官给人们带来强烈的视觉冲击，从而达到预期的传达效果。色彩在戏曲元素文物中扮演着重要的角色，它能够传递出独特的情感和思想，并且比图像和文字更能够表现出这些情感。英国著名心理学家格列高里认为："颜色知觉对于我们人类具有极其重要的意义——它是视觉审美的核心，深刻地影响着我们的情绪状态"①，色彩能够表现最为直观的清晰的传达效果，从而对人的视觉造成第一层面的影响。通过色彩的语义外延表达对事物的感受和情感色彩作为特殊的语言有约定俗成的含义，它自身的象征意义是在习惯和风俗的双重作用下形成的。色彩在戏曲元素文物中被用作一种象征手段，通过比较和扩展来增强它们与其他事物的关联。色彩的象征性与人们的认知方式相联系。色彩是意境创造的灵魂，马克思说："色彩的美感是一般美感中最大众化的形式②"，也就是说人们对色彩的情感体现是最为直接也是最普遍的。色彩通过视觉表达情感中的或积极或消极、或进取或不安、或现实或向往。而这种传递审美、情绪的形式是具有历史积淀的特殊文化结晶的内涵，反映着戏曲元素文物所映射的民族、国家、文化、历史等方面的内容。

颜色在语言学上被用来表达两个主要的含义：第一个，颜色在视觉感官中被认为是一种视觉符号，它拥有三种基本特征：颜色的亮度、饱和度和纯度。色彩的三个属性是界定色彩感官识别的基础，是带有刺激度的视觉信息。人对这些视觉信息产生感知，这时所感知的戏曲元素文物色彩是本身的呈现，没有掺杂个人主观情感及赋予意义，这是视觉传达中戏曲元素文物色彩作为语言符号的实质性结构。色彩不仅能给人以冷暖之感，还能给人以轻重、膨胀收缩、华丽朴素、兴奋沉静、虚实远近、柔和坚硬等多种视觉感

---

① [美] R.L. 格列高里：《视觉心理学》，彭聃龄译，北京师范大学出版社 1986 年版，第106 页。

② 《马克思恩格斯全集》第 13 卷，人民出版社 1995 年版，第 145 页。

受。在戏曲元素文物中，色彩元素通过视觉认知的表现力传达出柔和、平静、强烈、喧嚣的感受；正如阿恩海姆所说："波长较长的色彩（如红色）看起来似乎与观察者更加接近，而一种蓝色的表面，则似乎与我们更远。人类对色彩的认知差异导致了重要的色彩偏好。"①戏曲元素文物中的色彩元素常用的红色，作为一种密度较大的暖色，具有强烈的膨胀感和重量感，一般体现为性情激烈、忠耿正大的人物；而蓝色，作为一种密度较小的冷色，具有强烈的距离感和收缩感，是坚毅、勇敢的象征。

其次，色彩语言作为一种社会符号，是约定俗成的文化现象，是历史长河积淀下的特殊文化结晶，戏曲元素文物中的色彩蕴含着斑斓的文化长卷。色彩语言作为历史的一种属性，在戏曲元素文物内容中的形式具有完整的色彩关系系统。在古戏台的彩绘图饰中，多以红色、青色、黑色、白色、黄色为主，红色作为属阳之色象征喜庆；青色作为属生之色象征活力；黑色作为属暗之色象征黑暗、阴郁；黄色作为属光之色象征富贵、荣华②。如古戏台彩绘《五女拜寿》，其人物服饰色彩多以红色、粉青色、翠绿色为主，彰显人物性格，营造欢快、轻松、愉悦的氛围。其色彩之间的协调蕴含着一定的人文精神，戏曲元素文物中的色彩所具有的语义内涵是显而易见的，反映中国古代色彩运用所呈现的艺术审美理念。色彩所具有的象征意义，结合彩绘图案造型、内容、形式上的搭配，使戏曲元素文物中的彩绘图饰艺术更具多元性、民间性、地域性。其特性是在历史的进程中不断发展传播所约定俗成的文化特质。

（二）文物中色彩符号的象征性

色彩作为一种视觉符号语言，戏曲元素文物中的色彩将戏曲所要表达的

---

① ［美］鲁道夫·阿恩海姆：《艺术与视知觉》，滕守尧译，中国社会科学出版社 1984 年版，第 468 页。

② 谢子静：《古戏台戏曲彩绘图饰艺术探析》，《新美术》2018 年第 1 期，第 100—105 页。

情感通过形象思维表现出来，使得色彩具有情感化，唤起人们对于色彩情感的共鸣，文物中色彩斑斓的呈现是人的情感作用于色彩本身。同时，色彩本身具有象征意义，作为戏曲元素文物符号的重要语构，不同地域环境习俗文化导致不同色彩的表现，色彩的情感倾向是一个民族精神文化内涵的价值体现。

颜色是一种重要的象征，通过将颜色用于戏曲元素和文物，我们可以将这些东西与其他东西进行对比和扩展，从而增强它们的内涵和意义。在用于描绘曲目人物时，通常有"红表忠勇""黑显刚直""白贬奸邪"之类的象征意义，至于红何以表忠勇，黑何以显刚直，白何能贬奸邪则需要深刻理解其内涵和意义。在戏曲元素文物中，颜色并非单纯为了吸引观众，它们还具有深刻含义，成为了艺术家和观众之间沟通交流的一种重要工具。古人的色彩选择受到阴阳五行学说、"法天为吉"的信仰以及世俗心理的限制，这种传统的色彩选择习俗为戏曲元素文物中的色彩语言注入了深厚的文化内涵和丰富的历史意义，赋予它们独特的象征意义。

色彩的象征在戏曲元素文物的表达中是举足轻重的，东汉刘熙的《释名》中写到"青，生也。象物生时之色"；"赤，赫也。太阳之色也"；"黄，晃也。晃晃日光之色也"；"白，启也。如冰启时之色也"；"黑，晦也。如晦冥之色也。""五方正色"提出了五种基本颜色的阴阳五行理论，分别是青、赤、白、黑、黄。"五色"象征着吉祥和幸运，它以东方苍龙的青色、南方朱雀的红色、西方白虎的白色、北方玄武的黑色以及中央黄龙的黄色来表达，蕴含着美好的祝愿和祝福。"红靠黄，亮晃晃""断国孝，三蓝墨""红红绿绿，图个吉利"，以其鲜明的颜色和对比，深深影响了中国戏曲的发展历程，并且深深地影响了人们的思维。《宝莲灯》的人物在戏台上常常穿着鲜艳夺目的红色、翠绿色等颜色；在戏台上，吉祥图案如牡丹和海棠通常使用明亮而饱和的颜色。

戏曲色彩：主要为十种纯色，分为"上五色"（赤、黄、青、白、黑）和"下五色"[紫、粉（红）、蓝、湖、香]。采用大胆的色彩，强调对比度、金银线的协调，使得整体更加和谐统一。戏曲元素文物的色彩并不能达到戏曲所呈现的色彩繁多的效果，而是通过对戏曲本身色彩的解码进行重新编码，对于具体人物达到"一人一色"的效果。戏曲元素文物的色彩所选用的色彩极具特定寓意及指示性，上五色一般指示社会上层阶级人物，下五色则指示下层贫困劳苦大众，加之人物特征突出意境。

（三）文物中色彩心理的视觉表达

色彩具有认知功能，在色彩符号信息传达中观者受到色彩的视觉刺激，同时，不同的色彩对于观者的认知具有不同的心理效应，在戏曲元素文物中的色彩通常根据象征意义的视觉表达，来选择特征、感觉和相互关联的色彩，进行恰当的组合。

1. 戏曲元素文物中色彩意义的冷暖色性

阿金（Acking）和库勒（Kuller）的实验表明颜色可以对人产生某些直接的生理影响，例如，红色促使人血压升高，脉搏加快从而造成温暖感，青色促使人血压降低，脉搏减缓从而造成凉暗感。[①]色彩本身不具有冷暖之分，而人类通过视觉感知后所产生的认知过程，戏曲元素文物中色彩的冷暖色性是受众的视觉反应及心理上的联想形成的。带有戏曲元素的家具文物上多以黑漆或朱漆描金，黑色与金色，朱色与金色对比强烈，色泽浑厚瑰丽。家具文物金碧辉煌，戏曲元素色彩饰以大漆，贴以金箔强化了戏曲元素给予受众的主观视觉指向。饱和度较高的金色与明度较低的朱、黑色，让受众在近观与审美中感知戏曲文化的温度感，减少戏曲文化与受众的距离感。

2. 戏曲元素文物中色彩的延展性

由于色彩的相互比较，在视距相等的情况下，会形成视觉上的心理差

---

① 杨公侠：《视觉与视觉环境》，同济大学出版社 1985 年版，第 91 页。

异，戏曲元素文物中在同一平面，浓重鲜艳的色彩视觉心理表达上近，清淡明亮色彩则远。古戏台戏曲彩绘其主体人物多以明艳的色彩为主，其他人物色彩明度依次递减，背景颜色多为清淡铺满的色彩，主体人物在受众视觉心理上更近，从而联通了创作者的主观情感与受众审美情感的桥梁。通过色彩的心理暗示，受众在认知过程中能够清晰地把握古戏台戏曲彩绘所要传达的意义，色彩的指示让象征表现上升到精神性表达的境界。让戏曲故事和戏曲人物的彩绘成为一场永不落幕的戏曲演出。

3.戏曲元素文物中色彩的视觉认知性

色彩的视觉认知与明度差产生的视觉冲击有关。当背景为白色的情况下，色彩视觉认知性正好相反。在古戏台彩绘中，更多的是单纯、明快、浑厚、朴实的色彩。黑、白在其中占有很大的比重，主体人物的色彩倾向与周围色彩明度的感知对比，增加了观者对于主体人物色彩的认识度，古戏台彩绘同时遵循随类赋彩的原则，将主观意识赋予色彩抒情的语言有了象征性和表意性，使古戏台彩绘的色彩保持和谐、平衡的同时具有装饰性。

第四节　文物装饰元素题材的语义表达

一、物化的媒介

从传播学理论角度来讲，媒介是我们获取信息的重要环节，信息的传播也离不开媒介的作用，文物作为传承历史文化、情感价值与精神内涵的物质载体，同样也具备媒介的相关属性，可以说，传播是文物价值存在的本质。而文物的价值从符号学的角度来说，更多在于文物装饰、纹理、结构、雕刻等元素符号所携带的语义，这些元素符号通过一定的语义符号来反映当时的人与社会、自然、文化经济的现象，换言之，这些装饰元素符号即是一种具备信息传递的物化的媒介。

（一）文物装饰符号信息传播的必要条件

从明清家具文物的装饰元素这一媒介来讲，形成信息的传播与交流活动可以从以下几个方面来讨论。

1. 文物装饰元素的语义传播具有通俗性

从古至今，传统文物装饰元素是劳动人民生活与发展智慧的结晶，是文物最具文化价值与艺术魅力的表达，有着丰富的文化内涵与精神寓意，其中包括对自然、宗教信仰的崇拜；对神话故事、戏曲人物故事的向往与企盼；对生命不息、去除灾祸等美好寓意的执着。在明清家具文物的装饰艺术符号表达中，通常"龙"是高贵、权力的象征，"凤凰"寓意华贵、天下太平，"梅兰竹菊"代表君子的美好品行，等等，采用与人们共通的装饰元素符号来表达主题故事、传递信息以及寄托情感。这种具有通俗性的装饰元素符号对受众来说更具熟知性与认同性，所传递的寓意与内涵信息更容易被不同年龄阶层的大众所接受。

家具文物中装饰元素题材的语义表达的通俗性与明确性能够直接影响受众的接受性，文物装饰符号在媒介传播中对元素的提取也不是一味地还原与照搬，而是将通俗性的语义符号以及装饰元素符号通过重构与再创，简化与转换等具有通俗性的艺术形式后进行寓意表达，这使得受众迅速获得认知与理解，形成信息认知与传播的有效性。

2. 有吸引力的文物装饰元素符号形式更具传播性

文物自它形成之初就是对历史文化信息传播的物质载体，而具有趣味性、有吸引力的符号形式更益于文物信息的有效传播。符号形式包括文字符号、图像符号、视听符号等。文字符号具有包容性、抽象性等特点，一般以展示深奥的哲学原理与文学作品为主，受众需要将文字符号在脑海中进行解码以及转换，才能有效解读文字信息的内容，这也导致不同的人获取解读的信息不尽相同。同时，文字信息的获取需要受众具备一定程度的知识文化。

此外，除非是文物研究者或专业爱好者等人员，也较少有人愿意花费大量时间成本去解读文字符号。在部分文物装饰元素中，也有采用文字作为装饰元素符号，典型的"喜字纹""吉字纹""寿字纹"等纹样，就是文物装饰元素中的文字符号，当然，这些文字符号是工匠利用文字的变形、组合、再创造等手法形成的独特的且具有一定吸引力的装饰元素符号。

与文字符号相比，图像符号更具吸引力与艺术表现力，这是源于图像的视觉性、直观性特点，迅速抓住人的眼球，追求带给受众感官刺激与艺术审美，同时，人们本身就具备对图像的认知与理解，往往不需要进行语言学习就能认知理解，这可能导致大众对图像信息的理解相对单一直观，而这也与文物本身即是对历史文化、社会背景的真实反映与记录的目的相契合。一般而言，图像作为一种具有极高可辨性、极具感染力和极具艺术性的视觉形式，具有极高的传播效率，它能够快速而有效地将文物的装饰元素、雕刻技巧、艺术表现等展示出来，令观者惊叹不已。例如明清家具文物装饰雕刻元素，"福禄寿三仙""八仙过海""穆桂英挂帅"等戏曲场景，就像一幅幅栩栩如生的画面，让观者有一种置身其中的感觉，让他们能够更加深刻地了解文物的信息和表达内容。

3. 文物装饰元素符号对信息传播效应更具影响力

文物是承载历史文化信息的物质载体，文物的承载不仅仅是对文物这一载体的单一价值呈现，还包括文物本身的纹理、材质、凹凸、雕刻技术等属性，这些元素可以统称为装饰元素符号，也是文物本身所携带的历史文化信息，文物采用装饰元素作为符号形式进行历史文化信息传播，文物中的装饰符号元素是"受众—媒介—文物"传播系统中的重要"中介"，这也是麦克卢汉说的，"媒介即信息"。这些"信息"大多来源于古代人们对生活和美好事物的观察，他们通过组合变形、象征隐喻等多种手法进行装饰元素符号设计，以及辅以叙事性的故事画面与情节，长此以往便形成了文物特有的表达内容与文化特性，这也形成了每件文物特有的文化价值、艺术魅力及精神内涵，而这些文物的装饰符号也将构成完整的历史信息，成为后人考察历史的真实参考与依据，弥补文学作品与神话传说的具有理想性特点的问题。从某种意义上来讲，一方面正是后人对文物的装饰元素符号信息的解码，才使得文物能够印证历史是真实的历史，而非神话传说与想象故事，得以让后代人们跨越千万年依然无限接近真实的历史文化信息，这对研究历史文化信息具有重大影响力；另一方面，文物的装饰元素符号也成为每一件文物所特有的符号，以其独有的特性成为文物最具传播效应的主要媒介，基于以特殊文化信息为主要特征的传播效应，才能使后人全面解读真实的历史文化信息，从而有效传承优秀历史文化，使传统的区域文化、地方文化传承的种子逐渐走向全球化的传播，使得历史与文明得以延续。

（二）文物装饰元素题材的符号信息传播流程

根据符号学与传播学的普遍原则，符号的传输可以分为五个步骤：发送者、接收者、被接收者、被转换者以及接收者的反馈。文化装饰元素的信息传播方式与普通的符号传播有很多共同之处。它们都需要从原始的语言中提取出信息，然后经过编码和重新排版，才能通过各种途径被人们所理解和接收。

明清家具文物的装饰元素符号在信息传播之前则需要确定装饰符号的意义来源，在中国明清家具文物装饰元素设计体系中，每一种装饰元素以及符号都蕴含丰富的历史文化与信仰，代表着古代人们对神话人物的崇拜、对大自然哲学的思考与探索、对理想生活的美好期待、对世人的鞭策与警醒等寓意，这些装饰元素将古人的信仰、理想、希望等寓意进行呈现，这也体现了古代匠人在给文物赋予装饰符号时传递出他们的工匠技艺与观念，而这也是文物装饰元素符号在信息传播之前所需要的必要前提。

明清家具文物的装饰元素符号在获取寓意来源后，通过匠人的技艺手法将符号信息编码、组码的方式进行符号信息设计。首先，他们运用古代造型原则将零散的装饰元素以及符号进行有效的收集、抽象、整合到有组织的、有形制的形式体系中，再以色彩、纹理、雕刻、花纹等艺术形式给文物本身进行装饰，让每一个装饰符号元素都处于文物中合理的位置；其次，单一地将装饰符号元素进行有序组合还不是完整的文化呈现与艺术表达。文物在诞生时即是匠人将自身的主观意识和精神与装饰符号信息相融合的过程，而这种融合的过程也是古代匠人将自身思想结合装饰符号元素投入到文物设计中，这才是文物对历史文化的完整呈现与表达。

受众的解读与反馈是文物装饰符号元素在符号信息传播流程中的最后一个环节，文化的传承就是世人去感知、解读古代文物的过程，通过有意识地去理解文物所传达的历史文化、工匠技艺、情感态度等要素，同时进行更深层次的解读文物所携带的寓意与内涵。在对文物装饰元素以及符号解读的过程中，受众依据自身不同的语义环境对文物的装饰符号元素分层次解读，首先是对文物所传达的意义是否认可与接受；其次他们以自身的主观意识、知识体系等要素对文物的装饰符号元素进行语义解读，其中文物装饰元素符号的语义表达可能会形成多角度的，那么受众的解读也会产生多方面的语义；最后，受众也会根据文物装饰元素这一媒介所传达的语义从象征意义以及形式结构出发，来进行深层次认知与解码。至此，文物装饰符号元素的信息传播的完整流程走向尾声。

二、文物装饰元素题材的语义表达

在传统文物上的装饰元素中，戏曲题材内容形式十分丰富，其中也存在不被现代大众所理解的一些场景。例如其中存在各种打斗的戏曲故事场景，这样的故事场景容易让受众被惊叹与恐惧包围，导致这些文物雕刻装饰所选取的元素无法被大众所认知、理解。不同时期的生活方式以及行为方式不同，导致以往选取的部分文物装饰戏曲元素的符号指涉意义可能不被理解，但其中的符号一定是约定俗成的，与社会有关的。文物戏曲装饰元素符号的形式与意义之间没有本质的、必然的联系，是社会约定并共同遵守的。

在任何时代背景下，人们创造的所有作品所表达的形式与意义的对应关系都是一种社会的约定，这样构建的文本信息才能被大众解读，才能进行文化交流。图像文本是承载意义的重要载体。对于戏曲装饰元素来说，所具备的符号意义来源于大众对传统文物作品的欣赏过程。文物作品之所以能够通过戏曲装饰元素有效地传播意义，也是因为在雕刻作品中构建的文本能够清晰地被信息的接收者即大众所解读，从而进行意义阐释。德国著名哲学家恩斯特·卡希尔说："符号化的思维和符号化的行为是人类生活最富于代表性的特征。[①]"在传统文物上所展示的各种装饰图像是人用各种方式生成的设计作品，是人用视觉语言在转述世界。在传统文物装饰元素中，到处都是充满着语义的符号，例如戏曲装饰元素中的表情、姿势、服饰、各类物品等等，都是代表着语义的符号。大众对于这些文物的理解，情感的传达也都需要依靠这些符号。这样的一种过程，有助于在不同时期不同文化的大众之间进行文化传播与文化交流。通过在文物上添加戏曲装饰元素，我们不仅能够更好地传递信息，还能帮助人们更好地理解当时的社会。

为了让文物进行语义传递，传达自身的使用功能和创作者在设计过程中所凝聚在文物上的戏曲装饰元素符号的情感及文物的更深层次的象征和文化功能等，对文物戏曲装饰元素符号的语义解析就变得十分重要。

（一）文物戏曲装饰元素符号意义的约定

1. 人对文物戏曲装饰元素符号的约定

在对于传统文物作品的戏曲装饰元素进行创作中，其阅读方式也会受到人生理习惯的约定，只有符合这些约定，才能保证文物作品意义得到准确的

---

① ［德］恩斯特·卡希尔：《人论》，上海译文出版社1985年版。

传播。因此，在信息媒介上作品的大小，信息媒介的阅读其实都是值得创作者考虑的。戏曲装饰元素通过不同方式的组合与重构，造就了其纹样布局构图的多样性，从而形成了文物上不同的戏曲装饰的构图与空间配置，其中有简单叙事的竖向表达，也有力求对称的横幅叙事。在一些文物上，戏曲装饰元素还会分成几个部分，配合不同的场景，放在不同边框架构中进行装饰，组成不同的故事。这样符合人的视觉习惯，可以在某种程度上让装饰元素内容不受背景和其他部分的影响。

罗兰·巴特认为人类社会所使用的种种符号都是表现人类心理深处潜意识的"密码"；同时，在历史的发展过程中，人们又往往无意识地在密码中加入不同成分的"信息"。[①] 装饰元素符号意义的关系也会和人的心理感受对应。大众会通过对装饰纹样结构的外在秩序关系进行感性的判断。在传统文物中，古典家具线条整体以直线居多，家具造型偏向端庄、沉稳，所以会使用很多曲线的装饰纹样对作品的形式结构进行处理。例如，卷草纹的使用，卷草纹由流畅而多变的曲线组成，可以很好地平衡视觉上的呆板，形成独特而优雅的韵律，不仅显得优雅华美，还能很好地适用于不规则状的多种装饰面积，也给家具带来了律动之美，符合大众的感知规律。戏曲装饰元素符号就蕴含着中国人自古以来的审美追求，符合大众的审美心理。古代文物的装饰元素尽管要受到当时社会文化各方面的因素与限制，但最终其文物所表达的内在的崇高与真善美是人类所追求的道德和价值，也是符合大众的心理的。

2. 社会对文物戏曲装饰元素符号的约定

人们所有的艺术创作都是来源于社会生活的。在传统文物的戏曲装饰题材中，中国戏曲这种独特的国粹文化也是当时社会约定的产物。文学艺术的繁荣昌盛给予了戏曲文化营养，民间歌舞的发展提供了戏曲文化的多种形

---

① ［法］罗兰·巴特：《符号学原理》，王东亮译，生活·读书·新知三联书店1999年版。

式，都促进了戏曲文化的发展。戏曲装饰元素雕刻题材的作品意义也受当时社会的约定，不同时期的社会有着不同的流行和趣味，社会主流的意识形态决定了当时人们的审美趋向。文物上的装饰纹样在我国和西方都会选择花、鸟、鱼、兽等，但因为社会主流风俗的不同，同样的装饰纹样在文物上所表现的所指含义也有很大的区别。在中华文化中，装饰元素"龙"代表着皇权的象征，有高贵、威严以及权力的象征，充当吉祥的所指含义。但在西方，"龙"的语义是恶魔的化身，代表着邪恶与罪恶力量。因此，可以从文物戏曲装饰元素中符号意义反映出当时的社会趣味和社会风俗变化。一切的戏曲题材的形式与意义都受到当时社会约定的影响，这样大众才能对其意义理解而做出近似的意义阐释。

社会都会建立一定的制度，形成一定的秩序。这种制度会给艺术创作建立一定的范围，这种范围可以规范创作者的行为活动，使得创作者拥有更强的责任意识。要深入探究文物上戏曲装饰元素的象征意义，我们必须牢记其背后所承载的悠久历史文化传统。因此，文物雕刻创作者也会明确不同时期的社会制度，选择正确的文化立场，选择符合文化立场的装饰元素图案进行创作，最终创作出反映社会文化，顺应社会潮流，符合当时社会约定的作品。

3. 生产生活方式对文物戏曲装饰元素符号的约定

大众的生活方式是与当时社会体制相适应的生活方式，生产生活方式也会在文物戏曲装饰元素符号相应的表征中得到体现。戏曲是作为一种表演艺术进入商品化市场形成的，传统的戏曲文化和社会经济生活息息相关。文物上的戏曲装饰元素是当时生活方式进行符号传递与观念表达的产物，上面戏曲的装饰图案不仅是具有美感和艺术化的符号，还要符合当时人们的生活方式。除此之外，在不停变化的生活方式下，艺术创作还需要把人们的精神追求在其中加以体现，得以传递。文物戏曲装饰元素也是当时生产生活方式、经济发展状况的真实写照。

4.环境对文物戏曲装饰元素符号的约定

自然为艺术创作提供了无限的灵感。所有的艺术创作又要受到自然环境的制约。戏曲装饰元素符号是将自然元素通过解构、重构，作为作品装饰到文物上，从而产生不同的符号意义。自然环境对艺术创作题材和创作手段都产生了深刻的影响，在不同地域的文物上出现的相同或相似的戏曲装饰元素符号，正是反映了各地区人民共同的审美观念和价值观念。文物雕刻作品上的戏曲装饰图案是在当时的自然环境下，古人对于自身生活环境的艺术再现。戏曲装饰元素的雕刻位置与大小在文物上的处理必须具有一定的特殊性。由于我们属于大陆文化，相对独立与封闭，尽管与外部交流较少，但我们丰富的资源和独特的农业文明让我们逐渐形成了内向和谐的文化气质，这样的环境形成了我们的审美意味，因此，在文物戏曲装饰纹样上，我们推崇的和谐文化让装饰纹样的形式表征强调均衡对称，例如团花纹样，既对称优美，又和谐统一。

文物雕刻的装饰图案是在遵循这些约定之下而创作出来的，其作品符号形式与意义的表达也受到这些约定的影响。

（二）文物戏曲装饰元素符号意义的确立过程

对文物上的戏曲装饰元素或者整个作品理解的时候，需要一个普通受过教育的成年人理解的经验与知识。如果理解超过了整个范围，它的意义就是独特的、内在的。这种内在的、独特的意义需要观赏者解读之后才能确立。对于文物雕刻作品中戏曲装饰元素来说，所具备的符号意义来源于大众对雕刻作品的欣赏过程。文物上的戏曲装饰元素符号给予了大众形式与意义并接受大众对于其意义的阐释，并经过社会文化的影响和约定，确定某一种具体的形式与意义关系进行语义传递，从而让世界与作品符号建立起了联系。大众在对于文物装饰图案符号意义不断解读的过程中，一定程度上共享了符号意义。

　　理解文物装饰图像作品的符号意义仍是一个复杂且漫长的过程。首先，所有的文物装饰元素雕刻会受到创作者个人主观审美的影响，木雕艺人可能将自己的道德观、价值观、人生观融入自己的雕刻作品中，从而展现自己精湛的技术和鲜明的主题。然后，其符号意义的表达还受到社会文化环境各种约束。最终构建的雕刻作品文本信息还要被大众所解读，还必须得到大众的认可。这样才能达到文物雕刻作品符号意义的确立，从而进行设计符号的传播。

　　文物装饰元素符号意义生成，首先，文物必须能提供足够的信息。要做到文物作品上戏曲装饰元素能够被识别，可见、直观的识别是符号阅读的前提，大众做出反应才能对装饰元素符号做出解读。

　　在认知文物装饰元素符号意义生成之前需要具备一定的经验，从这个过程可见，文物上戏曲装饰元素的符号刺激如果是大众已经掌握和学习过的知识信息，这个时候的意义确立过程就是识别到反应的一个过程；如果文物上的戏曲装饰元素符号是大众不够了解的符号，则会需要一个学习或者解释的过程。并且在进行语义传递的过程中，文物戏曲装饰符号的语义必须是双方都共同理解并可以接受的，只有传受双方都理解并接受，这个符号才能进行语义传递。因此，在文物作品中，戏曲装饰元素必须通过语义来传递意义，并且应该让公众能够理解并认为这些符号信息是相似的。或者说，发送者与接收者的信息储备系统必须要有交集，否则在信息的发送者和接收者之间就必须多一个解释和学习的环节。①

　　文物装饰元素符号意义生成，是要有能连接经验和文物装饰元素信息的联想活动。文物戏曲装饰元素中，其符号的意义不仅仅只是元素层面的功能意义，还具有内涵的象征意义。以装饰元素"虎"为例，这是一种很凶悍的猛兽，在文物上表达一种威猛的气势。而其内涵意义在民间文化中，有驱疫辟邪之用，象征着震慑力。"虎"同"福"谐音，寓意富贵盈门、家宅兴旺。

---

① 　[法] 罗兰·巴特：《符号学美学》，董学文、王葵译，辽宁人民出版社 1987 年版。

又例如在装饰元素中的竹子，它在文物上一般不作为主体，所具备的功能意义就是让整个画面构图更显丰富。竹与"祝"同音，在一些戏曲装饰画面中还含有祝福的意义。这些装饰元素图像是作为文字的图像符号表征而出现的，用一种联想、隐喻的符号意谓方法，让整个装饰画面的主题意义进行有效的表达，从而获得正确的画面语义。在文物戏曲装饰元素中的符号不仅仅要传递家具本身的功能意义，而且还要让大众体会到更深层次的审美及文化内涵。

传统文物的符号意义的确立还是创作者和大众之间一个互动的过程，它的意义不是在具体的装饰符号上，而是创作者和大众凭借欣赏阅读装饰符号相互之间的过程而确立的。

（三）文物戏曲装饰元素符号意义的直接意指和内涵意指

符号学家罗兰·巴特将符号的表意过程描述为直接意指、内涵意指以及主体间的互动。① 他从意义构建过程将能指和所指两部分分成了直接意指和内涵意指两个层次。对文物来说，它的直接意指的意义通常是指文物形式呈现出来的指示性的功能，符号功能要求的结构形式；内涵意指的意义是文物上的戏曲装饰元素所具有的象征、情感、文化等。文物的戏曲装饰元素的语义解析和层次划分，可为大众提供一个对文物意义解读的策略。

文物所具备的直接意指，大众要理解并得到与创作者相同的客观符号意义是很简单的，因为拥有相同的生活经验，这样文物作品符号的意义就是固定的。无论是图像的编码创作，还是解码阅读，都归属于个体亲自参与的社会性活动，这是因为对事物以及代表事物的符号进行理解属于个体的，也属于群体性的经验记忆，是个人根据自己的经验与社会经验的学习得来的②。

---

① 胡易容：《传媒符号学：后麦克卢汉的理论转向》，苏州大学出版社 2012 年版，第 242—243 页。

② 朱永明：《视觉语言探析——符号化的图像形态与意义》，南京大学出版社 2011 年版。

在文物中戏曲装饰元素所表达的部分作品意义，由于大众在日常生活中所经历，对于这些符号意义已经有理解的经验。所以，戏曲装饰元素符号表达的意义与大众生活经验一致，便会使大众理解更容易更深刻，设计符号的意义更加固定。

文物装饰所具备的内涵意指，是无法轻易地释义的，因此，大众拥有不同的主观经验，没有办法得到完全相同完全一致的经验。大众对于文物戏曲装饰元素符号所表达的信息并不是能全部理解并接受的，受个人的喜好、观点的影响，大众一般会在装饰元素符号中进行选择，选择与自己观念一致的符号内容从而进行阅读阐释，最后形成自己的观点，这样的选择具有一定的主体性。由于大众知识的多样性和个体差异，群体社会中的个体经历会对大众对文物的理解产生微妙的影响，从而使文物、戏曲、戏曲装饰元素的阅读呈现出多样化的解读。因此，受大众自身的影响，对于这些装饰元素的理解首先会选择与自己认知习惯一致的符号意义。在进行文物创作中，要通过了解大众的认知习惯从而确定戏曲装饰元素符号意义的主要走向，而符号意义的延伸需要大众进行深层次的理解。

文物戏曲装饰元素符号所阐释的意义不仅仅是一个表层的功能意义，还应有更深层次的内涵意义。戏曲装饰元素符号意义的延伸就是大众对于文物作品符号内在深层次部分的理解。它意义的生成并不是一成不变的，而是通过大众不断地理解而进行延伸的。对于整个文物作品来说，创作者确定了整个戏曲装饰元素符号意义的走向，决定了文物作品固有的形式与意义，而大众通过欣赏阐释的过程可以将整个文物作品的符号意义延伸。

三、文物装饰元素符号的语构性

美国哲学家莫里斯把符号学的研究区分为三个组成部分，即语构学、语义学和语用学。语构学是一门研究语言结构中各个元素之间的联系和相互作用的学科。通过对符号的形式和其中的概念进行深入探索，可以更好地理解它们在符号体系中的作用和影响①。文物中的戏曲装饰元素组成了戏曲符号，根据符号学的规律组合成文物的整体形式。戏曲装饰元素的形象是由文物装饰的核心装饰符号、辅助装饰符号与装饰背景含义共同塑造出来的。辅助装饰符号的有效运用，为核心装饰符号的传达做好了铺垫。就像一本小说，在高潮来临之前，作者会通过对背景、人物、情节等精彩的刻画和烘托来向读者交代出即将发生的故事，这种对故事背景进行铺垫的写作方法，是作品的重要表达方式。

例如，作为四大名著之一的《三国演义》中的关羽，不仅是小说《三国演义》中的主要人物之一，同时也是戏曲中不可或缺的角色之一。戏曲中关羽的形象主要是根据《三国演义》中的描写而来的。关羽形象的特点是勇、义、忠、智、信、傲。而这其中的"忠""义"则是关羽的核心特点②。当我们看到关羽出现时，脑海中便会浮现忠义仁勇的形象。同时，也使我们意识到应该学习关羽这种"忠义"的品质，在现实生活中与朋友相处时要忠心、讲义气。在这个意识过程中，人们认识到自己也同样应该具有"忠义"的品质这一事实，是通过看到"关羽形象"这一隐喻而得知的。相关研究表明，人们的感官或多或少地受到视觉的影响。过去的知觉经验在某种程度上决定了人们的视觉对当下符号所表示的意义的理解。随着社会不断发展，人们的这种知觉感受慢慢转化为了一种社会共识，成为了一种大众符号。可以看出，在整个符号体系中能够有效地传达出辅助装饰符号与背景语境之间的联系是十分重要的，特别是在戏曲文物的装饰元素方面，则更加明显。戏曲文物装饰上的核心装饰符号、辅助装饰符号与背景含义相互作用，共同将其文物想表达的含义体现出来。通过对辅助装饰符号、背景符号的刻画，营造出

---

① 李德君、宋魁彦：《明式椅类家具的语构学阐释》，《中国新技术新产品》2009 年第 8 期，第 204 页。

② 刘海燕：《关羽形象与关羽崇拜的演变史论》，博士学位论文，福建师范大学中国古代文学，2002 年。

了核心装饰符号的背景说明，同时，也将文物当时所处的社会文化背景传达出来。

适当地使用辅助装饰符号和装饰背景含义，可以在设计作品中形成一种充满活力的"氛围"。也正因为这种"氛围"，可以有效地表达设计作品的价值。文物中的戏曲装饰元素不仅能传达出文物的外在价值，同时也阐述出了文物背后蕴含的社会理念、社会文化、社会体系。栩栩如生的文物携带着一种感染观者的"氛围"，这种精神力量与物质力量相互融合构成了文物作品的主要结构，为核心符号的传达做好了铺垫。没有生命力的作品，就没有这种"氛围"的形成。这种"氛围"本身就带有一定的精神力量，并且会与观者产生互动感。文物中戏曲装饰元素的辅助装饰符号和背景含义共同组成了文物作品的"氛围"，并且为核心装饰符号的表达奠定了基础。

文物的生命力为文物渲染了这种独特"氛围"，并且传达了文物的内在意义和基础含义。通常情况下，装饰文物的视觉中心和语义中心是由核心装饰符号形成的。而辅助装饰符号的作用则是帮助核心装饰符号去建立一种"氛围"。精彩的文物通常由核心装饰符号与辅助装饰符号两部分组成。核心装饰符号表达了戏曲装饰元素的中心内容，而辅助装饰符号丰富了文物的语义表达。只有核心装饰符号和辅助装饰符号两者之间达到一种平衡关系，才能使得文物内容的传达更加精准。比如，戏曲装饰元素当中的人物角色塑造，有着鲜明的装饰符号属性。通过对静态装饰物的刻画来体现出戏曲的故事情节，从而表达出其主题。戏曲装饰元素中的人物角色塑造是通过运用形象化的方式，将人物的社会属性、性格、心理状态等表现出来的，是角色整体所具有的特殊的思想意蕴。服饰、化装、发型等媒介起着对角色思维的外化作用，通过有形的方式来表达人物的意蕴，运用物质手段将其外化，具体表现在演员所饰演的角色身上。在戏曲装饰元素的人物塑造上，常常引入"转喻"和"隐喻"概念，即上文提到的"核心装饰符号"和"辅助装饰符号"。这两种符号并不是对立关系，而是一种相互作用、相互照应的关系。在戏曲的人物角色塑造中，核心装饰符号用明确的造型符号去定位人物特征，而辅助装饰符号则通过抽象、暗示的手法将人物的内在特征外化出来，创造的是形象之上的精神概念，延展了人物角色的可能性。例如，脸谱作为人物角色塑造中的重要一环，其色彩和形式都有了固定的含义。用"法令纹"开合来表示人物特质，"歪脸"用不对称的线条来刻画反面人物的丑陋。武将们穿着的服装风格，不仅丰富了他们的外表，而且还给人们带来了更多的视觉冲击。靠旗，使人联想到威严的军旗。而靠杆产生的放射直线，使旗子在舞台上能够大范围地舞动。而旗上的纹样也多是鱼鳞纹、浪花纹等，有着翻江倒海的寓意，塑造出八面威风的武将形象①。这些辅助符号的语义更多的是通过隐喻、渲染等方式表达出来的，辅助装饰符号的合理运用在文物的"氛围"塑造中起到了重要作用，传达了文物背后的设计理念，丰富了作品的语义世界，使得观者对文物的理解不仅仅停留在表面意义，而是向观者传递出其背后的语境。

　　文物中的戏曲装饰元素一般是文化、思想、设计等历史观念的体现物，这些思想借由戏曲装饰元素呈现给观者。文物的生命力攒聚了背后创作的活力，构成了作品的内涵基础，使整个作品的语义表达更加突出。核心装饰符号与辅助装饰符号有效的相互配合，形成了文物最终的呈现方式。如果不能协调好两者之间的关系，就可能会增加意义传达混乱的可能性。一个具有感染力的文物，是能调和好辅助装饰符号和核心装饰符号之间的关系，使之达到一种微妙的平衡。若两者之间存在失衡状态，则无法完整地传达出文物的含义。核心装饰符号为辅助装饰符号奠定了主体基调，而辅助装饰符号丰富了核心装饰符号的语义表达。只有这样，观者才能够感受到文物的全部内容，体会文物背后的含义。辅助装饰符号并非仅仅只有装饰作用，它运用比喻、渲染等手法来丰富文物的语义。通过与核心装饰符号的配合，输出自己

---

① 肖燕：《戏剧人物造型设计中的转喻和隐喻》，《戏剧艺术》2002年第4期，第59—67页。

的力量，委婉地来表达背景含义，从文化层面对文物进行一种情感阐述，完整地表现了文物真正的价值。

文物中的戏曲装饰元素是在时代背景中产生的，是通过对当时社会的观察而得到的。多重的意义、多种的表现方式构成了戏曲装饰元素的生存空间，构成了文物中戏曲装饰元素意义的源泉。

第四章　实例解析与数字化复现

第一节　木　雕

一、雕花瑞兽架子床

此床为清朝时期制造的架子床，如图4-1所示。物品来源于四川绵竹地区，这种床一般有四根立柱，床面两侧和后面有围栏，该床为木质，用料

图4-1

厚重，生漆饰，床雕饰多为镂空状，上部分为四根方柱连接起来形成飞罩，其上雕有花草、鸟、人物骑兽等图案，雕工精细，惟妙惟肖。它加上帷帐宛如一间小屋，可以藏风聚气，睡在其中如置身于一片小世界中，令人放松，具有安全感。

该架子床分为上中下三个部分，上方楣板整体采用浮雕的唐草纹，如图4-2所示。它经处理后作"S"形波状曲线排列，构成二方连续图案，花草造型多曲卷圆润，有万代生生不息、茂盛蓬勃的吉祥寓意。两侧采用扇形的镂空木雕，扇是一个象征符号，扇形的木雕装饰纹样寓意着"善良""善行"，将其雕刻于楣板之上，有着驱妖逐邪的寓意。

图4-2

架子床的上端有四面装横楣板，正中楣板上有三幅画，如图4-3所示。画作均为后期修复所放置，不是原有内容，故不予以研究。画框饰以浮雕的缠枝纹，因其结构连绵不断，委婉多姿，富有动感，优美生动，故又具"生生不息"之意，寓意吉庆。一家之中，女眷常于卧房度日，房中家具陈设，尤其床榻，即是身份象征，也象征着个人对生活的追求，花纹雕饰也转喻出

图4-3

妇人对幸福生活的美好祝愿。

正中楣板以两幅持莲童子图的镂空木雕隔开三幅画，如图4-4所示。左侧的童子左手举着莲叶，右手向下握住莲花枝干，右侧童子右手举着莲花，左手向下握着莲花枝干，两名童子都脸圆身壮，他们的戏曲姿态为顺风旗式，向前踏步，目视左前方，身穿马甲，穿着肥大裤子，他们夸张的戏曲动作使得造型灵动，显得稚态可掬。持莲童子寓意"连生贵子"，其寓意吉祥，被广泛应用于生活陈设的纹饰之中。两侧的镂空木雕分别为鹿与仙鹤，鹿与仙鹤都围绕着松叶纹样，松在古代人们心目中被认为是百木之长，寓意长寿。鹿是长寿的仙兽，常与仙鹤一同保护灵芝仙草，鹿与松雕刻在一起有着福禄寿喜之意。仙鹤与松雕刻在一起表示松鹤延年，寓意着延年益寿。

图4-4

架子床的下半部分的四个角柱雕以梅兰竹菊的纹样，如图4-5所示。它们四个的寓意和象征，分别代表着正直、无畏、谦逊和文雅，被称为花中四君子。床的门围正中雕刻为闻仲骑麒麟图，周围伴有祥云图案，雕刻的闻仲双手抬起挥舞，利用夸张变形的戏曲姿态显得威风凛凛，人物神态威严庄重，他的坐骑麒麟张着大口，性情凶悍勇猛，跟随着闻仲南征北战。《五杂俎》中提出麒麟是龙和牛的后代，是招财进宝、辟邪的神物，民间自古便有

"麒麟送子"之说,寓意麒麟送来童子必定是贤良之臣。其次,左右两边的花朵神似牡丹花,和松鹤的镂雕图案相配,这样的图案属于指示符号,表现出富贵吉祥、延年益寿的美好寓意。

图4-5

闻仲骑麒麟图的左右有着两个兽类的镂雕图案。第一个兽类,如图4-6所示,《山海经》中关于貔貅的描述为:它的身形像老虎和豹子,尾巴像龙尾一样,颜色像金石一般,肩头长着一对羽翼却不能展开,头上长着一只角并且向后仰着。所以,对照《山海经》貔貅的造型,初步判断该图案为貔

图4-6

貔貅。貔貅以财为食，纳四方之财，有着招财进宝的寓意，吉祥如意等祥瑞的象征。所以，貔貅寓意着保佑人大富大贵，消除霉运，驱散邪气，与他人和谐相处，易遇贵人的美好祝愿。第二个兽类图案，如图4-7所示，"当康"在《山海经》是这样描述的：它的外形像猪一样，并且有牙齿，叫声就是它的名字，非常悦耳，它的到来能给我们带来大丰收。当康是中国汉族古代神话中的瑞兽，传说在丰收的年岁里鸣叫着自己的名字跳着舞出现，有着丰收的美好寓意。

图4-7

数字化修复及展示可行性分析：该架子床整体保存完整，没有较大的破损或瑕疵，图案花纹等保存良好，人物细节清晰可见，只有表面有轻微的磨损及掉漆，故数字可视化可行性高，但由于后期人为的修补，无须还原该架子床的水墨画，应查询原貌，予以还原。

在修复时，从整体开始，该架子床结构明确，图示只能看见架子床正面样式，在数字化修复中，我们将呈现左右及内部样式，使结构体现完整，注重其对称性，体现出该家具的对称之美。并且我们将注重还原其本来颜色与纹理，将磨损的颜色尽可能还原，并为其增加材质，使其更加接近真实柏木的质感，并把花纹以及凹凸细节精致地在展示效果中展现。另外，重点复原中国古代神话的镂雕图案和正中楣板图案部分，刻画出人物的神态以及动作，衣着褶皱部分的磨损需在明确结构信息之后根据主要特征进行还原，使闻仲骑麒麟图和持莲童子的展示能让观众清晰辨别，展现出一个立体、饱满的形象，使人们能够全方位欣赏。

二、清代八星报喜戏纹木床

如图4-8所示，该木床为清朝时期制造，采用金丝楠木为原料，物品来源于四川绵竹地区，为一套连体式的古代家具。

图4-8

这件清代金丝楠木床做工考究，图案丰富，雕刻精美，表现出明清家具"明圆清方"的特点，具有浓厚的中国传统元素。不论是部件断面、局部图案，还是整体造型，都呈圆浑柔润之态，给人一种自然的美感。用料粗壮，造型厚重，追求一种威武、壮硕的风格，"贵气"十足。其造型稳重，结构严谨，做工精细，雕工精到，具有明显的北方特色。

除了简洁美观的外形，在造型上也是浑厚稳重、装饰上繁缛相当，工艺技术精湛，刀法细腻。一幅幅描金戏曲人物画板的图案运线多变，匠心独运，处处显示出精巧和古趣。

清代宫廷有欣赏戏曲的习惯，至同光年间，这种娱乐形式被帝后的追捧推向了最高峰。在清代统治者把审美逐渐固定在"皮黄"这种艺术形式以后，宫廷内延伸出了诸多表演的副产品，其中包括使用戏曲人物画册来装饰的家具。

如图4-9所示，一老一少两个人物怒目而视，两个人手上都拿着兵器。老者头戴锥形圆帽，络腮胡齐胸，半跪在地上，侧目直视右边的青年。而青年毫不示弱地回望，微微屈膝，一手拿剑，一手挽袖。

如图4-10所示，左边的青年提起脚，抬起手，与右边的老者对视，仿佛马上就要踏步上前，而右边的老者神采奕奕地与青年形成目光交流，微曲身体，仿佛在邀请青年过去。

图4-9 图4-10

如图 4-11 所示，左边的老者身板笔直地抬起右手，左手下抚，与右边的男子对视。而男子一只脚在前，一只脚在后，抬起左手，侧目仿佛在与老者交流。

如图 4-12 所示，左边的老者在与右边的童子讲解，他一边挥手示范一边回头看童子，而童子微弓着背拱手向前，目光诚恳地看向老者，显然是一副虚心好学的样子，处于下方的描金黑白花鸟画同样精致。

图4-11   图4-12

如图 4-13 所示，右边喜鹊飞在两朵杜鹃花之下，下处是竹叶，左边是题词。

如图 4-14 所示，左边是茂盛的花丛，右边的喜鹊面向花丛，十分灵动。而喜鹊上方为题词。

如图 4-15 所示，图案中的牡丹花纹是一种吉祥纹饰，因牡丹花"唯有牡丹真国色，花开时节动京城"，被民间视为象征富贵的祥瑞之花。其形象是盛开的花朵姿态优雅，显得高雅脱俗、趣味横生。右侧有一只绶带鸟，栖栩如生，因"绶"与"寿"谐音，因此，绶带鸟又象征长寿。

如图4-16所示，左边是题词，右边是花丛与喜鹊。

雕琢细腻，清晰如真，足见雕工之精湛，给人以无比华贵高雅之感，集震慑心魂之霸气与富贵安详于一体，远观自有一种稳重大方之韵。背板带有

图4-13

图4-14

图4-15

图4-16

典型的欧式风格，可见这件金丝楠木床在继承传统家具制作技术的过程中，还吸收了外来文化，中西结合，相得益彰，形成了鲜明的时代风格。

这件金丝楠木床通体为榫卯结构，不见一颗铁钉，结构严谨合理，表面光滑平整，结合衔接无缝，线型光滑圆润，包浆自然，色调明亮稳重。既满足形体比例的美，又符合人体功能的要求。

数字化修复及展示可行性分析：该木床整体保存完整，没有较大的破损或瑕疵，图案花纹等保存良好，人物细节清晰可见，只有表面有轻微的磨损及掉漆，故数字可视化可行性高。

在修复时，从整体开始，该木床结构明确，在数字化修复中，主要注重还原其本来的颜色与纹理，图示只能看见床板正面，我们将呈现床框的完整部分，将床框左右和后方以及内部的样式，完整拍摄扫描，展示出一个立体、完整的形象。

三、清代麒麟暗八仙木床

如图4-17所示，该架子床物品来源于四川绵竹地区，此物为清代之物。该床框外表被大漆包裹，已很难辨别其原料，用材讲究，通体呈红褐色光泽。具有深褐色光泽的黑色木条作为床框各部分的衔接物，起到了良好的板块区分作用。

床框正面共分为四层，每一层都以繁复精美的雕花作为背景，沉稳大气，虽图案各异，但具有对称之美，相互照应。浮雕工艺，床框层次分明，虚实对比明显。通过高嵌式手法，在原有床框上镶嵌做工精致的金色装饰物，床框整体暗亮结合，别具一格。描金装饰，是我国一种传统的装饰技艺，多在漆器或漆饰家具上使用，是彩绘手法中最常用的装饰方法。床框整体制作精美，漆面具有光泽感，更显富丽堂皇。但床框整体并不执着于外形和轮廓的华丽，而是着重于细节的刻画。

第一层共有四个部分，每个部分都有金色框线，内部有装饰图案分布

图4-17

于东西南北四个方向。正中有金色叶片、金色马形装饰物、金色牛形装饰物、金铃铛、金色鼠形装饰物等图案，象征着富贵吉祥、多子多福、庄稼丰盛。

第二层共有三个部分，一、三部分为样式各异的金叶，清新美丽。第二部分正中间为白鹤，"鹤又称为仙禽，颈部纤细，呈优美的弧形，身材修长，羽毛洁白，叫声清脆嘹亮。其以沼泽、芦苇塘等湿地为栖息地，结群生活，性情温顺不喜争斗。"① 正因如此，作为象征符号，从语义层面来讲，白鹤象征着纯洁、忠诚、高贵。

如图4-18所示，床框正面的最下层样式极为考究，顶部是灵动的红褐色云纹，以精美的植物纹样作底，清新自然。从左至右，象征着吉祥如意的凤纹的各式形态，栩栩如生。与描金工艺制成的牡丹交相辉映，尽显大气。

---

① 张唯佳、曾智泉：《鹤纹图像的艺术性研究》，《艺术教育》2021年第7期，第171页。

图4-18

晚唐诗人皮日休《牡丹》诗曰："落尽残红始吐芳，佳名唤作百花王。"宋杨迁秀牡丹诗曰："东皇封作万花王，更赐珍华出上方。"从语构层面来讲，凤凰是"百鸟之王"，牡丹是"百花之王"，牡丹与凤凰相组合，从语义层面来讲，隐喻为"龙凤呈祥，婚姻美满"。

如图4-19所示，该部分长56厘米，宽22厘米，一位身穿盔甲的将领左手挥大刀、右手扬长鞭，身骑麒麟，开疆拓土，好不威武。"古人将麒麟、凤、龟、龙称为'四灵'，且将麒麟列为'四灵'之首，可见它的地位之崇高，麒麟是中华民族先民臆造出来的祥瑞神兽，是多种动物的结合体。"[1]从语义层面分析，作为象征符号，麒麟具有威武高贵的内在含义。

图4-19

麒麟周围的"暗八仙"图案用得极为巧妙。"八仙过海"图像包含了铁拐李、张果老、汉钟离、韩湘子、吕洞宾、蓝采和、何仙姑、曹国舅这八位道教仙

---

① 瑞霖：《砚上的麒麟纹》，《东方收藏》2019年第3期，第22页。

人，分别象征着现实中的男女老少、富贵贫贱这八种形象。八仙作为凡人在经历重重磨难后终于成为仙人的经历，激发了凡人对未来的憧憬。从语义层面分析，该床框将八仙的法器指代八仙，通过铁拐李的葫芦、汉钟离的团扇等象征符号，表达着救济众生、长生不老、绝境逢生的希望，承载了人们对美好生活的向往。

左右两侧床柱，分别长40厘米，宽16厘米。床框内侧，自上而下分别是奔跑的马、喜鹊衔梅枝、描金花卉，寓意丰富。马象征着财富，越来越富有。出门遇喜鹊叫，预示心想事成。从语构层面出发，喜鹊落在梅枝上，因梅与"眉"同音，又叫"喜上眉梢"，作为象征符号，在语义层面有"喜事来临"的说法。这样的对称性给人以美的感受，装饰性强，生动形象。再看外侧，如图4-20所示，床柱上，一位大人带着小孩一同行走。如图4-21所示，农民牵着牛、驴，露出幸福的微笑，表达为早日丰收的

图4-20　　　　　　　　　图4-21

希望，展现着人们对美好生活的期待。

如图4-22所示，床框侧面采用透雕工艺雕刻出拐子龙纹，简约大气。"拐子龙纹"，又称"拐子纹"，起源于草龙纹，实质是龙纹的一种。由龙纹变体而来的拐子龙纹，取龙的"富贵"之意，以及卷草纹的"连绵不断"之意。作为象征符号，隐喻为富贵不到头、子孙延绵不断。四个金色镶嵌物形如夔龙之首，"夔龙既体现了生殖崇拜，又体现了对于权力的追求，具有神

图4-22

秘庄严的色彩。"① 正中的镶嵌物长12厘米，宽22厘米，以朱砂色作底，通过彩绘工艺为右上角的菩提树叶上色，淡雅自然。菩提的寓意为有着禅心与清净的内涵，隐喻为豁然开朗、顿悟真理，甚至是大梦初醒的一种状态。描金人物惟妙惟肖，采用程式动作，具有浓烈的戏曲色彩，左边的人物提膝挥伞，好不惬意，右边的人物紧随其后，身后撑着伞状物品。

该床框既有精致的雕刻纹样，也有活灵活现的人物图案，几何纹样、植物纹样、动物纹样的组合运用极为巧妙，人物动作也恰如其分地反映出主人的高雅心境。以这些惟妙惟肖的图案为媒介，从物质生活到精神生活的各方面的美好期待为指涉对象，意趣盎然，令人称赞。

数字化修复及展示可行性分析：该架子床已被修复过，保存相对完整。但对于床框的残损情况，例如，床框正面有部分金饰物已经不再清晰，需要进行修补。

首先，通过高精度建模技术进行床框的整体面貌展示，最大可能地从正面、侧面展现其精美的结构、漆面的材质、凹凸的纹理、丰富的色彩。接下来，通过三维高精度还原技术进行床框的局部细节展示，例如四层床框、两根床柱和床框侧面的图案，展现精妙绝伦的制作工艺。着重展现具

---

① 王娅：《商周青铜器顾首夔龙纹初步研究》，硕士学位论文，陕西师范大学文物与博物馆，2020年，第72页。

有特别寓意的戏曲元素部分，例如卷草纹、树叶纹、凤纹、拐子龙纹、鹤纹、喜鹊纹等图案，以及造型独特的两位人物形象，着重还原其人物神态、服装造型。

四、清代祥云花鸟木床

此床框为清朝时期制造，如图 4-23 所示。采用实木为原料，床框整体结构为木条拼接而成，床框整体为深褐色，实木制造，精巧美丽。床框的花纹雕刻大多都涂成金色，寓意吉祥平安。少部分涂成黑色。

图4-23

该床框结构整体分为上中下三个部分，正面造型呈镂空形状，精致美观，在做工上，纹样装饰精美，侧重于对细节的刻画。最上层由五个框体组成，框体呈镂空状，上方雕刻着精细的花纹，如图 4-24 所示。每个框体中分别有不同种类的鸟和花组成的镂空造型，寓示吉祥如意，象征安宁、和平。依次是兰花与鸟的场景，寓意高雅。金色圆框内部有两只鸟相互靠近，外部为金色稻穗，稻穗象征种子、希望；荷花寓意纯洁、"出淤泥而不染"

图4-24

之意；有一只金色凤凰，凤凰是吉祥和谐的象征，表达了世态安宁祥和的美好寓意。横梁上五幅场景都表达了人们对于生活的美好希冀。

床框中间部分左右对称，如图4-25所示。两侧所雕刻花纹一致，上方通体长188厘米，高30厘米。最左侧花纹雕刻图案为左侧一人头戴六块瓦帽，双手紧握一个细长物体，扛在肩上，中间一人身穿衫袍，脚蹬黑色鞋履，右侧一人身穿宽松袍子，腰间佩戴玉佩，颇有文人雅士之风，左手握一把金色折扇，两人头微微偏转，朝着左侧看去，面带微笑，露出好奇模样，三人仿佛在交谈什么。太极八卦阵上方左右各有两人，其中两人手握芭蕉扇，一人右手高高抬起手掌向外似阻拦什么，另一人则左手向外翻转，两人头微微低下，神态动作极其相似，态度十分恭敬，左侧一人怀中抱有一婴儿，似要递给右侧一人，只见那人头戴乌纱帽，身穿宽松袍子，头微微仰起，神情严肃认真。周围有祥云映衬，其他地方各种花纹线条缠绕交织在一起，中间又缠绕着叶子、祥云、鸟等东西，环环相扣，重重叠叠，相互掩映，精细而不失美观，柔美又不失硬朗。

图4-25

中间部分通体长74厘米，宽28厘米，如图4-26所示，祥云由上方连接下来，向内部环绕。周围镶嵌小花进行点缀装饰，祥云内部为黑色，外部使用金色涂漆。祥云纹，造型独特，寓意祥瑞之云气，表达了吉祥、幸福的愿望以及对生活的美好向往。传说中为神仙所驾的彩云，祥云上方有两位神仙，上方神仙右手握一个细长头部为花状的物体，下方神仙右手向上伸出，似与上方神仙在交流。

图4-26

下方部分通长30厘米，宽22厘米，如图4-27所示。左侧案板上图案由一男一女为主体构成，左侧一男子头戴官帽，身穿长袍，面带微笑，背部微微弓起，腿部岔开，一脚向前迈着，右侧女子头向下低着，身体做出较夸张弯曲状，双腿交叉，只有上半部分身体转向左侧男子。右侧案板上图案由

图4-27

人和凤凰构成。周围由横向竖向的线条和花朵树叶组成装饰点缀，上方也由细小的横线点缀装饰。左侧一人手拿金色折扇，头向右侧一人偏转微微低下，身体弯曲侧对右侧一人，头向外偏着，认真听着右侧那人说些什么，右侧一人面带微笑，手握拐杖，左腿向前迈出，右手伸出指着什么，两人似在交谈什么。上方有一只凤凰，凤凰寓意富贵吉祥，表达了人们对生活富足的期待与希望。

该床框整体保存完整，没有较大的破损或瑕疵，同时图案花纹等都保存良好，人物细节清晰可见。但木头表面和纹样等地方存在轻微的磨损，上方部分金色边框处已经出现凹陷，中间部分祥云纹样处出现黑色掉漆泛白情况。

数字化修复及展示可行性分析：该床框由于保存度较高，在修复时主要注重还原其本来颜色，通过数字化技术将本身已经磨损掉漆出现泛白的地方尽可能修复还原，将木头上已经掉漆的部分还原成本身有颜色和质感的木头，并通过数字化技术将所刻画的图饰纹样细节在电脑中展现出来。图示只能看见床框正面样式，在数字化修复中，我们将呈现床框的完整部分，将床框左右和后方以及内部的样式，完整拍摄扫描，展示出一个立体、完整的形象。

五、清朝花罩架子床

如图 4-28 所示，此床框为清朝时期制造，该床高 291 厘米、宽 274 厘米、深 281 厘米。这张床以松木为基本材质，在雕刻技术和深层内涵方面，展示出其高超的技艺和独特的风格。它是南方床架和北方炕罩结合的艺术成果，既包含了床架和花罩的设计元素，也集成了其他地区工艺造型的特征。

该床的基本架构由床榻、床架、脚踏、花罩、楣子和银柜、靴柜、铺盖架、内外栏杆以及窗棂等构成。床榻的四角各有一 A、B、C、D 柱，其中，C、D 两柱之间，正面设有花罩，而余下三面则各带有下部的栏杆和上部的

图4-28

槛框。床榻之上铺有顶板，成就了这架子床的主体部分。床前的脚踏外角设有E、F两柱，同床榻立柱间的隔扇呈现与床榻正面两柱类似的抱框状，这抱框装有花罩、栏杆等构成的栏杆罩。组合的顺序是，首先安装花罩，随后安装栏杆，然后是花罩落脚和栏杆扶手。花罩之外，还配有多层楣子，与栏杆罩相映成趣。该床常被称为檐子床，以花罩和楣子的层数来决定。脚踏两侧，依隔扇顺序，安装有银柜和靴柜，银柜实为储物箱式的椅子，用来存放重要物品，两侧形成对称；靴柜则紧靠银柜放置，同样形成对称。其设计多样，有的是方形立柜，有的则是半圆形立柜，可以将左右组合起来，成为一个小圆桌。铺盖架放在床榻背后，靠两头外栏支撑，通常会在铺盖架两端设有小抽屉，用于收纳小型贵重物品。还有些架子床在床榻上加设内栏杆，用以稳定床帘；也有的在外栏和槛框的间隙装上窗棂，使床更具小房子的模样。其中，门楣由于建构的需求使得所用的材质比较薄，因此，大量运用了浮雕手法来展示缠枝花纹。浮雕技术的广泛应用使得树枝和叶子呈现出立体感，枝叶繁茂，多种鸟类飞舞，与此同时，双飞双栖的画面也展现出了清代家居的尊贵风格。

如图4-29所示，栏杆板的面积因其正方形状，常采用中国画的构图手法，展示了山水、花鸟、神兽、吉祥等元素。家具装饰的图案通常选择标志着富贵吉祥、子孙满堂、福寿双全、夫妻和谐等普遍而又充满生活理想意味的主题，这与同一时期的艺术造型，特别是民间美术的选材大致相同。

图4-29

栏杆板的下半部分，轻柔的树叶自动伸展开，象征着富贵的花儿被蔓藤包裹在朦胧的雨露中，左右两边形成了对称，暗示了富贵的长久。栅栏运用透雕技术，也被称为镂空雕，是常见的雕刻技巧之一，这种雕刻方法给人以精细并透亮的感觉，经常被用于花罩和栅栏上的装饰。

图4-30

如图4-30所示，底部图案是展现小孩戏耍动态的模样，似乎是故意在一块厚实的木板上雕刻出起伏不定的形态，就像微风轻轻吹来，小孩儿玩闹，表现出亲切而自然的乐趣，无拘无束的情态已然表现其中。这样的动态感与其他静谧的图案相结合，具有非常高的审美价值。

其底部装饰设计内含的元素种类繁多，呈现的是一种左右对称的排列方式，融入了观赏春景等情境，设计充满着寓意，传递出人们对美好生活的向往、对美好未来的祝愿和追寻，还从某种程度上展示了清朝的文化理念及本地的传统风貌。

数字化修复及展示可行性分析：该花罩架子床保存相对完整，没有出现明显的破损，图案花纹等均清晰可见。只有木体表面存有磨损，特别是地脚部分有些陈旧，部分落漆。使用计算机图形学、图像处理、虚拟现实等数字化技术，是数字修复的主要依赖手段。借助这些技术，我们可以恢复木头的原本颜色，并使其触感更加类似新床，从而达到数字化修复的目标。通过建模技术对床的整体构建进行拆分建模，并对床上的雕纹刻画进行细致化生成，尽可能将雕刻图案完美刻画。接下来，通过 3D 还原技术对床体的细节进行展示，如栏杆部位的镂空花纹，同时，着重展现栏杆板上具有特别寓意的人物部分，例如孩童嬉戏，重点展示其动态表现，着重还原其浮雕质感。

六、清代人物木雕花板床檐

此床檐为清朝时期制造，质地细腻，为木雕上乘之作。该木雕花板床檐藏址于四川绵竹年画村，木雕花板通体长约 189 厘米，高约 149 厘米。纹饰做高浮雕处理，木雕花板整体为红棕色，木质色泽深沉，汇集穿雕、浮雕、阴刻、镂空等技法为一体，所有的花纹雕刻均用鎏金粉，显得喜庆、富贵且世俗化，寓意吉祥。

这套床檐木雕花板共五块，分为上一、左一、左二、右一和右二，如图 4-31 所示，上一为整套床檐木雕花板中最大的一块，做

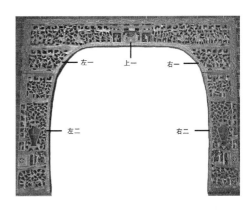

图4-31

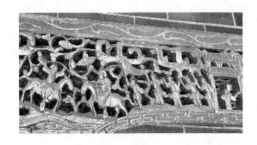

图4-32

图4-33

图4-34

工精细，雕刻纹样复杂。在上一中左右两侧均以精湛的浮雕技艺雕刻有两军交战的激烈斗争场景，如图4-32所示。如图4-34所示，人物神态充满斗争的紧张，画面中由两名将帅各自率领五名士兵出战，均为男性形象，衣着棉甲，手持兵器，表情严肃紧张，身体向前微倾。两军各自的将帅身骑战马，眼若流星，虎体猿臂；手执长枪，坐骑骏马，从阵中飞出怒目而视，两阵对圆。一方舞起了双臂，面目狰狞，眼神中流露出战死报国的决心，另一方则将武器紧握，向着敌方冲刺，战况十分紧张，战争一触即发。木雕花板中间则是二人坐在堂内似乎是在讨论战况，如图4-33所示，均头戴官帽，身着官服，脸面光洁。其中一人微微站立，手撑桌案，另一人手靠桌案上，翻阅读物，神色凝重，两人好似在商量对策。左右两根楹柱后各有一名侍从，头戴礼帽，看向堂内，神色慌张，似乎对现在的局面感到无所适从；左侍从一手背在身后，另一手拿拂尘，右侍从双手环抱，拂尘靠在小臂上，好似正要说些什么。在此块木雕花板中，人物线条简约但形态准确，生动而有力，雕刻细致，技术精湛又不失表现力，传神地描绘出了战争的画面感，渲染了紧张的氛围感。

左一和右一为整套床檐木雕花板中最小的两块，均为对称的花纹。木雕花板上有三个人物，如图4-35所示，人物动态丰富，刻画细致。其中一人站正中间，头戴礼帽，双臂摊开，身体向前微倾，衣衫整洁，神态自得，尽显富贵之态。另外二人左右各站一位，向中间的人俯身，态度谦卑，毕恭毕敬。背景以卷草纹作装饰，繁丽复杂，画面丰富，呈现出了一幅富足慵懒的景象。

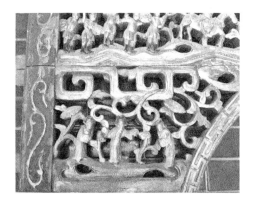

图4-35

　　左二和右二的木雕花板也是对称的花纹，如图4-36、图4-37所示，雕刻了繁复的卷草纹，寓意富贵不到头、子孙延绵不断的拐子纹，弯曲翻转富有流动感，灵动自如，虚实相生，它的无限重复与连续表达了生生不息的生长之气，这与单纯简洁具有规整与秩序感的回纹等纹路巧妙地结合在一起，相互衬托，硬朗中又不乏柔美，颇有刚柔并济之风。同时，对称的花纹又展现出中华传统的对称美学，具有仪式感。外框是规整的回纹，内里则用柔美的卷草纹，刚柔并济，碰撞出独特的美感。

图4-36　　　　　　图4-37

　　上半部分还刻有两个人物，如图4-38、图4-39所示，二人均头戴乌纱帽，衣着官服，留着长须，双手环抱，手持笏板。两人交谈甚欢，神采奕奕，气氛融洽。背景以丰富的卷草纹作装饰，描绘出一幅生气蓬勃、欣欣向荣的景象。

图4-38

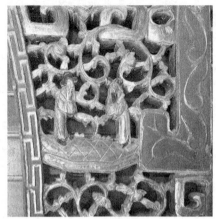

图4-39

中间采用镂空的雕刻技法，如图4-40所示，雕刻了一只花瓶为主体物，花瓶作为一种像似符号，由于"瓶"与"平"谐音，则它的所指为平平安安，

图4-40

保宅护平安。从花瓶中生长出象征生命之气的卷草纹样，表达了人类与自然和谐共生的关系。右下角还有一个小的人物，动态优美，极具戏曲性，衣着华服，神态自得。

底部汇集浮雕、镂空等多种技法，矩形的门和旁边圆形的花窗形成了方圆的对比，有意识地将普通的事物组织起来，具有艺术意识。门前的人物为两个男子，如图4-41所示，其一男子穿着长袖开襟和长裤，另一男子头戴礼帽，左手背在身后，右手拿扇子，身子向前微倾，两人交谈；普通男子左手向戴礼帽的男子比画，右手高举书本，两人嘴角上扬，表情愉悦。往下则是以卷草纹为背景，如图4-42所示，富有生生不息之意，其中有三个人物，衣

图4-41   图4-42

着普通，中间是一个小孩，左侧为小孩的母亲，右侧为小孩的父亲，三人柔美生动，将普通的动作姿态进行了夸张的戏曲化加工，人物表情欢快，神色愉悦，与孩童玩耍，呈现出一幅朝气蓬勃的景象，更传达出一种国泰民安、社会安定、人民安居乐业的氛围，这与上一木板上的雕花又形成了对比与反差，富有戏曲性。

该套木雕花板不论是从结构上还是纹饰上整体都呈对称的形式，具有一种庄严、稳重感和隆重的仪式感，纹饰上的鎏金更显富贵之态，烦琐复杂的雕刻技术、鎏金的处理工艺等等都表现出富足的生活状态或者是对富足安稳的生活状态的向往。

数字化修复及展示可行性分析：该木雕花板床檐整体保存完整，仅边角有磨损，没有较大的破损和瑕疵，整体结构和人物细节都还清晰可见，但由于受天气、地理位置等外在条件的影响，如图4-40所示，边角有一些轻微磨损和纹饰掉漆，如图4-42所示，木雕花板下方有一道裂痕。

在修复时，针对木雕花板不可逆转的破损现象，利用数字化技术，从整体外观着手还原床檐木雕花板的原貌。该木雕花板制作精良，修复还原时应着重处理木雕花板上的人物浮雕；该木雕花板戏曲元素浓厚，还原时应处理好人物的夸张动态和衣物等细节，对局部细节加以完善。在此基础上还原木材自然纹理与雕刻的原始形态，针对纹饰掉漆的问题可通过建立木雕花板的高级模型，使用各类笔刷工具，逐渐恢复、重建其原貌，将磨损的颜色尽可能还原，并为其增加材质，使其更加接近真实木头的质感。图示只能看见木雕花板的平面效果，在数字化修复中，我们将呈现左右及内部样式，展现一个立体、饱满的形象，在重现其整体结构和全貌的前提下，又不失对戏曲元素的表达，最终达到其数字修复的基本实现。

七、双龙三景金雕茶具

图4-43

该茶具制造于清代，物品来源于四川绵竹地区，如图 4-43 所示，整体大方，造型简洁，而局部装饰细腻入微。茶具与当时人们的生活方式有着密切的联系，其带有的纹理与当时人们的风俗信仰息息相关。该茶具采用大量浮雕、金漆等技术，也体现出清代雕刻技术的高超。木质色泽深沉，纹理刻饰繁复，腿部粗壮，体现了清代家具的典型特征及精妙工艺。

茶具分为三层，三层都以细致的浮雕和鎏金技艺雕刻有繁复的纹饰。第一层顶部左右两侧分别有一个侧面龙头，如图 4-44 所示，龙头方向朝上，刚猛而充满力量，有一飞冲天之气势，顶部中间放有一鼎，鼎的两边有两条龙相对，龙身弯曲，极具动感。

第一层板面高约 18 厘米，长约 28 厘米，板面上采用高超的浮雕和金漆的技艺描绘出一幅和谐的戏曲场景，板面中有五个戏曲人物，如图 4-45 所示，在桌案正中坐有一人，头戴礼帽，一手放在桌

图4-44　　　　　　　　　　　　　　　　图4-45

面上，右手微微抬起，神态祥和，似在与另一人交谈。最左边有一人双腿盘踞而静坐，似在静听前者说话，由此二人的座位及其交谈的状态即可看出二人地位的差距。在桌案两侧分立二位仆侍，手持大蒲扇，毕恭毕敬，在古代只有贵族才可使用，体现出坐中间者的高贵地位；最右侧坐有一女子，头戴繁重头饰，手持绢帕。整个戏曲画面体现出一种和谐的氛围。五个人无论是

从姿态，还是从服饰来看，其雕刻都极为细致，极具戏曲性，人物姿态的圆润，服饰的飘逸柔软体现得淋漓尽致，整个戏曲画面生动灵活。

第二层背后板面，高约40厘米，长约30厘米，其雕刻纹理保存完整，四个身着铠甲，身骑战马，威风凛凛的戏曲人物穿梭在云气与海浪之间，如图4-46所示，左边两人紧挨，手中各持一面三角战旗，骑着战马向前追逐，面色凶狠，战旗随风飘动，战马狂奔势不可挡，似有必胜之势，右上角有一

图4-46

人手持棍子，骑马匆匆追赶而来，似姗姗来迟的救兵，最前面的人骑马站在海中，战马停滞不前，神色紧张，双手上举，似被逼上绝路，不得已而投降。该戏曲场景中人物的刻画从神态到动作极其生动，画面大气，而细节极其精致，画面中刻有大量云气纹和波浪纹，变化丰富，具有强烈的流动感。云朵舒卷缭绕，翻腾盘曲；波浪水纹层次清晰，极具动感，海水分层，绘制清晰，整个戏曲场景大气磅礴，处处体现出战场的激烈。

最下面这一层，形态圆润敦厚，方圆结合，极具美感，如图4-47所示，桌脚上方的板面刻有高山和高塔，登上高山和高塔需要一步一步向上攀登，高山和高塔作为画面中文物符号的重要语构，在古代都有着固定的含义，具有象征意义，象征着步步高升，暗示着对未来的美好愿景，呈现出一种空旷辽远的意境。桌角正面中间刻有一鼎，鼎在古代被视为立国重器，是国家和权力的象征，两边刻有两个龙头，龙是中国人信奉的神灵，它代表着至高无上的权力，也代表着祥瑞。中国古代把鼎作为权力象征的原因在于鼎的属

图4-47

性与中华先民的吃相吻合。在《史记·封禅书》中有记载："禹收九牧之金，铸九鼎。皆尝亨鬺上帝鬼神。"传说大禹曾经收九牧之金铸造九鼎在荆山的下面，用来象征着九州，并在上面镌刻魑魅魍魉的图形，成为传国重器。因此，后世称取得政权叫"定鼎"，所以，鼎才能作为国家最高权力的象征。龙纹和鼎纹作为一种象征符号，都是权力的象征，体现出皇权的至高无上。

　　数字化修复及展示可行性分析：木制的茶具典雅大气，但是极易受天气、温度等外在条件的影响。针对茶具的磨损和开裂的情况，我们对茶具利用数字化技术还原它的原始形态和纹理。在修复时，我们从整体开始，该茶具整体结构明确，大部分浮雕纹理清晰，还原时我们应注意其纹理的凹凸细节，着重处理其人物浮雕部分。在还原时应注意其结构整体性，除浮雕刻饰以外，该茶具整体形态是完全对称的，茶具头顶的雕刻到茶具腿部的刻饰也是对称的，在还原时既要注意到它的整体结构，也要注意到其材质的特殊性，还原其真实形态。茶具最上层有一些细小裂缝，有分布不均的点状小洞，出现了轻微掉漆的情况，如图 4-45 所示，第二层板面中间出现明显裂痕，下方木板上有一些明显磨损，如图 4-46 所示，最后一层偏上方的位置有明显的掉漆和刮痕，如图 4-47 所示。针对这种情况，我们应该注意它的材质，还原它的细节原貌，恢复它本身的状态。该茶具带有大量浮雕，其浮雕部分带有浓厚的戏曲元素，我们应该着重修改这一部分。这一部分能清晰地辨别其人物姿势性别以及所持物件，风景及其他物体也较为清晰，具有较高精细程度，凹凸细节自然，褶皱关系明确，在修复时应尽量对原有细节进行还原，有一些人物服饰和周围环境的细节部分不清晰，还有一些破损，对于不清楚的部分应在明确结构信息后进行还原，把其神态和造型还原出来。

八、双瑞螭吻观戏茶具

　　该茶具来源于四川绵竹地区，如图 4-48 所示。该茶具制造于清代，虽然整个茶具整体是呈左右对称的形式，但是其纹理却不完全对称，打破了形

式上的规整，更具特色。茶具整体上使用方圆结合的方式，形式上更有趣味性，整体上半部分有大量鎏金浮雕，雕花繁复精致，装饰极为华丽，体现出清代家具追求富丽华贵、繁缛雕琢的风格，其浮雕刻饰带有大量戏曲元素，体现了清代家具雕刻的精妙工艺，这些戏曲元素似与宫廷生活有关，体现出当时贵族享乐生活的奢靡。茶具下半部分结构简单，主要由木架构成，简约大气，只有极少量的浮雕刻饰。茶具整体造型厚重、形体庞大，极具清代家具特色。

该茶具一共被分为三层，如图 4-48 所示，最上面三块板面都是以红色漆面的木板为主要

图4-48

板面，边上围着一圈黑色木边，规整大气。最上面左右两侧的板面和中间这一层均以细致的浮雕技艺雕刻有大量的植物纹样和动物纹样，如图 4-49 所示，这一部分动植物纹样在细节的刻画程度上极为细致，无

图4-49

论是从其纹理还是其姿态来看都极为真实，纹样繁复却不俗气，刻画生动形象，栩栩如生。中间这一层雕有大量忍冬纹样，在《本草纲目》中有提到："忍冬久服轻身，长年益寿。"忍冬纹隐含着长寿的吉祥寓意。

　　左右两侧的两块板面左右两角分别有两个龙头，如图4-50所示，龙在中国传统社会中一直被认为是权势、高贵、尊荣的象征，因此，在这里它象征着皇权的至高无上，体现出当时人们对皇权的信仰。

　　最上面中间板面的一左一右两个角上分别有一只龙头鱼身的螭吻，如图4-50所示。在《山海经》中记载，螭吻是古代传说龙生九子之一，它被古代人们认为是来源于印度佛教，其寓意在佛家为护法，在中国传统文化中被认为有驱凶辟邪的作用。

图4-50

　　整个茶具的戏曲元素集中体现在正中间最上面的板面上，该板面高约20厘米，长约33厘米，如图4-51所示，该板面上一共有八个戏曲人物。有五个戏曲人物站在前方，最左边的人一手拿短刀，一手高举着某种器物；第二人右脚向右前方迈出，膝盖绷直，绷脚面脚尖点地，同时左腿绷直，左

图4-51

脚满脚着地，身向左前方，目光直视右前方，呈前踮丁式，一手握拳，一手握短刀；最中间的人，右手持扇子，左手向上举起，握着某种器物；第四人手持长柄刀，一手握刀头，一手握刀柄，将刀左高右低举在身前，脚步交叉，微微后仰而立；第五人双手握短刀，与前者持同种站立姿态。五人皆气势汹汹，似在为桌案后的人进行刀剑表演，他们头戴戏帽，身穿戏服，静立在前方，却动态感十足，静中有动，动静相宜。桌案正中间坐有一人，一只手放在身前桌案上，一手高举扇子，情绪激昂，仿佛在为前面的表演叫好，桌案两旁分立二女侍，她们虽为仆侍，其穿着却并不简朴，手持蒲扇，静立在后方，一副毕恭毕敬的态度，显示出其主人身份的高贵，这一幅戏曲场景，体现出清代宫廷生活的享乐与奢靡。

　　来源于四川绵竹地区的这件茶具整体保存较为完整，但存在有一定程度的破损情况，在修复时不仅要注意对其整体状态的把握，也要注意对其细节的把握。茶具上半部分台案上有一些凹凸的突起结皮的情况，如图4-50所示，我们应注意其原先的状态。

　　数字化修复及展示可行性分析：修复时注意它的原始纹理和材质。整个上半部分都或多或少有一些划痕，还有一些掉漆的情况，正中间的板面中有一条明显的裂痕，如图 4-51 所示，而此茶具带有戏曲元素的浮雕刻饰也主要是集中在这一部分，我们就要着重处理这一部分的还原工作。其人物形态、位置、服饰等刻饰仍比较清晰，我们通过对人物关系的分析，其凹凸纹理的观察，去还原其人物以及动植物的原始状态，还原它的原始肌理。需要注意明确的是其人物手中携带物品不清晰的问题，在还原时要先明确其具体信息及形态。茶具的下半部分四脚及其支撑部分有大量使用和磨损的痕迹，有大量划痕和掉漆的情况，如

图4-52

图 4-52 所示。茶具腿部是支撑整个茶具的部分，还原时主要是着重注意它的粗细尺寸，针对它的掉漆和磨损的位置，通过对其材质的把握，还原它的材质和原始的漆面状态。

九、麒开得胜瑞福茶具

该茶具来源于四川绵竹地区，这套茶具制造于清朝，采用松木制造，整体采用木质结构拼接而成，有底座，茶具通体为褐色，大方典雅，呈现出内敛质朴的造型。茶具的花纹雕刻为金色，纹理精细，做工精细，不仅造型和轮廓华丽，而且雕刻精巧，如图 4-53 所示。

此茶具分为上中下三个部分，最上层为对称的双龙雕刻造型，"龙"在中国传统文化中寓意众多，不仅寓意吉祥，更有"望子成龙""生意兴隆"之意。中间龙尾聚合处为莲花样式的雕花装饰，宋代周敦颐在《爱莲说》中

图4-53

称"莲，花之君子者也"，佛教以莲花表征"净土"，象征纯洁，寓意吉祥，以龙和莲花的符号展现出茶具的特色，突出对生活的美好寓意。左右两侧均以细致的浮雕技艺雕刻，有繁复的枝叶纹向左右两边延伸，并由荷花过渡，两边由金色的螭龙连接，螭龙头朝向两方，拙重苍老，龙头饱满宽阔，多处有隆起。毛发向脑后披且十分浓密，鼻子形同如意，作为鳞虫之长，龙还有美德、祥瑞、"子孙延绵不断"之意。龙头莲花的顶部装饰之下是一扇形板面，以红褐色打底。木质色泽深沉，纹理洒脱，如图4-54所示，一人位于画面中，双手抱一孩童，骑于麒麟之上，麒麟呈飞奔状，寥寥几笔雕刻出"麒麟儿"的萌态和福相，早在唐代杜甫《徐卿二子歌》："君不见徐卿二子生绝奇。感应吉梦相追随。孔子释氏亲抱送，并是天上麒麟儿。"麒麟出没处，必有祥瑞，寓意"麒麟送子"。

图4-54

左右两边各有一棵麒麟树，寓意化解煞气，正宅招财。同时雕刻细腻，精巧华丽又不失古朴清雅。

茶具的正中部分雕刻其构图为方圆结合，中间椭圆画面四周的方角由金色的花点缀，雕刻细腻传神、繁简得宜，极富张力，共有 4 个人物，如图 4-55 所示。画面中的一人位于城墙之上，头戴官帽，身体微曲静立，手扶胡须，目光向

图4-55

下，城墙下有两人，其中一人身着盔甲，一手高抬，一手位于前一人的肩上，另一人头戴礼帽，身体微曲向前，双手微抬，呈拱手相送状，板面核心的人物为最右侧，头顶雉尾，身着盔甲长靠，背插四面三角彩旗，手抓缰绳，侧目回头，看向左侧两人，马儿呈奔跑状，城墙旁有棵送客松，树木挺拔，人物线条弧度柔缓内敛而不失挺拔。

茶具的下部为三弯腿兽足，如图 4-56 所示，肩部兽面雕刻细腻，眉眼生动，三弯腿先直后曲，近地处弯出劲道，蓄势待跃。狮爪攫球，刚劲有力，图案布局大气，雕刻精细，毫无滞涩之感，腿足于朱红球相连，四足姿态有力，精心制作。

数字化修复及展示可行性分析：数字化建模可有效降低因技术人员缺乏经验带来的修复风险。该茶具保存度相对较高，表面纹理保

图4-56

存完好，雕刻装饰精致，通过多种技术相结合，在修复时主要注重还原其本来颜色与纹理，将磨损的颜色尽可能还原，并把花纹精细地进行动态化展示。运用这些衍生技术可以立体化展现茶具的空间场景，重建其原貌。

尤其是对于顶部精致的龙头雕花以及两块装饰面板中人物的刻画尤为重要，在进行数字化还原时务必注重雕刻装饰的细节，在茶具结构之上展开对各个部位的修复，是对其进行修复和保护工作的意义价值所在，进而探讨民间古旧家具修复方法及原则。最终目的是更好地传承民间传统家具文化及其所蕴含的传统工艺文化。

图4-57

十、水漫金山雕花茶具

茶具文物来源于四川绵竹地区，如图4-57所示，此茶具为清朝时期创作而成，采用松木为原料，其中纹样外框长21厘米，宽28厘米，主体框架为长方形，整体造型近似椅子。图示茶具通体为暗红色和红褐色，具有一定的木质纹理。雕刻纹样一部分镀上金色，一部分刷上黑色漆料，色彩艳丽，古典雅致。文案图样雕刻栩栩如生，活灵活现。此套茶具既内敛质朴又不失精巧，体现了清代家具木雕的精致工艺。精妙的木作技术将创意和灵感倾注到了一块块木头上，红木家具具有自然高雅、超逸含蓄的神韵，在我国传统文化长河中，体现着传统戏曲元素的文物，彰显着中式古典的美学价值。

这件茶具分为上中下三部分。如图4-58所示，上面部分外观造型类似于冠状，由中间

向两侧延伸，纹样雕刻左右对称，
冠状的中心是一个貔貅，寓意招财
进宝、平安健康。冠状的两端是龙
头，左边龙头朝向西北方仰望，右
边龙头朝向东北方仰望，龙头均张
开嘴巴，展示出锋利的牙齿，体现
龙的威严。龙在中国传统文化中是
权势、高贵、尊荣的象征，这种文
化象征意义，突出的额头寓意聪明

图4-58

智慧，鹿角寓意长寿，牛耳寓意名列魁首，虎眼寓意威严。龙这一图像化符
号运用在茶具中，在日常生活中显而易见，寓意着幸运和成功。下方是三列
小型纹样雕刻，均以花草样式为主，颜色以金色为主，黑色为辅，象征着对
美好生活的向往。下方的缠枝纹分布众多，委婉多姿，富有动感，优美生
动，结构连绵不断，具有"生生不
息"之意，寓意吉庆。

　　此件茶具的中间部分，如图
4-59所示，以长方形为框架，内
部雕刻的是一幕戏曲场景。左侧的
男性角色为生角，右侧的女性角色
为旦角，男性角色的手靠近女性角
色，两位角色的后方是占幅较大的
黑色条带状的雕刻纹样，下方的船
只与巨大翻滚的、呼之欲出的水纹
波浪可以推测出是经典剧目《白蛇
传》。此件茶具雕刻纹样的剧幕是
《水漫金山》，法海将许仙带到金

图4-59

山寺藏到法座后，白娘子带领小青来寻找丈夫，法海不许，无奈与法海斗法，导致水漫金山，于是法海搬来天兵天将对付白蛇，要将白蛇压在雷峰塔下。

许仙作为小生角色，作为青少年男子，是戏曲的重要行当之一，尤其是男女主人公均是青年的爱情题材的"生旦戏"中，更是主演之一。许仙的身份是文人，带有文人的斯文气质和儒雅的装扮，下衣的帔长及脚面，不留胡子，一只手背在身后，手中还握着一把扇子，扮相清秀、英俊。他的手从水袖中伸出，想要抓住将要被雷峰塔压住的白娘子，而白娘子用一只手用力推开许仙，保护他不被雷峰塔压住。而白娘子作为在此剧目中与法海斗法的女性角色，担任的角色是刀马旦，头饰除了绒球，还头戴翎子，下衣的帔子刚过膝。她的姿势半蹲，一只手掩面，或是掩住眼睛，忍住不去看许仙，或是掩住自己的泪水，不让对方知道自己承受的痛苦。此时的白娘子和许仙被包围在天兵天将的法术下，白娘子忍痛把许仙推出结界，自己将被雷峰塔压住。此件茶具雕刻的戏曲纹样展现了白娘子与许仙生死与共的真情厚意。此茶具雕刻两人的动人凄婉的爱情故事，寓意茶具主人对经典戏曲剧目的喜爱之情。

数字化修复及展示可行性分析：该茶具结构保存相对完整，部分有掉漆现象，可运用三维技术进行复原以及修护。在修复时，从整体入手，该茶具结构明确，大部分雕刻纹样纹理清晰，还原时应当注意层次的分明和纹理的细节。还原的方式着重处理人物雕刻方面，许仙和白娘子之间有一条明显的裂缝，应当加以修补，不再影响整体的美观程度。茶具的底部磨损严重，部分木料已经缺失，应当运用技术软件复原这里的木料。茶具的下部分有些纹样已经磨损严重，较为模糊，纹理不够清晰。通过对具体雕刻纹样和茶具木料的修复，还原茶具原本的面貌。

十一、四面楚歌戏幕茶具

茶具文物来源于四川绵竹地区，如图4-60
所示，此茶具为清朝时期创作而成，采用松木
为原料，图案纹样外框长28厘米，宽42厘米，
主体框架为长方形，整体造型近似椅子。图示
茶具通体为暗红色，具有一定的木质纹理。雕
刻的图样一部分镀上金色，一部分以木头原色
呈现。色彩鲜艳却不突兀，古典雅致。文案图
样雕刻栩栩如生，活灵活现。方正为主的外形
融入圆润造型，此套茶具既内敛质朴又不失精
巧，体现了清代家具木雕的精致工艺。

　　该茶具以一定比例分为上中下三个部分。
上部是一个冠状和长方体的组合，花纹雕刻均
以左右对称而成，冠形的中心木雕纹样为蝙蝠
和寿桃，其中蝙蝠象征福禄，寿桃象征长寿，
二者相结合，则寓意着"五福捧寿"和"多福
多寿"。

图4-60

　　如图4-61所示，茶具的中间部分以长方
形为框架，镀金的戏曲图样为主体，其余背景衬托的部分运用红木雕刻而
成。主体金色图样描绘的是在一座城墙下正在发生着一场激烈的战斗，将士
们均骑着战马作战，他们身着坚硬厚重的铠甲，与对方周旋。有的将士举着
旌旗，旌旗在天空中飘扬着，旌旗呈三角形，边缘的布料轻盈，经过细腻的
雕刻，羽毛质感显著，很好地还原了在战场上双方激烈的战斗，将士雄武有
力地大幅度挥动旌旗和战马的迅速奔驰导致的旌旗迎风飘扬的动态美。在这
幅戏曲雕刻中，两位战士的打斗场面处于画面中心位置。左边的战士拿着大

图4-61

刀，双目紧紧盯着前面的战士，神情严肃，用力将大刀刺向前面的敌军。前面的战士快速躲闪，没有被后面的大刀刺中。前面的将士在躲避后方的攻击时，也在逃入城内，一直不敢放松身后的攻击，回看身后的状况，他举着一对沉重的球形锤，锤子的表面布有小的尖钉，右手高于左手挺举，意图要反攻敌人或是利用武器威吓敌人。城墙下激烈的战斗，尽收站在城墙上的两个人的眼底，左侧是拿着拂尘的太监，右边是年老的皇帝。木头原色雕刻的处于画面前方的山峰有大有

小，雕刻的纹样细腻精致，后面的城墙楼阁线条简单，近大远小，错落有致，立体感强烈。山峰与河流的雕刻，配以城墙下打斗的场景，暗喻山河破碎、政权更迭之意。

如图4-62所示，茶具下部呈黑色，四个椅子呈弯曲状，每个椅子腿的上部有一个龙头，并且在每个龙头之间有花的纹饰，寓意对美好生活的祈祷。

数字化修复及展示可行性分析：修复文物，了解文物本身原料构造以及图形纹样的具体雕刻，再因地制宜地进行修复，最终达到其数字修复的基本实现。

该茶具的整体样貌保存较为完整，但是清代家具距今已有几百年的历史，因为年代久远，存在边角磨损，雕刻纹样磨损以及镀金掉色等问题。茶具中部的雕刻纹样镀金掉色问题，可以运用技术软件进行补色。上半部分

的边角磨损并不严重，将缺少的部分按照原型构造进行同原料的修补，还原茶具的原始形态。雕刻纹样的磨损，应当收集相关的戏曲资料，还原原本的雕刻样式，恢复其原貌，还原戏曲独具美感的历史特色，并将掉色部分进行颜色明暗和纹理分布，运用专业软件进行补色。茶具下半部分的雕刻纹理模糊，真实样貌无法辨别清楚，应用技术修复还原，查阅资料复原纹样。下半部分的木料磨损严重，为其技术进行补充，整体没有修复的违和感，使其更加接近真实红木的

图4-62

质感，以此来还原清代具有戏曲元素的文物。

十二、鎏金捕鱼场景茶台

该茶具来源于四川绵竹地区，如图4-63所示。它为清朝时期制造，通体木质结构，大体颜色为红褐色，上方设有抽屉用来摆放茶具，装饰华丽，所有的花纹雕刻都为金色，雕刻精美，寓意吉祥，造型通体细长，讲究对称之美。

该茶具分为上中下三部分。上半部分主要用途为放置茶具，如图4-64所示。两端装饰均为神龙，龙是一个象征符号，为吉祥的象征。最顶端呈现十字形状皇冠装饰，象征着权力与财富。该雕刻下方的图案是一根树枝上开着一朵梅花，周围有几个正含苞开放的花骨朵图案。位于抽屉位置的图案可见树枝上一朵茂盛的花朵，两只喜鹊分别站在花朵两边的树枝上嬉戏。喜

图4-63

鹊是好运与福气的象征，这样的图案属于指示符号，寓意着喜事临头。另外抽屉可放置茶具，起保护作用。

中间部分的图案长30厘米，宽22.5厘米，如图4-65所示。其中雕刻着三个人物，从上往下依次是一名左手拿着蒲扇，右手背在身后，一脸悠闲地在深山中沏茶的隐士，在他旁边是灶台上正烧着茶的茶壶，茶壶嘴中冒出水汽，周围花草丛生，左边是茂密的竹子，是传统美德的载体，代表着君子，也表示平安吉祥；右边是盛开的牡丹，是一种吉祥纹饰，被民间视为象征富贵的祥瑞之花。下方两人则是乘一艘小船在海上航行，左边的人手拿着捕鱼工具捕到了一条鱼，脸上洋溢着笑容。右边的头戴官帽，右手拿着折子，左手轻拂胡须，戏曲人物夸张的姿态演绎出了清中期社会经济的繁荣，展现出一幅国泰民安的景象，转喻出人们对美好生活的向往。

下半部分中间部分疑似缺失，如图4-66所示。上方弧形纹样中心雕刻着一朵花，花蕾部分为铜钱的样式，铜钱有招财的寓意，象征大家富贵的人生。下方图案为线条横竖分明的回纹与弯曲翻转的卷草纹巧妙地结合在一起，栩栩如生。

由于木质材料极易受天气、温度等外在条件的影响。历经岁月的打磨，如图4-64所示，右端龙的装饰已缺失上半部分，许多金色雕刻开始生锈掉色，木质材料出现不同大小的颗粒和裂纹。如图4-65所示，大部分区域呈现掉皮现象，木质材料均有分布不均的裂痕，图案周围的金边已生锈，

图4-64　　　　　　　　　　　　　　　图4-65

人物样貌稍有模糊。如图4-66所示，弧形面边缘呈白色，金边也呈现褪色现象，四条桌腿也呈现不同的竖状裂痕，有分布不均的点状小洞。

数字化修复及展示可行性分析：在修复时，从整体开始，该茶具结构明确，图示只能看见正面样式，在数字化修复中，通过建立茶

图4-66

具模型，对于其茶具不可逆转的开裂和破损现象，需利用高精度数字化虚拟雕刻技术，使用各类笔刷工具，逐渐恢复、重建其原貌，并为其增加材质，还原其本来颜色与纹理，将磨损的颜色尽可能还原，还原出最初形象。另外重点复原戏曲人物浮雕部分，刻画出人物的神态以及动作，衣着褶皱部分的磨损需在明确结构信息之后根据主要特征进行还原，使三个人物的不同戏曲姿态的展示能让观众清晰辨别，展现出一个立体、饱满的形象，使人们能够全方位欣赏。

十三、孩童指路凤头茶台

图4-67

该茶具来源于四川绵竹地区，如图4-67所示。它为清代制造，采用红木为原料。

茶具顶部中间的是蝙蝠纹，它的两旁为龙头纹样，如图4-68所示。在中国传统的装饰艺术中，蝙蝠作为一个象征符号，它的形象被当作幸福的象征，运用"蝠""福"字的谐音，并将蝙蝠的飞临，结合成"进福"的寓意，希望幸福会像蝙蝠那样自天而降，以此组吉祥图案。如一只蝙蝠飞在眼前，称为"福在眼前"。两旁的龙头纹样在明代的写实龙纹大多雄劲有力，细脖、小头、龙发多从两角前耸，呈怒发冲冠状，龙爪多呈五指风车状。从明中期至晚期龙身姿态无大的变化，只是龙发从一绺变成了三绺。茶具龙纹图案中的龙发不再上耸，而是披头散发，龙身也渐粗。清代乾隆时期，龙的眉毛朝下。中间衔接的是弯曲的卷草纹，使

图4-68

用二方连续图案，花草造型多曲卷圆润，有万代生生不息、茂盛蓬勃的吉祥寓意。

　　中间板高约28厘米，长约13厘米。面中雕刻有两人，如图4-69所示。一人站立在前头，戴草帽目视后方孩童，一手抚胡须，神态威严肃穆，后面有一孩童，背后有一背篓，背篓中有花草，双手似捧书状，面带微笑，戏曲人物的姿态舒展，有着闲情逸致、悠闲快乐的意境。右边有花草树木，在板面两旁有挂牙装饰，为茶具整体增添一抹生机。

图4-69

　　中间板面镂空花纹为喜鹊衔枝，左右围绕着花纹，如图4-70所示。喜鹊衔枝属于指示符号，寓意吉祥，预示着美好生活的到来，转喻出人们对美好生活的向往。

　　茶具前端柱子上有两只雕刻的雄狮，如图4-71所示。雄狮体魄健壮，吼声如雷，甚威严。雕刻其形于两侧，既示威猛，又表仁德，

图4-70

图4-71   图4-72

也有着辟邪的寓意。

茶具底座上部中间为暗八仙纹样中的宝瓶、莲花、鱼鼓和宝剑。靠左边的纹样为莲花和宝瓶，如图 4-72 所示。莲花代表佛的舌头。莲花出淤泥而不染，至清至纯。藏传佛教认为莲花象征着最终的目标，即修成正果。宝瓶（罐）代表佛的颈，因佛法皆从佛口中流出，故宝瓶又为教法、教理的表征。藏传佛教寺院中的瓶内装净水（甘露）和宝石，瓶中插有孔雀翎或如意树。既象征着吉祥、清净和财运，又象征着俱宝无露、福智圆满、永生不死。靠右的纹样有鱼鼓和宝剑。在前面的为张果老所持宝物鱼鼓，是占卜的仙器，能知过去未来，占卜人生，暗指知天命、顺天应人。宝剑是吕洞宾随身携带的宝物，能斩妖除魔，寓意镇邪驱魔。底座面下束腰两旁纹样为鼻衔中国结纹样。中国结复杂曼妙的曲线有着飘逸雅致的韵味。

由红木制作成的茶具，优点是坚硬、紧密、纹理华美、色泽幽雅。它的色泽是天然的，保持了松木的天然本色，纹理清晰而且美观，造型朴实又大方，线条饱满流畅，实用性也是比较强的，本身坚固耐用，无蛀虫，不怕酸、碱腐蚀。来源于四川绵竹地区的茶具整体保存完整，但也存在一定程度的掉漆和磨损。如图 4-71、图 4-72 所示。

数字化修复及展示可行性分析：该茶具整体保存完整，没有较大的破损或瑕疵，图案花纹等保存良好，人物细节清晰可见。只有表面有轻微的磨损，下方有些泛白，少许部分颜色已经脱落。在修复时，从整体开始，该茶具结构明确，图示只能看见茶具正面样式，在数字化修复中，我们将呈现左右及内部样式，使结构体现完整，注重其对称性，体现出该家具的对称之美。并且注重还原其本来颜色与纹理，将磨损的颜色尽可能还原。另外，重点复原中国戏曲的浮雕图案和中间板面镂空图案部分，刻画出人物的神态以及动作，衣着褶皱部分的磨损需在明确结构信息之后根据主要特征进行还原，使老人和小孩的展示能让观众清晰辨别，展现出一个立体、饱满的形象，使人们能够全方位欣赏。

十四、凤头雕花戏样茶具

该凤头茶具来源于四川绵竹地区，如图4-73、4-74所示，为清朝时期制造，整体采用实木制成，通体棕红色，该茶具体现出了清代茶具制造的精妙工艺，表现出了清代茶具的典型风格，茶具保存完好，展现出了清代茶具

图4-73　　　　　　　　　　　　图4-74

设计风貌，其为装饰清代茶具的标志性符号。茶具整体设计采用对称性的符号语言，展现出了当时人们对于家具样式的审美，其最上面是左右对称的两只凤凰雕花，"左凤右凰"在我国传统文化中常作为象征吉祥的符号，传达出人们对于美好生活的向往，其造型精美，形象生动，流线的造型展示出凤凰从中间向两边飞舞之势，双凤脖子下有包裹边框的对称雕花，既做到了装饰的延伸，又使得精致的凤头显得不那么突兀，凤尾聚合之处形成花朵形状，构成一个精致的扇形雕花，茶具装饰从上到下贯穿整体，体现出设计者对于茶具在外在花纹上的考究以及通过这些装饰体现出其所指内涵。

　　凤头下面是一个雕有香炉和景观图案的面板，此面板在整体对称的符号表达中起到了一定的打破画面的作用，面板之中的雕花纹路流畅清晰，细节展示精致，展现出工匠制作的精妙和对于茶具装饰符号上的精心编码，其长27厘米，高19厘米，如图4-75所示。

图4-75

图4-76

　　两个面板之间有一个放物件的小台面，此台面不仅分割开了两个面板，还让这个凤头茶具多了储物空间，其侧面还有一个存放物品的小抽屉。小台面装饰在左右对称的整体表达形式上，融入些许的上下对称元素，上下边缘为花瓣雕刻装饰，中间以花朵纹饰作为装饰，如图4-76所示。

　　中间面板的边框是黑底金花边，边框方正，与茶具整体对称性的符号表达方式相呼应，画面中雕有四位手持剑器，头戴佛冠的僧人与一个头戴长冠，手持长枪的人物相斗的场景，持枪之人挥动兵器，单腿站立，步履矫健，旋转着身姿与僧人们短兵相接，其人物形象生动，造型鲜活，动态协调，颇有一番传统戏曲的韵味，此面板长 27 厘米，高 35 厘米，如图 4-77 所示。由此可见，该茶具的设计元素不仅来源于传统文化，还大受戏曲符号元素的影响，在日常所用的茶具中融入戏曲人物动态场景元素，在茶具戏曲元素的融入中体现出当时人们对于戏曲符号元素的喜闻乐见和普遍接受。

装饰面板之下为用于摆放茶具物件的平面，此平面两边为雕刻有相对抽象的植物枝叶作装饰的护板，正面为一个下有空隙的护栏，护栏为向外凸起的半圆形结构，护栏上面有流线型

图4-77

雕花作为装饰，围栏下面的空隙可以倒掉流出的茶水，其装饰和功能相结合的符号表达形式，体现出了茶具作为一个摆放在室内并且日常使用的家具，其在设计之初实用与审美相统一的理念。面板之下是存放物品的抽屉，抽屉两边有类似上面小平台正面的雕花装饰，显示出花纹的上下呼应，黑底也使装饰花纹在节奏上轻重有序。最下面是方形架构的底座，正面有类似于拱门的木板结构，木板的雕花装饰与两边护板上做装饰的植物枝叶符号如出一辙，在起到加固木架底座的同时又把单一的木架结构装饰得更加丰富，木架侧面也是一样，将用于支撑的三角结构转换为与顶部凤头类似的雕花，不仅上下呼应，更体现了制造者对整体结构的深刻思考，如图 4-78 所示。

整体风格作为一种象征性的身份信息在一定程度上体现出了清代茶具所独有的制作风貌。从整体来看，该茶具大体上保存完整，并没较大的破损或瑕疵，图案花纹等保存良好，面板中人物细节清晰可见。只有表面有轻微的磨损，特别是摆放茶具的台面以及下方底架正面因为长期使用而显得有些泛白，使得少许部分颜色已经脱落。

图4-78

数字化修复及展示可行性分析：该茶具结构保存完整，纹理破坏较少，清晰度较高，但部分漆面脱落严重，所以，在进行数字化修复时，首先，要从整体开始，针对茶具层次分明的结构对整体进行全面的把控。在针对装饰和表面纹理时，着重处理精致的雕花和面板上人物的细节，尤其是带有戏曲元素的人物细节，人物动态关系，服饰细节纹理的还原尤为重要，并注意整体装饰的左右对称性。其次，在针对表面纹理的色彩修补中，主要注重还原其本来颜色与纹理，将经常使用磨损较多的部分的表面颜色尽可能加以还原，并把雕刻的花纹精致地在模型中加以展现。图示只能看见茶具正侧面样式，在数字化修复中，我们将利用模型构建出茶具的部件模型，然后用零件组成整体茶具模型，再在模型上还原茶具原来的表面纹理，这样不仅便于欣赏者从整体入手欣赏茶具整体样式，还有利于了解茶具内部构造的展示，将茶具内外利用高精度的建模方式，尽可能全方位地为观众展现出一个立体、饱满的形象。

十五、龙腾虎跃兵戈茶具

该茶具来源于四川绵竹地区，如图4-79、4-80所示，为清朝时期制造，同样采用实木为原料，通体呈棕红色，局部为红褐色，此茶具整体浑然一体，结构紧致，装饰花纹相互呼应，精致有序，展现出清代茶具的整体风貌，体现了清代茶具的精妙工艺。茶具顶部有标志性的龙头装饰符号，其采用对称的双龙造型雕花装饰，龙头细节精美，形象生动，雕花复杂且不繁

图4-79　　　　　　　　　　　图4-80

琐，其花纹走向展示出双龙从中间向两边腾飞之势。龙作为我国传统文化中的标志性符号，在我国传统文化中寓意众多，不仅象征生意兴"隆"、望子成龙、吉祥神圣，其长长的身躯还具有健康长寿之意；并且在神话中，龙是神兽之首，有地位尊贵、平步青云、高升之意。龙尾聚合之处形成花朵形状的装饰，双龙身下也有包裹浮雕面板的对称雕花，使得整体装饰更加紧致。从华丽多样的制作构思可以看出当时人们的审美体验和精神向往。

　　顶部龙头雕花之下是一个浮雕面板，其长33厘米，高15厘米，如图4-81所示，面板之中有两位人物，前者手持长枪，后者手持大刀，面朝一方，其动态有冲锋迎敌之势，人物所乘之物线条流畅，穿行于山河之间，凸显出流动之势。人物装扮不同于传统武将，颇有一番戏曲人物特色，其头部盔帽明显带有舞台戏曲符号的元素。画面上方垂下的树叶不仅丰富了画面，更是体现出画面的延伸，雕花精美，纹路流畅清晰，人物细节精致，展现出工匠制作的精妙和独具的匠心。

图4-81

两个面板之间有一个放物件的方盒形小台面，此台面不仅分割开了两个面板，同样在造型上丰富了茶具的装饰，在一定程度上增加了茶具的储物空间。台面中间山川之样的雕饰，与上下面板之中人物所乘之山河形成呼应，还展现出龙行于山河之间的寓意。其边缘平整，底部有向下延展的雕花装饰，不仅加固了台面，更是向下与此茶具中部的雕刻形成了呼应，如图4-82所示。

图4-82

　　中间面板中的浮雕展现的是城下两军交战的场景，画面中城下两队人马相互冲杀，马儿提膝向对方奔腾，马上人物一方双手张开挥舞双戟和另一方手持长枪，挥舞战旗正在交战，寥寥几人便展现出宏大的拼杀场面，城墙之上有两人正在观战，观战之人与城下人物和山川雕刻相结合，颇有一番指点江山之意。人物服饰动态极具戏曲风味，特别是人物佩戴的盔冠缀有绒球、珠子作为装饰品，顶端有戟头和红缨，并配有长须。画面整体形象生动，造型鲜明，此面板长 39 厘米，高 42 厘米，如图 4-83 所示。

　　中部面板之下有用于摆放茶具的平台，两边雕刻有植物枝叶作为装饰的护板，正面为一个下有空隙的护栏，护栏为向外凸起的半圆形结构，围栏下面的空隙可以倒掉流出的茶水。正面也有黑底的植物雕花装饰。台面之下有四条曲线型的木腿，木腿上方雕有龙形符号花纹，木腿下端与底座相连之处形似龙爪抓住龙珠，其做工考究，不仅呼应了顶部的龙头，也体现出了制造

图4-83

图4-84

者以龙为元素符号对茶具整体结构的构思，木腿下面为方形底座，不仅增加了此茶具的层次感，还使得底部更加稳重，如图4-84所示。

从整体来看，该茶具只有部分表面有轻微的磨损掉漆，特别是底座正面部分因为长期使用而显得有些掉漆泛白。但装饰面板保存非常完整，色泽、雕花纹路保存完好，面板中人物细节清晰可见。

数字化修复及展示可行性分析：从整体结构上看，该茶具对称性较强，部件结构较为分明，在还原其整体之时要注重结构性的把控和表面雕刻装饰的衔接。从纹理上看，茶具纹理保存清晰，表面雕刻装饰保存较好，由于表面纹路保存度较高，因此，在对表面的纹理进行修复之时有更多的参照物，尤其是面板中人物服饰、动态乃至表情都极为完整，还原时应注重这些雕刻的细致性和生动性。从颜色上看，茶具的整体色泽、风格一目了然，但茶具底座以及其他部分雕花装饰磨损比较严重，在修复时应该注重还原茶具原本的漆色，将磨损脱落的表面尽可能加以还原，并且尽可能地将该茶具原有的色彩纹样在模型中展现出来。展示的图例只能看见茶具正侧面样式，在数字化修复中，注重整体与部分相结合，注重龙头及雕花装饰以及中间雕刻面板的局部装饰之时，还要注意整体结构的叠压关系，花纹、人物、线条、零件之间的融合，最后在高精度模型中尽可能展现出一个古代茶具立体、饱满、细致的形象。

十六、鸿福稚子戏蝉茶具

该茶具来源于四川绵竹地区，如图4-85所示，为清朝时期制造，整体采用木质原料，通体呈红褐色，此茶具制作精良，保存完整，直观地体现了清代茶具制造的精妙工艺，表现出清代茶具的典型风格。茶具的标志性装饰符号依然是顶部左右对称的双龙造型雕花，以"龙"的符号赋予茶具传统寓意。但中间龙尾部分却采用了类似"福"字变化而来的花纹装饰，展现出人们对于福祉的美好向往。龙头与"福"字采用金漆，凸显其形象，细节精美但不烦琐，展现出双龙从中间向两边伸展的势态。

　　龙头之下是一个带有雕刻装饰的面板，其长36厘米，高17厘米，如图4-86所示。面板之中雕有一个挥舞长鞭的孩童，孩童左右两边丸子头的发饰展现出孩童的活力，长鞭两头分别串有两枚铜钱，孩童用长鞭驱赶着脚下的身上刻有钱币花纹的金蝉，铜钱与金蝉的搭配寓意财源广进、富贵缠身。金蝉也寓意长生、再生，与人们对各种福祉的向往大致相同。画面形象生动，人物动态协调，与环境的融合恰到好处。

图4-85

　　此茶具中间放置物品的小台面并未采用其他茶具的方盒形状设计，而是直接采用一块木板，不仅节省了制作材料，更是在丰富的雕花中体现出一丝简约，也与两个面板之中的人物雕花相呼应，显得不那么喧宾

图4-86

夺主。台面之下的支撑采用环形花纹与茶具中部的面板相连。

　　中间的面板展现的是一位身披披帛，头上插画的仙女在树下手持如意与一只小鹿相互嬉戏的画面，传说中小鹿是仙女的侍从，画面中仙女嘴角上扬，神态祥和，小鹿回头与之相伴，展现出和谐的画面氛围。其人物动态与驱赶金蝉的孩童如出一辙，传说故事中也有小鹿为报恩指引牧童与仙女修成正果的佳话。其装饰结构展现出工匠在制作时考虑到装饰花纹的相互呼应。画面为圆形构图，圆形之外为方形边框，展现出我国传统文化中方圆结合的理念，方框四角刻有被丝带绑住的卷轴并且有切角，这与圆圈周围的方块形装饰相呼应，使得单一的方框更加丰富，此面板长 36 厘米，高 36 厘米，如图 4-87 所示。

　　中部面板之下有用于摆放茶具的平台，两边有镂空花纹装饰的护板，同样正面为一个下有空隙的护栏，护栏向外凸起的半圆形结构上有丰富的雕刻装饰，围栏下面的空隙方便洒出的茶水流出。正面有规则的小花朵装饰。台面之下的底座雕有龙头，四条木腿为龙爪抓住龙珠的形态，其动态强劲有

图4-87

图4-88

力。龙头龙尾的整体装饰构思体现出工匠高超的工艺以及对茶具整体造型的构思，木腿底部为方形底座，中间有方梁的镂空结构，简约美观的同时也起到减轻重量的作用，如图 4-88 所示。

从整体来看，该龙头茶具保存非常完整，各类花纹细节清晰可见，大部分漆面并未脱落，只有极少部分表面因为使用年限过久出现泛白情况，大部分集中在茶具正面，可能是由于长期使用以及茶水侵蚀，受潮所致。

数字化修复及展示可行性分析：此茶具无论是整体结构，表面纹理和色泽保存，都极其清晰，并且无重大破损，可进行深度的对比还原，只有极少部分因为年限久远和使用频繁而有所脱落。其茶具整体风貌一目了然。在修复时首先要注重整体结构，在注重对称之时注意中间衔接处，例如顶部"福"字的装饰。其次，要参照原来纹理，进行茶具的原本纹理和不同漆色的还原，在花纹上尽可能接近原貌，重点之处不仅在于顶部精致的龙头之上，其中间面板上人与物的动态造型也是还原的重中之重，还原时注意观察其纹理细节，将人物飘逸的服饰和嬉戏时鲜活的动态加以展现。

进行数字化修复时注重将该茶具各个部位纹理加以分别呈现，将部分与整体进行高度结合，注重整体的节奏性，再在整体的高精度模型上将茶具表面颜色尽可能地加以还原，并且尽可能地将原有的花纹在模型中展现出来。图示只能看见茶具正侧面样式，在数字化修复中，我们还将会从全方位展现此茶具的整体样貌，尽可能将此茶具最真实立体、饱满、细致的面貌形象加以展现出来。

十七、清代骏马茶具

该茶具来源于四川绵竹地区，清朝时期制造，采用松木为原材料。通体呈红棕色，上有金色鎏金花纹。木质坚韧，纹理细密，内敛古朴，如图 4-89 所示。

如图 4-90 所示，茶具上方左右两侧雕刻着龙头，金箔装饰面，龙是鳞

图4-89

虫之长，象征着皇权。因此，它们的属性，或可以根据传说附会，或假借谐音取意来解释，作为吉祥物，在木雕中被视为权力和富贵的象征。上方中间刻有蝙蝠纹样，并与云纹组合在一起。在中国的传统文化中，蝙蝠是好运和幸福的象征，蝙蝠又称遍福，寓意多福多寿，也称洪福齐天。

茶具板面正中刻有浮雕，宽约21厘米，高约23.5厘米，如图4-91所示。浮雕右上方刻有一棵松树，主干高且弯曲向上，枝杈错落有致，像一把把张开的大伞。四个人物雕刻其中。左上系两位神仙，踩着祥云俯身向下望。其中

图4-90

一位，身着绸缎，手持长柄蒲扇；另一位为送子观音，此观音身穿天衣，胸饰璎珞，双手抱一童子。在封建时代，家庭和宗教信仰是社会的核心，人们非常看重血缘关系，因此，"不孝有三，无后为大"这一概念得到了广泛的认可。送子观音是中国民间信仰的吉祥神。在过去的中国，儒家思想深深地植根于人们心中，认为没有后代就没有尊严，多生儿女就能得到更好的生活。尤其在明清时期，送子观音多用于浮雕中。右下方一人身骑马匹，头戴乌纱帽，一身锦贵华袍，青丝玉带，随着骏马奔跑起来，衣袂飞扬。一人

身着盔甲，右脚踩于高石之上，下
巴带着山羊胡，眉似刀锋，怒目圆
睁。茶具板面正中的浮雕造型，形
状动态婉转、流畅，刻画细腻，层
次分明。

茶托上下镂空处都对称分布西
番莲纹。如图4-92、4-93所示。其
造型优美，匍匐蜿蜒，枝叶可随意
绵延，花卉极富张力，形如牡丹花。
西番莲纹在明清时期非常流行，并
且在清式家具中很常见。它适用于

图4-91

红木家具的各个部位的雕刻。有对官员清正廉洁、妇女洁身自好的赞誉之意。

图4-92

图4-93

　　茶具下方板面刻有2个人物，如图4-94所示。一人身骑战马，手持
长矛，摞甲披袍，正回身格挡。鞍不离马背，甲不离将身。一人身披鱼鳞
甲，右手手握长刀，左臂向后挥舞，健步直冲，腾空而起，欺身而进向前人
砍去。

　　此茶具木质坚韧、纹理细密。但由于茶具本身常年和水打交道，又由
于绵竹位于四川盆地西北部，气候本就湿润，故而对木质的保存要求较高。

图4-94

现存茶具形态保存完整，但依旧有一定程度的破损。其通体鎏金漆饰均有不同程度的掉落情况，如图4-89所示。茶具上均存在着不同程度的磨损和掉皮现象，如图4-95所示。茶具扶手以及茶具腿、靠地面的位置磨损尤为严重，如图4-96、4-97所示。

数字化修复及展示可行性分析：茶具不可逆转的磨损现象，需要利用各种技术手段才能将其修复。包括计算机图形学、图像初级技术、虚拟现实技术等数字化技术，通

图4-95

图4-96

过以上技术的使用，才能还原木
材的自然纹理与雕刻的原始形态，
以建立高级模型的方式，使用各
类工具，从而重现其原貌。再通
过附加相应的材质，使其更接近
原本的质感，最终达到数字修复
的效果。

图4-97

十八、八仙过海双福神龛

如图 4-98 所示，该神龛来源于四川绵竹地区，为清代之物。该神龛通
体长 260 厘米，宽 132 厘米，高 54 厘米，有底座，上置龛，敞开式。该神
龛用材讲究，原料为松木，通体呈深褐色光泽。一般放置佛祖神像的神龛是
横着的长方形，图示神龛便是用以供奉土地神灵的神龛。神龛下方内置牌
位，没有垂帘，两侧有门。神龛古色古香，呈现古朴的造型和内敛含蓄的气
质。所有雕刻出的花纹都采用描金工艺，达到提亮外观的效果。神龛做工精

图4-98

细，并不执着于外形和轮廓的华丽，而是着重于细节刻画。

该神龛分为上中下三个部分。如图 4-99 所示，最上层有四个抽屉，每个抽屉分别有四个形态各异又生动活泼的鱼尾的造型做把手，从语义层面来讲，"'鱼'与'余'谐音，往往用来表示丰裕"，此处鱼作为象征符号，隐喻使用者对年年有余的美好期待。左 1 抽屉的右侧是一只麒麟，"麒麟，乃中国古代传说中的祥瑞神兽。古人认为，凡麒麟出没之地，必有祥瑞。麒麟纹寓意着吉祥如意、多子多福、事业成功等意愿，麒麟文化也承载着人们对美好生活的憧憬和祈愿。"①从语用层面来讲，体现了使用者期望祖上保佑家族繁荣昌盛。左 2 抽屉雕刻有常见的博古纹样，左侧有鼎，右侧摆放花瓶。右 1 抽屉依旧是博古纹样。右 2 抽屉是……"不展开复杂的叙事场面，而将焦点集中在博古器物上，这与传统纹饰中的隐喻手法相吻合，即以小见大，以博古器物象征一种收藏鉴赏古器物的生活情景和崇尚博雅的文人趣味。"②

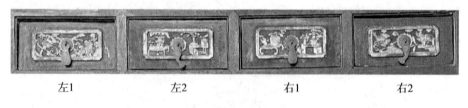

左1　　　　　左2　　　　　右1　　　　　右2

图4-99

如图 4-100 所示，神龛中部隔板雕刻了"八仙过海"图像，为道教八位仙人，分别是铁拐李、张果老、汉钟离、韩湘子、吕洞宾、蓝采和、何仙姑、曹国舅。"八仙过海是民间艺术中常见的吉祥题材，民间工艺一般使用的八仙过海题材，为八位仙人乘舟渡海的情景。"③从语义层面来讲，八仙过

---

① 王慧敏、朱天阳：《浅析元青花瓷器中的麒麟文化》，《美与时代（上）》2020 年第 1 期，第 44—46 页。

② 彭志文：《明代笺纸中的博古纹饰》，《艺海》2014 年第 7 期，第 126—127 页。

③ 徐艺乙：《木雕作品〈八仙过海〉》，《民族艺术》2021 年第 4 期，第 151、170 页。

图4-100

海纹样表达出了"人类怀抱自然、化解凶险、繁衍发展的生命意识和生活信念"①，展现着使用者对于勇敢迎接生活的决心。

如图4-101、4-102所示，神龛两侧是对称的倒三角，拐子纹雕刻于此，将线条横竖分明的回纹与弯曲翻转的卷草纹巧妙结合，中间又缠绕着风铃草，重重叠叠，相互掩映，柔美而不失纹饰的硬朗，颇有刚柔并济之风，两侧图案对称，精妙绝伦。

图4-101

图4-102

① 包琳：《明清时期传统吉祥纹样在浙北地区的传承——以道家暗八仙纹为例》，《艺术生活—福州大学学报（艺术版）》2014年第5期，第12—15页。

图4-103

如图4-103所示，神龛最下层居中放置有牌位，敞开式。牌位底色为朱红色，使用黑色字迹书写。牌位所示两侧自拟吉祥对联，以楷体公正书写为"公栽摇钱树，婆守聚宝瓶"。即希望家中公婆都财源广进，并且守得财富。内侧从右至左书写"招财童子""进宝郎君"。相传，人间的"招财童子"和天上的"进宝郎君"原是一对孪生兄弟，他们为众生造福，深受当地百姓拥戴。后来"进宝郎君"被天庭擢用，分别时二人立下盟约，在大年岁首之夜，"招财童子"燃火为号，"进宝郎君"便将天宫财宝送往人间。最中间刻下"供奉本宅兴隆土地旺相夫人位"，可见该牌位用以供奉土地神灵，求福求寿，保家族兴旺，财源广进。牌位正前方的围栏样式上放着两只金蟾，"金蟾是招财的瑞兽，它最重要的寓意就是财源滚滚，古语有云：'家有金蟾，财运绵绵'"。金蟾作为象征符号，隐喻为招财进宝、镇宅、驱邪、旺财等。

图示两只金蟾，左侧朝外，右侧朝里，摆放也蕴含道理，右侧嘴含钱的金蟾要头向内，否则所吐之钱皆吐出屋外，不能催旺财气；而左侧嘴不含钱的金蟾头要朝向外，为吸财入库，然而头朝向外并不是正对着大门，而是稍微侧一点，以免冒犯门神。

如图4-104所示，牌位敞开式柜门的两侧分别是两扇对开的门。门的两侧雕刻有祥云及双龙纹，龙头朝上腾祥云而起，祥云纹象征着祥瑞之云气，表达了吉祥、喜庆、幸福的愿望以及对生命的美好向往。两侧对称分布两条龙，龙是自然力量的象征，此花纹雕刻也寓意着吉祥如意。

数字化修复及展示可行性分析：该神龛整体保存完整，没有较大的破损

图4-104

或瑕疵，图案花纹等保存良好，人物细节清晰可见。只有表面有轻微的磨损，特别是神龛下方有些泛白，部分颜色已经脱落。在修复时，主要利用计算机图形学、图像处理、虚拟现实等数字化技术，还原木材自然纹理、雕刻形态、原始色泽，使其更加接近真实松木的质感，最终达到其数字修复的基本实现。

首先，通过高精度建模技术进行过梁的整体面貌展示，最大可能地从正面、侧面展现其精美的雕刻图案、凹凸的纹理、温润的色彩。其次，通过三维高精度还原技术进行神龛的局部细节展示，例如抽屉上的图案，中层的八仙图案，牌位上的文字，展现精妙绝伦的制作工艺。着重展现具有特别寓意的戏曲元素部分，例如祥云纹、龙纹、凤纹、卷草纹、金蟾等图案，尤其是中层的八仙戏曲人物形象，着重还原其人物神态、服装造型、各式动作。

十九、麒麟莲花神龛供桌

该神龛为清朝时期制造，通常用于摆放神明塑像，祖宗灵牌。如图4-105所示，神龛与社会的政治、文化以及本土的风俗、信仰、生活方式等都有着极其密切的关系，其装饰题材多是吉祥如意的图案、帝王将相、英雄

图4-105

人物和神仙故事，做到"言必有意，意必吉祥。"同时也反映当时人们最朴实的心理需求。该神龛雕刻了大量植物纹、卷草如意纹、人物纹、云纹以及瑞兽，采用圆雕、浮雕等手法，金漆交错，雕刻技艺高超，体现着清朝时期的家具追求"工精料细，苛求华美"的风格特点，具有金碧辉煌、富贵华丽的艺术效果。

神龛分为上下两个部分，上面桌台起摆放作用，下面桌腿起支撑作用，如图4-106所示，神龛中间有四个大小均一的抽屉，尺寸均长为29厘米，宽为17厘米，中间浮雕部分虽然掉漆严重，但对人物形象分辨没有影响，凭各自所持法器和基本姿势体态可以判断，此处应细致雕刻着八仙过海各显神通的优美神话故事，八位神仙姿态各异，其动作优雅，也充分地体现在了后来流传的戏曲之中，如何仙姑手呈兰花指，便是后来戏曲中女性常用的基本指法，而蓝采和呈奔步状，为戏曲中男性常见步法，无论是八位神仙的站姿还是坐姿，其飘逸灵动的身段，也是戏曲中刚柔、浑圆而自然的身段表现。传说本领各异的八位神仙皆是凡人得道，便借此表达了当时民间对神仙

图4-106

之境的向往，对美好生活的遐想，其中人物周围饰如意云纹，周围呈红色，都寓意吉祥如意。

人物浮雕两侧是盘长纹，寓意家族兴旺、子孙延续的美好祈愿。再往两侧，及桌腿部分则是大量卷草纹，以花草为造型，曲卷圆润，其生长的连续性隐喻生生不息，加强了对香火延续的美好祈愿。

如图4-107所示，裙板部分主要以莲花纹为主，追求高洁典雅，其写实程度可以看出此时工匠对莲花荷叶的雕刻技法炉火纯青。在裙板的正中是一朵莲花，工匠将莲花符号化，"完整的符号一定是由能指和所指两部分

图4-107

构成"①，前者处于表达层面，即这个神龛上所雕刻的莲花，后者处于内涵层面，即莲花所表达的民间认可的寓意，代表着纯洁、吉祥。古人常把莲花和莲叶作为清正廉洁的形象，也有祈求多子的意思。

　　神龛桌腿部分，除了起支撑作用外，其雕刻也极其细致，前两个桌腿上是一对麒麟正面浮雕，如图4-108所示，"麒麟即作为一种符号，它的所指是镇宅辟邪，催财升官，送子化煞。符号有着约定俗成的任意性，汉族民间有麒麟送子之说，古时候人们常常期盼着麒麟能够为自己带来幸运和正义，从而化煞避邪。当这种信仰传承下来的同时，这也成为了一种约定俗成，麒麟所具有的吉祥意义也随之被民间认可且牢牢地存在于人们的意识之中，所以无论哪个时代，语言都是上个时代继承下来照常使用的。"②

图4-108　　　　　　　　　　　　　图4-109

　　在其桌脚处雕刻有一对龙头，并且龙头望着上方，紧贴着桌腿部分，或有望子成龙之意，龙谐音"隆"，有生意兴隆之意，同时龙的神通广大，守护神龛上的神仙、灵牌等，也有"天龙护法"一说。

――――――――

① 徐恒醇：《设计符号学》，清华大学出版社2008年版，第24页。
② 徐恒醇：《设计符号学》，清华大学出版社2008年版，第25页。

数字化修复及展示可行性分析：该神龛结构保存相对完整，部分掉漆严重，可运用三维技术，进行复原以及保护。在修复时，从整体开始，该龛整体结构明确，大部分浮雕纹理清晰，还原时要层次分明，注意其纹理的凹凸细节，以修复还原的方式着重处理人物浮雕部分。中间抽屉部分有磨损掉漆，但尚能辨别其姿势性别以及所持物件，因为其浓厚的戏曲元素以及雕刻时的精细程度，所以，重点复原部分应是这里。人物衣服状态皆是飘逸在空中一般，凹凸细节自然，褶皱关系明确，在还原时应尽量对原有细节进行还原，因人物部分存在掉漆问题，在处理时，应通过对掉漆处周围的分析来处理好人物特征以及各细节精准的位置。对于部分褶皱模糊的，应在明确结构信息后根据主要特征进行还原，把八仙的最初神态和造型还原出来，使其在进行数字化展示时能够让观者更清晰地分辨，欣赏其内容。并且有许多戏曲就是以八仙为背景进行演绎，其人物的穿着、神态、动作的复原也至关重要，而其余部分内容相对清晰，可以实体进行复原。

在还原其余部分时应注意其对称性，该供桌极其注重对称，在前面两个桌腿上雕刻的神兽上来看，纹理走向，凹凸细节，都是几乎对称的，中间部分的荷花荷叶写实程度极高，所以在还原时应充分了解该植物的形象，弥补部分掉漆磨损的部分。

二十、清代杂剧神龛

如图 4-110 所示，该神龛为清代之物，来源于四川绵竹地区。该神龛用材为木质原料，通体呈现红褐色，古色古香，呈现出厚重沉稳的气质，并且细节处配以描金雕刻花纹，极具欣赏价值。此物主要用于摆放物品，整体造型向外伸展而内收，整体视觉效果集中于上方的中心，神龛下方没有垂帘，呈现开放式，桌下可作为收纳椅子的空置空间。

该神龛可分为左中右三个部分。如图 4-111 所示，中间部分两边的圆形雕花内刻有两个兽类造型，大致为兔子和狸猫。中间刻有四个人的叙事场

图4-110

图4-111

景，如图 4-112 所示，左边的妇人脚踩祥云，身体向前躬，双手怀抱物件，左边侍女同样脚踩祥云，候于妇人身后。右边男子头戴乌纱帽，双手交叠，往前躬，与妇人相对，右侧侍从，手执华盖，静候一旁，整个场景呈现的左侧妇人要将手中物件交予右侧男子。此场景也对应了元杂剧《金水桥陈琳抱

图4-112

妆盒》中的故事，剧本敷演穿宫内使陈琳和宫女寇承御救太子的故事。李美
人为宋真宗生下太子，刘后心怀嫉妒，密遣宫女寇承御将太子刺死。寇与陈
合谋，把太子藏在妆盒内，送至南清宫八大王处收养。此神龛所展现的雕刻
场景，极具阅读趣味。

　　如图4-113、图4-114所示，神龛两侧是对称的三角造型，弯曲翻转的
卷草纹与勾云纹相结合，再加上相互缠绕着的风铃草，重重叠叠，柔美而精
致，与中间棱角分明的回纹相结合，正如《周易·蒙》中所讲："刚柔节也。"

图4-113　　　　　　　　　图4-114

　　数字化修复及展示可行性分析：神龛整体保存完好，没有较大的破损以
及瑕疵，图案花纹等保存良好，人物细节清晰可见，只有表面有轻微的磨
损。在修复时，主要利用计算机图形学、图像处理、虚拟现实等数字化技
术，还原木材自然纹理、雕刻形态、原始色泽，使其更加接近真实松木的质
感，最终达到其数字修复的基本实现。

　　在展示时，通过高精度建模技术进行过梁的整体面貌展示，最大可能地

从正面来展现其精美的雕刻图案、凹凸的纹理、浑厚的色彩。再通过三维高精度还原技术进行神龛的局部细节展示，例如，中间的人物以及两边的兽类刻画，展现精妙绝伦的制作工艺，着重还原其人物神态、服装造型、各式动作。

二十一、福慧高节驼峰桌椅

此套桌椅为清朝晚期制造，左右对称，沉稳厚重。如图4-115所示，该套桌椅整体风格较为内敛，其使用者大多为位高权重的官员等人。桌椅的做工十分精细，并不执着于富贵堂皇的效果，而是着重于细节的刻画表达。

该椅子分为两个部分，最上面为驼峰形搭脑，其特点是搭脑中部凹陷并有两处突起的形状，似骆驼的双峰。如图4-116所示，椅子各转角处均为圆角，整体线形粗细一致。此种形态更加具有直线的方向性和变化性。

图4-115

搭脑上的纹样装饰简洁大方，且样式生动形象，展现了明清时期工艺的特点。

椅子中间雕刻着各类图案，最上方左右各有一只蝙蝠。古代，"蝠"与"福"为谐音，所以，当时的人们将蝙蝠视为"福"的象征，同时蝙蝠飞临的寓意是"进福"，暗示着百姓希望福运自天而降。两只蝙蝠组成的"双福纹"在古代家具上也比较常见，一般与云纹组合为"洪福齐天"，图中便是两只蝙蝠与左右下方的云纹组合。

图4-116

如图 4-117 所示，中间图案呈浮雕效果，图案的舞台呈现出戏曲效果，像古代衙门一般。左边长胡子老人弯着腰，拄着锄头，呈现劳作的模样，其角色代表着农民百姓；右边则是一名伶人，穿着戏服，舞动身姿，眉开眼笑，左手拿着扇子配合，展现出欢迎的神态动作，其角色代表清朝时期的官员，表述着百姓们有问题都可以来寻求帮助的意思。总体表现出开放欢迎。

如图 4-118 所示，另一把椅子中间图案则相反，舞台效果虽然相同，但左边的老人头戴官帽，幞头所示官位较低，穿着官服，脸上表现讨好的神态，卑躬屈膝，有求于对方；右边则表现出刚正不阿，挥手表示拒绝，其所戴官帽和官服上的花纹装饰表明官位较高。两者似是上下级关系，图案想表达只要是求办事的官员就别来了，这也暗示着使用该椅子的主人位高权重。

下方的两个红灯笼左右对称，不仅美观，而且还寓意在新的一年里家庭和睦，万事整齐顺利，夫妻举案齐眉不起纷争。古代灯笼代表着辞旧迎新，象征着吉祥如意，在椅子上雕刻更是希望加强这一吉祥的气运。

图4-117

图4-118

图4-119

如图 4-119 所示，正中间的桌子为方桌，桌面四边长度都相同。为防止酒水菜肴倾洒时流下弄湿衣服，桌面四周有阳线一道，称为"拦水线"。桌面下方有一带锁抽屉，且左右两边都刻有"类龙纹"。因为明清时期的法律规定了龙纹的制式为皇家专有，此外官员百姓不得擅用，否则以谋反之罪处置。所以，"类龙纹"的产生便是顺应了民间文化理念。下方有一横板以及四方横木，总体给桌子呈现出沉稳的感觉，与椅子搭配相得益彰。

桌椅作为家中常使用的物品，不仅需要好的质量，也需要不同风格的雕刻来满足家庭的要求，符合家族地位。该套桌椅整体保存完整，没有较大的破损或瑕疵，图案花纹等保存良好，人物部分细节清晰可见。只有表面有轻微的磨损，部分地方有些泛白发黄，浮雕神态和戏服花纹稍许模糊，颜色有点脱落。

数字化修复及展示可行性分析：此套桌椅由于保存度较高，所以，在修复时尽可能还原椅子靠板的人物服饰面貌，将浮雕的一些细节更好地还原表现出来。对于桌椅其他地方颜色与纹理的部分磨损也将修复，尽可能将整套桌椅的风格完整地展现出来，同时将残损状况进行标注对比，通过高精度建模并且结合建造朝代，让浮雕所蕴含的功能意义立体完整地展现在大众面前，将桌椅所摆放位置、主人的地位以及摆放于此的用意等等都尽可能呈现。

二十二、鎏金六人对戏桌椅

如图 5-120 所示，该套桌椅来源于四川绵竹地区，此物为清代之物。该

图4-120

套桌椅外表被大漆包裹，已很难辨别其原料，用材讲究，通体呈深褐色光泽。该套桌椅采用常见的清式桌子、扶手椅造型，在其基本结构的基础上，通过透雕工艺丰富扶手椅装饰纹样。该套桌椅以黑漆作底，通过描金工艺凸显装饰纹样，沉稳大气。该套桌椅做工细致、古香古色，呈现出典雅敦厚的底蕴。

桌子风格简约，并不张扬。黑漆桌面边缘处的金色装饰物形似如意云纹，作为像似符号，转喻为事事如意的好兆头。该套扶手椅的搭脑线条流畅，造型简单大气。背板属于非矩形形态的线形背板，简约大气。扶手外框采用非直线形态的四边形扶手，内部是回字造型，作为像似符号，回纹凭借连绵不断的特点转喻为"富贵不断头"①。

选用直角矩形座面板，板面光素，截面为上宽下窄的倒梯形，下部承接非矩形形态的束腰，整体形态中部向内收缩，边缘呈圆弧形。支架部分，掌子均采用直线形态中的"步步高"样式，榫卯结构衔接精密巧妙，工艺之精细，扣合之严密，仿佛天成。"步步高"结构巧妙避免了榫眼集中，从而使家具更加坚固耐用。从语构层面分析，前掌做得最低，两侧掌做得较高，后掌最高，呈现挺拔之感。从语义层面来讲，该扶手椅凭借其独特的外观造型，作为象征符号，具有"步步高升"之意。② 掌子部分寓意美好，牙子也暗藏玄机。相比于边缘平整、板面光素的牙条，图 4-122 具有形如蝙蝠的金色装饰物，从语构层面讲，"蝠"是"福"的谐音，所以，蝙蝠在此处作为象征符号，从语义层面分析就象征着幸福如意，彰显出主座的尊贵。

椅背部分的搭脑顶端均为蝙蝠纹，"蝠"从天降指希望幸福会像蝙蝠那样自天而降。蝙蝠图案下方，主座为一只倒立的蝴蝶。明清两代，商品经济的繁荣带动手工业的飞跃发展，蝴蝶纹正式成为宫廷与坊间人们喜闻乐见的装饰纹样。"因为蝶与耋同音，瓜多籽，蝶繁殖能力强，故取其谐音，将蝴

---

① 刘健、李佳欢：《家装设计中的回纹艺术》，《设计》2017 年第 11 期，第 34 页。

② 吕丹丹：《清代扶手椅造型研究》，硕士学位论文，东北林业大学设计学，2012 年，第 25 页。

图4-121　　　　　　　　　　　　图4-122

蝶纹样与瓜果纹样组合为装饰纹样，象征子孙绵延兴旺的吉祥寓意。"[1]而副座则以黑漆卷草纹为底，作为象征符号，象征着"蔓蔓卷草，吐故纳新"[2]之意。描金工艺制成的花朵，雅致大方，而当金花与其后的黑漆图案融为一体时，仿佛又是一只展翅欲飞的蝴蝶，与主座相对应，一明一暗，妙趣横生。

　　背板部分形成回字形结构，从中心向外围环绕，简约大气。正中的镶嵌板木长 22 厘米，宽 15 厘米，以朱砂色作底，描金人物则充分体现了戏曲元素。如图 4-123 所示，镶嵌板木部分，三位人物采用程式动作，具有浓烈的戏曲色彩，左边人物端坐在凳上，左手持折叠扇，右手持长条形物；中间人物单腿站立，手握拂尘，神态潇洒；右边人物单腿站立，双手举起，在亭

---

　　① 赵之怡：《翩跹之美——中国传统蝴蝶纹文化内涵与艺术形式浅析》，《中国民族博览》2022 年第 5 期，第 172 页。

　　② 朱天慈：《蔓蔓卷草　吐故纳新：中国卷草纹样式的流变及其成因研究》，《美术教育研究》2021 年第 9 期，第 52 页。

子前翩然起舞。三人唱歌跳舞，好不惬意，体现了高洁雅致的文人情操。如图4-124所示，镶嵌板木部分，左边人物手持折叠扇，中间人物单腿立于台上舞剑，右边人物手捻佛珠。对持珠的含义在佛经中是这样解释的："若善男信女，有能颂念诸陀罗尼及佛名者，为欲自利及护他人……若欲愿生诸佛净土者，应当依法受持佛珠。"①体现了对于约束身心、消除妄念，以获得无量功德的追求。

图4-123　　　　　　　　　　图4-124

板木的两侧分别有两个轮廓为花瓣状、以朱砂色作底、带有描金工艺制成的动物纹的圆形装饰物。如图4-123所示，镶嵌板木左侧，一只狐狸正在追逐着什么东西，狐狸作为象征符号，象征着聪明美丽，表达了人们对聪明美丽的向往，抑或对自家女性的祝福。镶嵌板木右侧，蝴蝶纹图案清晰明了，具有吉祥如意的内在含义。如图4-124所示，镶嵌板木左侧，从语构层面来讲，山羊在阳光下吐水，庄稼茁壮成长，从语义层面来分析，则表达了庄稼大丰收的期待，使这套扶手椅妙趣横生。镶嵌板木右侧，是一对大象，作为象征符号，象征着吉祥如意。

该套桌椅既有精致的雕刻纹样，也有活灵活现的人物图案，几何纹样、

---

① 张九玉：《佛珠无语悟人生——佛珠的规制》，《青少年书法》2009年第14期，第41页。

植物纹样、动物纹样的组合运用极为巧妙，人物动作也恰如其分地反映出主人的高雅心境。以这些惟妙惟肖的图案为媒介，从物质生活到精神生活的各方面的美好期待皆为指涉对象，意趣盎然，令人称赞。

数字化修复及展示可行性分析：套桌椅已被修复过，保存相对完整。但对于桌椅的残损情况，例如主座牙条不太清晰的金饰物，需要进行修补。

首先，通过高精度建模技术进行桌椅的整体面貌展示，最大可能地从正面、侧面展现其精美的结构、漆面的材质、凹凸的纹理、丰富的色彩。其次，通过三维高精度还原技术进行床框的局部细节展示，例如搭脑和背板的造型、板木的金色装饰物、掌子的"步步高"造型等，展现精妙绝伦的制作工艺。着重展现具有特别寓意的戏曲元素部分，例如扶手内框的回纹、蝴蝶纹和卷草纹纹样等图案，以及造型独特的人物形象，着重还原其人物神态、服装造型、程式动作。

二十三、花藤叶簇鎏金长椅

该长椅来源于四川绵竹地区，制造于清代，如图4-125所示，采用传

图4-125

统的木雕工艺，在靠背处、把手处和椅脚转折处都有精致的雕刻。整体为对称结构，方正大气。造型上雄厚、庄重，纹理优美，大气的外形和精美的雕刻相融合，装饰适度、繁简相宜。两件长椅严谨的结构和精细的做工，体现了清代木质长椅的精妙工艺。

　　该长椅靠背处有三块精致的雕刻，如图4-126所示，尺寸均为长40厘米，宽16厘米，其中，中间板块雕刻四人在园中谈笑的场景，可见他们围绕着亭中桌上的圆形物件，谈笑评鉴，一派祥和的气氛。左右板块绘制了精美的园中景色，其中两小儿从叶片中探头出来对望着，运用戏曲程式化动作，看上去灵动精致。椅背上方还有云纹样的雕刻，雕刻处制有金色的镀层，云纹雕刻左右对称，符合中国传统美学的对称美，寓意着成双成对，是吉祥的象征。

图4-126

　　长椅左右扶手上雕以扇形鎏金框为中心，由卷叶纹扩散开的经典装饰图案，如图4-127所示，使用透空双面雕的技法，做工精巧，藤与叶相互穿插辉映，丰富了把手的细节。花藤叶簇拥着扇状鎏金框，鎏金框中刻有两个人物，他们头戴桂冠，手拿锦帕，左边的人物扭头嬉笑着，右边人物左脚踩地右脚踩在石墩上，两人对望，用戏曲人物夸张姿态，让雕刻充满交流感，看着栩栩如生。雕刻出生活情境，符合四川绵竹地区木雕艺术风格在人物造型上的运用，注重形象上的刻画及体积感的塑造。人物造型不论形体大小、繁简，均处理得当，着重对人物的头部、手部及衣着进行刻画，其五官细节均清晰可辨。对于人物的长幼与尊卑，木雕装饰对长尊者根据构图比例适度加大，或将其置于构图的中心部分，而晚辈则相对进行缩小设计，以明确主次地位。对人物衣着则简练、概括，以通过衣着的简化处理凸显人物的神态与表情。

图4-127   图4-128

如图 4-128 所示，此长椅的背板及侧面板均以起伏错落的云纹边框攒接而成，背板和两边扶手上都雕刻着鎏金纹案，雕刻精美，人物形象生动。背板中部高起对称，这也是清朝的一大特色。长椅的腿足直落于底座之上，透雕云纹，纹饰沿边起阳线，这样的设计，使深沉的长椅更添灵动的气息。底座后配，与长椅保持了一致的风格。椅背上方鎏金雕刻着由灵芝纹为中心，穿插透雕卷叶纹，而自古以来，灵芝被视为仙草，是"天意、美好、吉祥、富贵"和"长寿"的象征。在中国传统文化中，灵芝寓意着"庄重、神圣、高尚"的最有影响的吉祥物。

这是一件典型的清朝家具，蕴含着深厚文化的底蕴和影子，此长椅的成功在于设计，以"云纹"为主体符号，加以动人的雕刻，使座椅同时有了清秀文雅的风貌。椅子整体呈红棕色的色彩，以砖红色和金色为主。深红色的木质给人含蓄、高雅之感，这种红棕色的民居与中国几千年来形成的"昭名分，辨等威"的思想观念密不可分。鎏金的雕刻部分又不失高贵和威严，其中雕刻的人物形象惟妙惟肖，"适当的装饰处理使得建筑看起来更加亲切宜人，透露出建筑在规整格局中蕴含的活泼个性，营造出浓郁的生活气氛"。

数字化修复及展示可行性分析：该长椅整体保存完整，没有较大的破损或瑕疵，图案花纹等保存良好，人物细节清晰可见，鎏金处也保存较为完整。只有表面有轻微的磨损，少许雕刻部分颜色有轻微脱落，故数字可视化可行性高。

在修复时，从整体开始，该长椅结构明确，图示只能看见长椅正面样式和少部分细节图片，在数字化修复中，我们将呈现左右及内部样式，使结构体现完整，注重其对称性，体现出该家具的对称之美。并且我们将注重还原其本来颜色与纹理，将磨损的颜色尽可能还原，并为其增加材质，使其更加接近真实的质感，并把雕刻中的花纹的凹凸细节精致地在展示效果中展现。另外，重点复原中国古代的经典云纹、卷叶纹、灵芝纹等重要图案，刻画出人物的神态以及动作，衣着褶皱部分的磨损需在明确结构信息之后根据主要特征进行还原，使人们能更好地观赏该长椅。

二十四、明镜高悬螭纹木椅

如图 4-129 所示，该木椅为清代椅子，通体为红木制，四脚每一面各有一横木，左右对称，前低后高，椅子靠背与座面成 90 度直角，椅子脚为方形，更好地加强椅子的稳定性。这些外观则反映出了清代座椅端正、稳重的神态。用料多较重硕，靠背扶手都较为宽厚，故椅子显得整齐方正而厚重，椅面也略大，再饰以华丽的镶嵌，就形成了清式座椅豪华大方的特点。椅子在造型上吸收了明式座椅的一些优点。扶手上宽厚，下细圆，集明代座椅之精华，与明代的靠背椅、圈椅的木型相对比，明代则是呈顺流而下的圆木棍式，木质纹理裸露，扶手顺滑，圆润，手感较好，但其细处，是不堪承受肘部的长期倚压。而清式座椅扶手的压面宽厚则弥补了这一缺点，就座时，不仅肘部可以倚木搁，腋下的一段臂膀也得到支撑，故甚为舒适。而鹅脖细圆、弯曲，就构成上承肘压、下顺手扶的特点，细圆和宽厚，形成了清代座椅既优美又实用的造型特点。

图4-129

　　如图4-129、图4-130所示，椅背上的图案以及扶手、搭脑多采用螭龙纹，螭龙是传说中的一种没有角的龙，又名蛟龙，亦名蛟螭。许慎《说文解字》中"螭，若龙而黄，北方谓之地蝼，从虫，离声，或无角曰螭。"螭纹起源于春秋，盛行于战汉，贯穿于以后其他各时代，尤其是在明清式家具中使用较多。不管是只在尾部、背鳍处与卷草纹结合，还是于身体完全与卷草纹、云纹、雷纹、灵芝纹、花之纹结合，抑或是与符号化的卷草纹结合，云纹、雷纹，都属于螭龙纹。螭龙的头部大多雕刻的是侧面龙尾，常作卷草状，又称"草龙"，在民间传说中螭龙是海兽，可以防火，建议置于房顶上以避火灾。所以，螭龙纹也多置于古代庙宇殿顶、堂塔楼阁等高处。螭龙纹作为象征符号在家具上的寓意为避火，也是美德与祥瑞的象征。因此，用在木器家具上最为合适。

图4-130

图4-131

椅背中间的图案如图4-131所示，呈长方形状浮雕雕刻样式，最上方的纹样似是遮阳的帷幕，其间最右侧的一人头戴翎子，脚踩桌面，手上拿着似是斩首令牌状的物体，欲往下扔。画面左侧则有两人，其中一人呈跪姿，面露惊恐，而另一人则戴着头巾，拿着大刀正往那人颈上砍去。这一血腥的场面从画面上人物的动作及面部特征大概推断出雕刻的应是囚犯在行刑时的画面。这把椅子应是放在官府或者刑场这些特殊场合以示威严。椅子的色调偏红，透露出威而不屈的气势；整个画面显示着监判者秉公执法、铁面无私的原则，由此来警示人们，也代表着铁面无私的判官会给百姓带来美好的生活。这幅画面作为象征符号则寓意着威严、正直及公平。

数字化修复及展示可行性分析：该椅子的保存度较高，椅子的材质与纹理的磨损度较小，大体的人物形象刻画的纹理较为清楚，小部分的细节纹样缺失，如人物的表情与服饰纹样，需采用高精度建模的方式将残缺的细节部分尽最大的努力修复出来。最后的数字化展示方面，我们将呈现出一个左右及内部样式的三维模型，展现出椅子立体、饱满的形象。将椅子纹样的戏曲性趣味生动地展现出来。

二十五、连枝共冢祥瑞金雕双椅

此椅子为清朝时期制造，具有明显纹理和符号意义的靠背板，此类椅子大多摆放在卧室或较为私密的地方。如图4-132所示，主体框架为方形，呈红褐色，看起来浑厚和庄重。木质色泽深沉，纹理洒脱，每个细节都有其特殊意义。主要的花纹呈金色，寓意着吉祥，也暗示着使用家庭的经济地位十分雄厚。椅子用料宽绰，体态丰硕，做工精细，手法极为巧妙，结构搭建恰到好处，十分符合明清时期的工艺手法。

图4-132

该椅子由上到下按比例分为两个部分，最上面是罗锅掌形搭脑，其两端呈直线且与中部的突起处平行向下。明清时期搭脑大多以曲线为主，且种类繁多，各具特色，为家具的整体艺术风格增添了华美的情趣，直观地让人感受明清时期工艺的风格。

椅子中间的靠背板呈流线型，中间的图案长22厘米，宽14厘米，为金色且由金框包围，呈浮雕效果。一男一女穿戴华服，头戴饰品，男子蹲着向上看着女子，双手举住女子臀部和腿部；女子以舞姿向下看着男子，将重心靠在男子身上。男女双方眉目传情，眼里传递出浓浓的爱意，表现了家中男女双方的爱情。用金色刻画是希望男女双方都能够吉祥如意，平平安安，这也代表着家族气运的蒸蒸日上，希望家族繁荣昌盛。如图 4-133 所示。

靠背板下方的花以一种技术要求极高的雕刻方式进行雕刻，呈现出浮雕效果。花朵通体呈红褐色，四朵花瓣四个角度呈十字形，应对着东西南北方。每种花都有自己的花语，其代表着不同的意义，花朵下的纹理也暗示此花是当地的一种象征。此花神似桃花，在古代，桃花便是用来形容美丽的女子，不仅是男女双方爱情的象征，也是女子出嫁的象征。

图4-133

椅子坐面光滑平整，中间几条线勾勒出中心位置，与坐面都为方形，看起来更加沉稳大气。坐面下方的花纹以一种特殊方式排列，意味着顺利归家，平平安安。四脚每一面各有横木，左右对称，前低后高，象征着前朱雀后玄武。如图4-133所示。

椅子作为家中每天被人们使用的物品，不仅需要符合严格的构造标准来承受住人的重量，还要细致地雕刻来满足人们对于房屋装饰的审美要求，这两把椅子可谓是独具匠心之作。

该椅子整体保存完整，没有较大的破损或瑕疵，图案花纹等保存良好，人物部分细节清晰可见。只有表面有轻微的磨损，特别是坐面和横木有些泛白，四脚微微磨损，浮雕神态动作模糊，少许部分颜色已经脱落。

数字化修复及展示可行性分析：该椅子由于保存度较高，其整体展示效果较好，所以，在修复时主要注重还原浮雕的服饰面貌，将浮雕的一些细节更好地还原表现出来。修复好椅子其他磨损部分，同时将残损状况进行标注对比，通过高精度建模并且结合建造朝代，让浮雕所蕴含的功能意义立体地展现在大众面前，将椅子摆放位置、主人的用意和家庭运势等都尽可能呈现。

二十六、清代雕花老太师椅

北宋时期，太师椅便开始出现，随着宋元明清时期的历史文献、著名学者的著作，以及当今受到广泛认可的几部著作，都对其进行了详细的记录。

"太师椅"是中国古典家具中独一无二的一种，它以官衔命名，令人惊叹不已。"太师椅"同时也是当今椅子家具领域中的佼佼者、杰出代表，它也象征着坐在太师椅上的人的高贵和受人尊敬的地位。

如图4-135、4-136所示，此椅搭脑颜色与其他部件颜色不一，搭脑主体用的是黑色漆料，且是半弧形搭脑，搭脑上有金漆雕花，雕花为独"莲"一朵。以莲花圣洁高雅的气质命名的有：君子花、凌波仙子、水宫仙子、玉环等。民间图纹中有"一品清廉""莲花挂头""本固枝荣"等。同时椅背上雕刻着兰花纹，兰花纹是传统寓意纹样，古人以幽谷兰喻隐逸之君子，《楚

图4-134　　　　　　　　　　　　　图4-135

图4-136

辞》写道:"纫秋兰以为佩。"古人认为:"德芬芳者佩兰,古之佩者,各家其德。"

　　靠背上雕有花鸟和人物两幅雕花,如图4-137、4-138所示,雕花为凤凰和牡丹,从古至今,凤凰被视为百鸟之王的象征,而牡丹则被视为百花之首,这种王者的组合,蕴含了无限的荣耀与尊崇,因此,凤凰牡丹的象征蕴含了万物繁荣、百鸟朝贺的美丽,它们不仅仅是一种吉祥的象征,更是一种富有的祝福。牡丹以其艳丽而不失端庄的外表而闻名,被誉为"国色天香",受到各行各业的人们的喜爱。凤凰则象征着富贵与美好,它们的结合代表着对美好未来的憧憬,因此,凤凰牡丹也象征着美好的未来,也是对美好生活的一种向往。

图4-137　　　　　　　　　　　　　　　图4-138

　　雕花为叙事雕花,一人枕着一根棍子,一人手持羽扇,两人相对而视,似在询问,或在交谈,整个画面极具故事趣味性。

　　数字化修复及展示可行性分析:如图4-134所示,清代家具太师椅一般采用高档木材,如紫檀、红木等。其所有部件无缝交接,此椅保存比较完好,除椅腿有较大的磨损掉漆外,其余部分的外形保存得较好。清代家具中的太师椅雕刻精细，线条清晰流畅，木纹的走向也很清晰。

　　针对此太师椅不可逆转的磨损现象，需要利用各种技术手段，包括计算机图形学、图像初级技术、虚拟现实技术等数字化技术，才能还原木材的自然纹理与雕刻的原始形态。并且可以利用建立高级模型的方式，使用各类工具，达到重现其原貌的目的。再附加相应的材质，使其更接近原本的质感，最终达到数字修复的效果。

二十七、清朝金丝楠木汉王椅

　　如图4-139所示，该物为清朝金丝楠木汉王椅。汉王椅的俊美设计，尤其是其庞大的外观，瞬间给人带来视觉上的震撼，人们在初次见到它时，就会被其"方"的形状制作技术和雕刻装饰所迷倒。通过这些主观的艺术享受，触发了人们对美的感知。

　　如图4-140所示，汉王椅造型庄重严谨，较为方正、棱角突出，雕饰繁复，有富丽堂皇、气度宏伟之感，烘托出高贵气势。

图4-139　　　　　　　　　　　图4-140

图4-141

如图 4-141 所示，金丝楠木汉王椅的椅背多为平直无曲的形式，且垂直于坐面，使用者只有以正襟危坐的姿势才会感到舒适，由此暗含了传统文化中"克己复礼"的儒家精神。这套家具的设计思想令使用者的地位和身份凸显出来，但却忽略了家具的结构是否合理，以及是否与人体使用需求和谐匹配。这也意味着金丝楠木制作的汉王椅的形式设计，更加强调的是尊贵，而非舒适度。椅子的背部两侧采用了圆雕技艺，左右两边的吉祥图腾让尊贵的汉王椅更加栩栩如生。在椅子的扶手部分使用了透雕技法，刻画出万字图案，既呼应了椅背的装饰，又具有吉祥寓意。椅脚部分的装饰以简洁、大气的线条为主，与上部复杂的装饰相互衬托。

如图 4-142、4-143 所示，汉王椅的中央部分呈现了人物动态的浮雕艺术创作。人们对美的感知一般首先来自于基础的感官体验，然后通过感官传递情感，以实现情感体验，这种传递过程是从外向内的。人们对汉王椅的欣赏中，主观和客观因素互动形成对其美的赞赏。从浮雕艺术可以窥见，因汉王椅所展现的精湛工艺和丰富历史文化内涵，使得它总是吸引着有眼光的人。汉王椅的美也体现在其各个部位的和谐统一。在汉王椅的设计中，整体与部分达到了完美的统一，即使是看起来不太和谐的部分，也能形成一个统一的整体。

图4-142　　　　　　　　　　　　　　图4-143

如图 4-141 所示，可以看到汉王椅设计中的雕饰不仅显眼，更具多元化。它像"画龙点睛"一样，增添了整体装饰的生动感和活力。主要的雕饰技艺有五种，包括线刻、浮雕、透雕、圆雕、线脚等。在汉王椅的椅背设计中，主要运用了浮雕技艺，予以了充满中华特点的装饰图案，赋予人宾至如归、美满和吉祥的感觉，体现了中国的风韵。

如图 4-144 所示，汉王椅面下方采用镂空雕刻设计，与椅背的镂空设计遥相呼应，进而形成和谐之美。汉王椅之美，源于其精细的工艺、精美的装饰和独特的造型等各种元素的有序融合，形成了宏大的和谐美。这种美，实际上是由多个方面共同构建成的混合特性。汉王椅的命名也饱含了深厚的

图4-144

历史底蕴，其在名称上的深意是远超表面所能揭示的。人们对汉王椅的热爱和钟情，看似只是因为它的造型和工艺的精巧，但究其根本，更是因为它契合了人们的审美取向和生活喜好。在我看来，汉王椅所秘含的美和至高无上的位置都在其中得到了充分展示。

数字化修复及展示可行性分析：该汉王椅保存相对完整，没有出现明显的破损，图案花纹等均清晰可见。只有木体表面存有磨损，特别是地脚部分有些陈旧，部分落漆。因汉王椅它独特的榫卯结构，在恢复工作过程中，主要采用了计算机视觉、图形学、VR 等数字化方法，恢复了木材的天然色泽和榫卯连接的特征，使之更富有原生的触感和体现出手艺技巧，从而实现了数字化恢复的目标。首先，通过建模技术对汉王椅的整体构建进行拆分建模，并对榫卯结构进行细致化生成，尽可能将榫卯结构完美复刻。接下来，通过 3D 还原技术对汉王椅的细节进行展示，如榫卯结构连接部位的拼接动态展示，同时，着重展现汉王椅整体的观感，例如通过环境渲染，重点突出汉王椅在厅堂家具中的独特美感。

二十八、双凤司审扇形过梁

如图 4-145 所示，该过梁来源于四川绵竹地区，此为清代之物。该过梁高约 40 厘米，长约 170 厘米，主体框架为扇形凸弧面，具有明显纹理的

图4-145

棕色横木衔接左右主体墙面。该过梁用材讲究，原料为楠木，通体呈红褐色。木质色泽深沉，纹理洒脱，在鲜明却不突兀的色彩对比中变方刚为圆融，以委角曲边的形式化平拙为纤巧，体现了清代木过梁的精妙工艺。过梁作为砌体结构房屋墙体门窗洞上常用的承力构件，不仅需要符合严格的构造标准，也承载了人们对房屋设计的审美需求，这两件过梁也可谓独具匠心之作。两件过梁中的人物线条弧度柔缓内敛而不失挺拔，雕刻细腻传神、繁简得宜，极富张力。

过梁中的扇形板面以一定比例被划分为了三个部分。如图4-146、4-147所示，扇形板面均以细致的浮雕技艺雕刻有繁复的卷云纹，卷云中心有呈昂扬展翅之姿的凤凰，体现出"首如锦鸡，头如藤云，翅如仙鹤"的明清凤纹共性形态。凤凰作为一种象征符号，有众多内在含义。"凤凰是祥瑞之鸟，象征天下太平。凤凰是高洁的神鸟，象征着君子，高风亮节，超凡脱俗。凤凰是五彩神鸟，象征着五种德行：仁，义，礼，智，信。"[1]紧靠板面正中的右前方与左前方分别刻有太阳的四分之一部分，太阳轮廓边缘有数条卷曲线条相连以示光芒。左右两只凤凰均以护日之姿朝向太阳，呈现出一幅

图4-146　　　　　　　　　　图4-147

---

[1]　杨云帆：《凤纹艺术的发展与应用研究》，《美术教育研究》2021年第19期，第27—29、33页。

行云流水、疏密有致的双凤朝阳图。图中意象与《诗经》"凤凰鸣矣，于彼高岗；梧桐生矣，于彼朝阳"的诗学意境相契合，表达了一代又一代的人们对美好事物的向往与追求。

如图 4-148 所示，扇形板面的正中雕刻有六个戏曲人物，戏曲元素极为显著。其中一人坐在桌案正中，右手抚佩带，左手捋胡须，神态威严肃穆，尽显端庄威仪。此人身旁有两人站立，头戴礼帽，脸面光洁，其中一人垂手静立，一人似是抬手持物，一左一右，动静相宜。桌案前端的两人头戴乌纱帽，手持笏板，胡须飘逸。桌案正前方有一人单腿站立，摆出程式动作，是画面的中心人物。此人头戴盔，身穿长靠，脚踩厚底靴子，一手高举，一手持刀，雄霸之气四溢。

图4-148

如图 4-149 所示，过梁另一侧的板面正中共雕刻有五个戏曲人物。最左侧的人物头顶雉尾，身着盔甲，一手高抬，怒目圆睁。身旁一人头戴官帽，身体微曲向前，正对左侧人物。板面右后方刻一桌案，一人举杯坐于桌案后，其两侧各有一女侍手持掌扇，以示其尊贵的地位。

数字化修复及展示可行性分析：由楠木制成的过梁古朴典雅、婉约有致，但极易受天气、温度等外在条件的影响。绵竹位于四川盆地西北部，气候较为湿润，对木材工艺品的保存提出了更高的要求。这两件过梁整体保存

图4-149

完整，但也都存在一定程度的破损情况。如图
4-146所示，过梁左侧横木下方有分布不均的
点状小洞。如图4-148所示，扇形板面中上方
出现明显裂痕，下方的波浪形条纹曲线处存在
掉皮现象。如图4-150所示，过梁左侧出现较
为明显的横条状裂痕，从横木最左侧绵延至扇
形板面底部。

图4-150

通过建立过梁高级模型，解决过梁的开裂和破损问题。利用计算机图
形学、图像处理、虚拟现实等数字化技术，还原木材自然纹理、雕刻形态、
原始色泽，使其更加接近真实楠木的质感，最终达到其数字修复的基本
实现。

首先，通过高精度建模技术进行过梁的整体面貌展示，最大可能地从正
面、背面展现其精美的雕刻图案、凹凸的纹理、温润的色彩。接下来，通过
三维高精度还原技术进行过梁的局部细节展示，例如正反扇形板面的图案，
展现精妙绝伦的制作工艺。着重展现具有特别寓意的戏曲元素部分，例如卷
云纹、太阳纹、凤纹等图案，以及板面正中造型独特的戏曲人物形象，着重
还原其人物神态、服装造型、各式动作。

二十九、四格漆版侍女柜子

此柜子为清朝时期制造，如图 4-151 所示。来源于四川绵竹地区，此柜体型较大，该柜整体呈深褐色，表面黑漆素雅百搭，饰有精美的漆板画，使得器物更为干净漂亮，画中人物神态自然，庭院小景错落有致，以立木为四足，柜分为上中下三部分，中间部分装四门，正中可开。装饰细腻精致，凸显漆工艺技法的精湛，体现了清代家具的精妙工艺，柜子充分运用镶嵌及绘彩等装饰手法展现稳重宽厚的外形，显示富丽、豪华的气势。

图4-151

柜子柜体中间四柜门面分别用各色绘出各种人物、花木，其描绘的作品多为文人雅士祝寿的宴会场景，整体布局自然，刻画生动，庄重而美观。

如图 4-152 所示，为柜子柜体中部的第一个柜门，可见上部图中长桌上放置着图书茶壶等器物，一群文人雅士正围坐在长桌边写字作画，其后有风景画屏风环绕，屏风后有古树一株，枝繁叶茂，伸枝探过，中间夹杂着仕女的日常生活，画中下部文人墨客进行赏字阅画，整个画面折射了浓郁的书卷气息。

如图 4-153 所示，为柜体中部的第二个柜门，画面中仕女或摇扇、或持琴、或伫立，旁衬以独扇大座屏风，屏风中以简笔绘有美景。其余文物官员或展卷披读，或围坐琴台畅所欲言。

图4-152   图4-153   图4-154   图4-155

　　如图 4-154 所示，为柜体中部的第三个柜门，图中亭内主人公身穿官服，头戴官帽，身旁跟随家眷，另一文物官员正拱手祝寿，左侧一仕女持壶侍立，图中下部展现了仕女仆人的日常，一派和谐的意境。

　　如图 4-155 所示，为柜体中部的第四个柜门，画面的中部男子正抚琴演奏，旁边站立一女子，恭谨秀雅，亭亭玉立，二人合奏，神采奕奕，高山流水好似伯牙与子期，乐曲精妙绝伦，其余观赏者沉醉琴中，神情入迷，啧啧称赞，画面中心聚焦在文人抚琴上，给人一种身临其境之感，其清微淡远、圆润古厚的音色，恰与文人所追求的宁静致远、虚静简淡的审美情趣相合。画面中抚琴人身后的妇人拿着乐器与之和鸣，古琴音色的松沉低缓，沉静旷远，达成了天籁共鸣。四座皆沉醉其中。观之实有由躁入静，渐入忘我，宠辱不惊，去留无意之境。下部绘一人执子落棋，悠然自得。

　　如图 4-156、4-157 所示，分别为柜子的上沿板和下沿板，上沿板高

11 厘米，长约 112 厘米，绘有三个戏曲人物，有一老翁坐于屋前，倚身于屋前案台，神态自若，眉眼含笑，其左右前方各立一人，子孙围绕堂前，静享天伦之乐，表达世人对天下太平、阖家幸福的美好祝愿。农人牧牛而归，悠然自得之景惹人争羡。耕牛在中国文化中便是忠厚勤勉的象征，也寓意着收获，表达了劳动人民追求美好生活以及期盼丰收的愿望。昂扬展翅的仙鹤在静态之中透露出了别样的动感。仙鹤啼鸣，和合取鹤口衔如意之音，意为和合如意，安详平和，是高洁、清雅的象征，同时也有长寿的寓意。士大夫引经据典，渔人垂钓溪边的景象，画面层次清晰，各自成章。文人士大夫的悠闲生活，山水风景，皆营造出一种不凡的绘画意境，展现着庭院祝寿场景。其中除了仕女环绕，坐居其中的主人、往来贺寿的文武官员和一些忙碌的仆人之外，还表现了庭院楼阁、奇石、动物、花卉等丰富的内容。下沿板高 28 厘米，长 112 厘米，整体清秀，意境平远别致，内容丰富，不仅具有装饰性，同时也具有很明确的叙事性。画面中心端坐着庭院的主人，往来贺喜的宾客和忙碌的仆人，喜形于色。周围的房屋楼阁、松柏、盛着珍宝的鼎、奇石、珍馐等丰富的内容，尽情地展现了一个豪门望族家庭贺喜的画面。人物刻画入微，让人不禁心向往之。

柜子体量较大，内容丰富，充分体现了清代家具做工精细的风格特点。古人认为抚琴、弈棋、写字、作画皆是古代文人墨客的日常生活，因此在整个柜体描绘的宴会皆是以上场面。柜子不仅具有装饰性，同时也具有很明确的叙事性，与清代人们的生活有着紧密的联系，是研究清代后期历史、文化和生活的重要视觉材料。

图4-156

图4-157

数字化修复及展示可行性分析：该四格漆版侍女柜子整体保存完整，没有较大的破损或瑕疵，整体柜面图案细节丰富，图案花纹等保存良好，人物细节清晰可见。

该柜子由于保存度较高，柜体画面细节繁复，从整体来看，在修复时主要注重呈现出整个柜体画面的故事内容及人物细节，由于柜体画面中戏曲元素浓厚，因此在细节处，还原时要着重处理柜体画面中的人物形象、动态和衣着外貌等特征，突出人物的个性，将整个故事完整精致地展现出来，营造出柜体画面整体的氛围。图示只能看见柜子正面样式，在数字化修复中，我们将呈现左右及内部样式，展现一个立体、饱满的形象，在重现其整体结构和全貌的前提下，又不失对戏曲元素的表达。

三十、八仙锦鲤鎏金套柜

此柜子为清朝时期制造，来源于四川绵竹地区，为一套两件式，如图4-158、4-159所示，左边是一个立式储物柜，右边是一个长桌式搭配，采用传统的木雕和漆艺工艺，在柜面处和柜脚转折处都有精致的雕刻和漆艺花纹。整体为对称结构，方正大气。造型上兼顾实用性和美观，既有对称优美的造型，又有工艺精湛的雕刻和漆艺，大气的外形和精美的雕刻相融合。两件套柜严谨的结构和精细的做工，体现了清代木质套柜的精妙工艺。

左边立柜从上至下分为五个部分，其中每个部分都由中轴线一分为二，

图4-158

在实用性上刚好起到左右柜门开合的作用，同时在审美价值上符合清代对对称结构的审美要求。最上层的第一部分，如图4-160所示，有左右两个精致的雕刻，是由中心的花朵图案延伸出了很多藤蔓状的卷草纹，其中穿插着叶片，造型生动精致，制作精巧。第二部分，如图4-161所示，是五个部分中最大的一块，也是柜门中最中心和最主要的部分，主要由两幅精致的漆艺画组成。左半块柜面，绘制着六位人物形象，有坐在亭中持着羽扇谈笑的，仿佛在谈论高山流水，有

图4-159

图4-160

在园内嬉笑玩闹的，正在夺取一幅满意的书卷，充满了文人墨客的书卷气息，栩栩如生地描绘了一幅后花园诗意图；右半块柜面，描绘了八位人物，其中一名在院内手持长枪正在舞弄，其余人在旁指挥着，还有的人端坐在亭内观看着，充满了学武的氛围，生动地描绘了一幅后花园习武图。这两幅漆艺图，通过一文一舞的精致描绘，寓意着当时人们对"能文能武"的追求。

图4-161

第三部分，如图4-162所示，绘制着暗八仙中的葫芦和笛子，造型精致，制作精巧，其中葫芦代表着八仙中李铁拐的宝物药葫芦，传说可吸尽大海之水；笛子代表着蓝采和的宝物笛子，叫顺风笛，寓意可顺风千里找知音。

第四部分，如图4-163所示，雕刻着非常精美的纹样。其中雕刻瓷制花瓶为主体，瓶的谐音"平"，取"平安"之意，是吉祥的象征。古代的瓶，大体有三种，一是汲器，二是炊具，三是酒器，这种用于陈设的瓷制花瓶，宋代以后开始流行，作为吉祥物，如瓶中插如意表示"平安如意"，花瓶中

图4-162

图4-163

插入三支戟，旁边配上芦笙，叫作"平升三级"。花瓶中插玉兰花或海棠花称"玉堂和平"，正如此图，寓意着玉堂和平，表现了其精神内涵。

最下面的第五部分，如图4-164所示，是四个储物用的抽屉，上面绘制着牡丹和梅花的漆艺图案，其中牡丹是花中之王，号称"国色天香"，象

图4-164

征着富贵荣华；梅花有报春花之称，也有吉祥喜庆的含义，图中绘制的喜鹊正灵动地停挂在梅花枝头上，喜鹊在梅枝上高鸣，寓意着"喜报早春""喜报春光"。

右边的长桌分为左中右三个部分，其中中间雕刻着非常精致的图案，描绘了古代民间经典的人物财神赵公明，图中绘制着他身骑大马，手持灵芝，与身前人嬉笑招呼着，雕刻生动，栩栩如生。而财神爷的形象，在中国道教中是主管世间财源的神明，在道教文化中赐封为天官上神，中国民间信仰为天官天仙。财神爷倾注了中国劳动人民的朴素情感，寄托着安居乐业、大吉大利的美好心愿。

左右两部分分别雕刻了一条金鱼和一条锦鲤，可见金鱼尾巴飘散开来，造型精致，刻画精妙；锦鲤翻转着身子仿佛正在游动，雕刻技术细致入微。其中金鱼的"鱼"字与"余"谐音，因此，"年年有余"是金鱼的寓意之一，年年有余不仅是过年时的祝福语，也是对来年美好生活的期望；同样地，因为谐音文化，金鱼的寓意除了年年有余，还有"金玉满堂"和"金玉良缘"的美好寓意。"金鱼"和"金玉"谐音，金玉满堂寓意腰缠万贯财富多，金玉良缘则寓意美好的姻缘。而锦鲤，象征"富贵、吉祥、健康和幸福"，又因为色彩绚烂，如水中牡丹，所以又称"富贵鱼""贵族鱼"。锦鲤被视为和平、友谊的象征，它不仅给人以美的享受，还寓意吉祥欢乐、繁荣幸福，所以深受人们喜爱；锦鲤的发展同金鱼有着相似之处，中国自古也有"鲤鱼跳龙门"之说，寓意人飞黄腾达，官运亨通；同时"鲤"与"利"同音，自古以来，鲤鱼就被视为祥瑞之物。

数字化修复及展示可行性分析：该柜子整体保存完整，没有较大的破损或瑕疵，柜面的红漆和漆艺画图案等花纹图样保存良好，人物细节清晰可见，鎏金处也保存较为完整。只有表面和柜角处有轻微的磨损，少许雕刻部分颜色有轻微脱落，故数字可视化可行性高。

在修复时，从整体开始，该柜子结构明确，图示只能看见柜子正面样式

图4-165

和少部分细节，在数字化修复中，我们将呈现左右及内部样式，使结构体现完整，注重其对称性，体现出该家具的对称之美。并且我们将注重还原其本来颜色与纹理，将磨损的颜色尽可能还原，并为其增加材质，使其更加接近真实的质感，并把雕刻中的花纹的凹凸细节和漆艺画中的色彩细节精致地在展示效果中展现。另外，重点复原该组柜子上精致的漆艺画这一重要特点，保留其清晰的色彩和形状，刻画柜面上精致的瓶纹和八仙等中国传统纹路，并且将人物的神态以及动作清晰展现出来。重点还原漆艺画上人物的动态表情、动作和服饰特点，不仅要还原柜子的外形，更要还原柜子的文化意蕴，使人们能更好地观赏该柜子的同时感受到古代人们的精神文化。

三十一、窗格漆板画《醉八仙》

四幅窗格漆板画均为清朝时期制造，如图4-166、4-167、4-168、4-169所示，以漆为原料，绘制在木板上使漆艺不仅仅靠依附于器物的表现形式或传统的品种模式来表现，该板画通体均长60厘米，宽26厘米。属于清朝时期人物漆板画的一类，装饰艺术继承于明代的装饰技法之上，装饰纤巧烦琐，尤其是山水自然纹饰，妙得其真。在不同的背景上衬托各种景物或人物。在四幅图中山水自然为背景，也有小院建筑为背景，其中各有两人在闲适地交谈或休憩，似呈醉酒之势，使画面层次清晰，各自成章。其内容或许反映着文人士大夫的悠闲生活，或追求绘画的意境。进一步观察其各自姿态和所持物件，以及每幅画上方有相同的题字"醉八仙，岁次年末，春三月，上浣吉日，罗并题"可初步判断其内容是"三月初三春正长，蟠桃宫里看烧香"蟠桃宴①醉八仙的民间神仙故事。

图4-166　　　　图4-167　　　　图4-168　　　　图4-169

该漆板画分为四个部分，描述的是中国民间传说中广为流传的道教八位神仙，第一幅是蓝采和，常背花篮，对酿酒的技艺精通，自酿自饮；韩湘子，善吹箫，是八仙中风度翩翩的斯文公子，在图中蓝采和背着花篮在左，韩湘子手持洞箫在右，像是被韩湘子叫住，蓝采和回头，韩湘子看向八仙桌欲拿起酒杯与蓝采和畅饮一般。在戏曲中，身子前倾，一手背身，为"探海儿"式。

第二幅是铁拐李，瘸腿的老汉，手拄铁拐，身背硕大的酒葫芦，衣着褴

---

① 李智慧：《中国民间故事精选》，人民出版社2008年版。

楼，形似乞丐；何仙姑，手持荷花，描绘的是二人酒酣过后，铁拐李抱着拐杖靠在大葫芦左边，何仙姑抱着荷花靠在大葫芦右边，均为睡态，表情闲适。戏曲中也有何仙姑一手托着脸颊的姿态，姿势优雅婉转。

第三幅是张果老，常倒骑白驴，背渔鼓；汉钟离，袒胸露腹，手持棕扇，头上扎着对髻，图中张果老在左侧搀扶着汉钟离，走在蟠桃宫里，其手在空中比画，像是在叙旧。

第四幅是曹国舅，着官服官帽，腰佩玉牌；吕洞宾，身背宝剑，这两人则互相搀扶着，都呈醉态，应是刚从八仙桌上起来一般。姿势呈左右摇摆状，浑圆自然，在戏曲中有"醉步"跟跄步、"绊步"左右摇摆式与之相近，据民间故事相传，他们两两各自交好，或为兄弟朋友，或为师徒。

传说八仙分别代表着男、女、老、少、贵、富、贫、贱，八仙均为凡人得道，个性都与百姓相接近，同时八仙根据其使用法器、秉性等，对应了八卦，而八卦代表了世间各种各样的事物。八仙分别对应了八卦，同时也代表了芸芸众生。将八仙作为装饰或家具图案也隐喻着当时民间对修仙得道或美好生活的向往。

"八仙"出自民间，既有装饰价值，并且有很高的艺术性，八仙题材除了出现在画中，也常出现在戏曲之中，八仙的姿态也都有着一定的戏曲元素，其左摇右晃的动作，像柳叶随风摇摆或雪花随风飘扬一样，在戏曲中有着八仙步、醉拳等不同姿态。据民间所说，民间戏曲酬神祈福时，经常上演《醉八仙》或《八仙祝寿》等扮仙戏。主要是借此表达祝福或是向神明祈求赐福。同时，古传也有一种醉八仙拳法是以八位仙人醉态时各种姿势编创成为的象形拳种体系。

数字化修复及展示可行性分析：该文物保护较为完整，作为漆板画的主要用途就是装饰，在记录文物时，这四幅画均被挂于墙上，可在客厅或者餐厅里作为装饰。从整体来看，该板画木质框架部分的结构相对完整，没有缺角或严重的磨损，还原时注重颜色与材质。刻画的八仙、自然山水也无残损，纹路清晰，人物表情、衣纹等细节都比较完整。

文物复原的重点在其刻画的内容，因其原料为漆和木质，只在漆画边缘存在些许掉漆的部分，其主要刻画内容记录八仙的图案或是字样，都清晰可辨，这对文物数字化修复保护的前期采集工作来说，因为其损失部分较少，但并不影响前期观察及理解，所以，我们采用磨损信息实体还原应为最佳选择。在处理人物面部表情和服饰上的细节时，应使其纹理明确细腻，如人物毛发的浓密程度，在发量多的地方就是以整体抹黑的方式表现，胡须或铁拐李稀少的毛发以及何仙姑的刘海都是以写实的方式表现，一笔一画栩栩如生，在处理时也要注意衣纹走向，以及其装饰的规整，保留画边缘掉漆磨损的部分，使整体看起来更加真实有分量，甚至在还原其姿态时可以参照八仙题材的戏曲的经典动作或查阅文献，来注重还原人物优美自然的身段、面部表情等。

三十二、清代佘太君会客置物柜

如图4-170所示，该柜为清代时期的置物柜，做工精细华丽，为红木制，具有明显的木材纹理。柜子由碗柜、抽屉两部分组成。整体框架为长方形，柜身高出地面一段距离，方便在置物柜底下置放杂物。置物柜上方双门对开方便置放物品，下方则为抽屉式，方便一些精小的东西存取。柜体正面有浮雕的雕刻，其雕工精细，十分华丽，浮雕涂色均为金漆，寓意为吉祥如意。通体为红褐色，加上描金漆画图案下的黑漆，使柜身整体看上去端庄大气，具有清代时期家具工艺上装饰丰富

图4-170

的特点。

　　柜体的图案又分为上、中、下三个部分。最上方又分为两个框体，框体左右对称，两侧的图案均高约 18 厘米，长约 38 厘米。每个框体描绘的场景不同，最左侧的框体中，如图 4-171 所示，雕刻着身形各异的五人，其间一个手握龙形拐杖的人位居画面的中央，身着大袖衫长裙、披帛，坐在椅子上接见他人，通过龙形拐杖及服饰的刻画，位居画面中央的人物似乎是宋朝时期的佘太君。其余的四人则分别站在她的左右两侧，四人皆身穿圆领长袍、宽袖，腰间束革带，头上戴着宋朝的幞头，其中一人对着佘太君行礼，或禀报事情。人物左边的浮雕则是柳树，据民间的说法，柳树寓意人生前程似锦之意，也象征着一种去除恶鬼之意，明清的家具瓷器上较为常见。右边则形似松树。人物身后雕刻的云纹以及回纹组合在一起使画面更生动有趣，丰富了浮雕的画面结构，也寓意富贵不断、心想事成的意思。从雕刻的人物面部表情中看出五人的表情均是愉悦放松的状态，也体现出古代的和谐思想对人们的影响深刻。

图4-171

　　如图 4-172 所示，右侧的框体中根据画面描绘的龙头拐杖以及衣帽等特征，我们大概可以推测出画中的老太太形象的人物应是宋朝的佘太君。佘老太君挂着象征着她的身份的龙头拐杖，被两名侍女或是家人搀扶着，从浮雕刻画的人物的表情看似是怀着愉悦的心情接受他人的拜见。画面中一人屈

图4-172

膝，手上或是献给佘太君的礼物，另一人则是侧身而立，一手放在了腰间的革带上，一手则伸向身旁的树。二人与佘太君的关系似是亲密，或是家人。其乐融融的画面隐喻了民间对家庭和睦、幸福生活的向往和追求。

　　如图4-173所示，碗柜的中部则是选择了漆艺绘画，漆画分为两部分，左侧部分外圈的画框采用桃花与卷草纹进行装饰，民间桃花意为春天、好运；卷草纹则有着生机勃勃、祥云之气的含义。就像古代常用的回纹纹样，它是由横竖短线折绕组成的方形或圆形的回环状花纹，形如"回"字，所以称为回纹。而它表达的概念则是富贵不断、心想事成，两者加在一起则表达了民间对美好生活的渴望与向往。画中远处有云、树、太阳，近处则为阁楼上有两人在交流或欣赏远处的美景；阁楼下方则有三人，其间一人手握蒲扇，另一人手则指着一旁，似是在聊着有趣的事，一人则怀抱着剑或是拐杖正驻足倾听，欲加入两人的对话。画面中三人的下方有两人站在石堆前昂首挺胸，似是要一较高下，描绘着一幅古色古香的生活情景，体现出了古典艺术题材来源于生活，

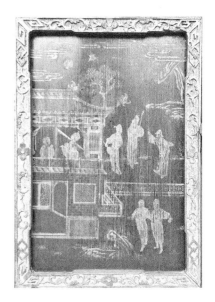

图4-173

而又高于生活，常以不同的形式，使人产生联想并发出美好的期盼。古代的吉祥图案通常会以花纹、谐音以及文字来表示。

如图4-174所示，由于时间的演变，漆画右侧部分的图案已被磨损得快不可见了，依稀还能看清图中似乎有一处亭子，亭上有两人在桌前或是交谈或是饮酒，亭台的下方则似乎有一人挥舞着手中的大刀向手持扇把的人劈去，不知是在比武还是在打斗。最后，在画面的右下角又另有两位侍女或是小姐夫人正向这边观望。如图4-175所示，下面部分框体中的图案则已被磨损得不可见。

图4-174

图4-175

数字化修复及展示可行性分析：柜子的上半部分保存得较为完整，浮雕人物的姿态，与人物面部表情都较为清晰，小部分细节磨损较浅。通过数字化保护与高精度建模的修复是可以实现浮雕的全方位建模。而下半部分的磨损较为严重，大面积漆画缺失，只残留下些许图案，我们则需利用计算机图形学、图像处理、虚拟现实等数字化技术，尽最大的可能复原残留的图案，在修复时应注重还原其本来的残留下的纹理，将磨损的姿态、表情、服饰以及环境的描绘尽最大可能修复出来，最后在数字化修复中，利用高精度建模的方式呈现左右及内部样式，展现一个立体、饱满的形象。

三十三、窃语行义吉祥双柜

如图4-176所示，该柜为清代时期制造，主要用于盛放日常衣物用品的家具，清代时期的家具造型上凸显浑厚和庄重，装饰上多求富贵和华丽。该柜的柜身通体为红褐色，柜体的上下两部分则采用的是浮雕雕刻，中部则采用了漆画的方式，浮雕的涂色加上漆画的上色均为金色，作为象征符号，寓意为吉祥如意。浮雕与漆画的周围则采用黑漆上色，黑、金色彩的搭配略

图4-176

显柜身的庄重，加上雕刻的装饰图案，显得柜子稳重华丽。柜身整体看上去端庄大气，具有清代时期家具工艺上装饰丰富的特点。

该柜分为上、中、下三个部分，每个部分左右各有一个框体，每个框体的花纹雕刻均不同。如图4-177所示，柜子上方左边的框体中雕刻的是牡丹，右边的则是石榴，纹理并不对称，却并未显得突兀。在民间，牡丹分为折枝牡丹和缠枝牡丹。折枝牡丹通常在柜门或背板雕刻或彩画，缠枝牡丹则常用以装饰边框，该柜的装饰手法则采用的是金漆彩绘。周敦颐《爱莲说》载，"牡丹，花之富贵者也。"牡丹花作为象征符号，寓意则是吉祥富贵、繁

图4-177

荣昌盛。而石榴纹的寓意源于多子的形象。石榴具有一果多子的特征，即"千房同膜，千子同一"，民间喻为"多子""榴开百子"，石榴作为象征符号取其子孙繁多之吉祥寓意。

如图4-178所示，柜子中部的两个画框画均宽23厘米，高30厘米，描绘的都是戏曲故事。左画框画中共四人，其间一头戴高帽，身穿官服的男子与一女子出现在画面的右下方，似是在聊天，也似是在说亲。两妇人形象的人物在画面的左上方，两人在亭子上似在窃窃私语，谈论下方的人物。如图4-179所示，右画框中人物与左画框相同，均为四人，其间一魁梧壮硕的人左手高举，形状作打人之势，表情严肃，左右各有一人，手持长方形物体，似是在保护他，地上一人跪着，右手持长剑，手似无力垂下，表情甚是痛苦，似是已被魁梧之人打伤。画中的人物表情勾勒得惟妙惟肖，动作更是活灵活现，描绘着一幅古色古香的生活情景。

图4-178　　　　　　　　　　　图4-179

如图4-180所示，中间有一对铜制品，门上长方形叶片上悬挂两个镂空吊牌便于开关柜子，可以上锁。铜片上则各刻有一男一女，人物下方的纹理起伏盘旋，呈花朵状，优雅美观，寓意美好。下方则有一对鱼形拉环，方便柜子的开关。拉环下方则是雕刻的植物纹样，但经过岁月的洗礼，已经被磨损得近乎不清了。由雕刻的民间戏曲的浮雕，纹饰以浮雕加引线刻制而成，人物活灵活现，极其优美。整个柜身的工艺精湛，沉稳优美。

如图 4-181 所示，柜子的底部左右各一个框体，框体中的浮雕雕刻的可能是当时流行的戏曲故事。左边的框体中雕刻着三人，似是站在一走廊上，其间有两人似站似坐，正在交流，一人经过此处时，或是认出两人正回头观望。如图 4-182 所示，右边的框体则似是三人互相认出，正在进行攀谈。

数字化修复及展示可行性分析：该柜雕刻的花纹浮雕保存得较为完整，但存在一些细节的缺失，如人物肢体的刻画以及面部表情、服饰纹样都已模糊不清。在修复时，将出现退化、脱色、剥落的现象用数字化技术把它还原，将人物的面部特征、表情、服饰纹样

图4-180

等尽最大努力还原出来，最后通过高精度建模的方式让文物呈现出全方位可观赏的三维模型，展现出柜体上雕刻的古代戏曲故事在情节上的饱满度。

图4-181

图4-182

三十四、晚清四扇漆板画碗柜

如图 4-183 所示，该对碗柜来源于四川绵竹地区，为一套两件式。两

图4-183

件漆板画碗柜制造于清代，柜体采用楠木、黄杨木为原料，柜体由顶板、底板以及四块竖向板围合而成，而有单一腔体的箱型结构，箱体内储藏空间较大。主体框架为楠木材质，面饰黑漆，柜面为清漆黄杨木，呈黄褐色。碗柜出现在清代晚期，亦可称之为橱柜，其主要功能是用来放置餐具及日常用品，碗柜形制类似于双门柜，双门扇向外对开，以纵轴中心线对称，前腿与底板处有望板连接框架，正面门扇上均有漆板画装饰纹样。漆板画碗柜的一对长方形板面以一定比例分别被划分为了四个部分，均以木雕、漆板画交替排列。

如图4-184所示，木雕部分为浮雕技艺，两件碗柜均在上部雕刻花果叶，呈中轴对称式构图，以竹叶为中心，两侧刻花果，下部刻戏曲人物，每组均三人，靠柜中心为一对男女摩肩接踵，两侧不远处有一掩面女子。周围施以黑漆，描有白色点状暗纹。碗柜框架结构规整牢固，转角平整自然，结合部位用木榫或五金件，十分牢固耐用，门扇能够平稳地开启闭合，并且闭合表面平整贴合，清代工匠在家具设计上十分注重韵律感，在柜门的分割比

图4-184

例上就能够体现。

如图 4-185 所示，漆板画部分，第一件碗柜总共描绘四幅画面，左上侧描绘有四个戏曲人物。亭下分立两女子面对亭外，亭外一对男女走过，四人双手皆交叉放置袖内，呈两两议论状。右上侧描绘内容为怒目圆睁，一手高举的男子，胸饰团花，衣着华丽，与三侍从争打于亭外，两侍从手持棍棒前后夹击，另一侍从倒向一侧，仿佛送果盘途中与该男子正面产生冲撞，果盘散落一地。

图4-185

左下侧和右下侧分别为竖向构图的一只佛手、两支梅花与竹叶，以黑漆勾勒着色，线条细腻流畅，色调浓淡适宜。梅竹分别代表着的是中国传统文化中的高洁、气节这两种高尚的品格，在传统文人心目中，这些是一个君子必须具备的美德。而佛手是芸香科柑桔属植物，是香橼的变种之一，因其果形奇特，芳香清雅，深受古人的喜爱。在《浮生六记》中写道，佛手乃香中君子，只在有意无意间。佛手的香，清冷，如寒梅、幽兰，暗香浮动，似有似无。佛手的形，玲珑小巧，如佛陀拈指，自带仙气。佛手以其澄明之色、清雅之香、玲珑之形，成为了中国古人的案头清赏、几上清供、席间清友。古人说：心存浊滤，则生纷扰；心存清趣，则生雅致。"唯清静者，物不能欺"，只有实现了清净的境界，方可观见物相之美，漆板画上的几只佛手，正体现了清代人们对生活的一份热爱。

如图 4-186 所示，第二件碗柜左上部描绘戏曲人物六个，前有三男子头戴官帽立于柳树下，后为头戴凤冠的三女子，笑容灿烂，交头接耳。右上

图4-186

部总共描绘五人，亭外为皇帝与皇后，身后有一手持掌扇的宫人，彰显皇权至高无上，亭内有两位衣着华丽、头戴珠宝的妃嫔，俯身望向右侧。右下部描绘的是两只梅花鹿嬉戏悬崖边，上有云雾缭绕的仙山以及树木作为点缀。宋朝诗人王禹偁曾写过一首名为《花鹿》的诗："花鹿一何驯，长随病使君。必教吾在野，当与尔为群。静饮清溪水，闲眠碧洞云。犹胜市朝里，逐众走纷纷。"说的是梅花鹿静饮溪水，闲眠碧洞，是文人墨客最向往的隐居生活。

数字化修复及展示可行性分析：碗柜在清代时期遗留下的实物很少，在民国时期碗柜才迅速发展，因此，这对精致的清代碗柜为不可多得的精品。从整体来看，两个碗柜整体结构保存较好，色泽鲜明，元素丰富；尤其是表面的雕花装饰和人物刻画极其精致，对于数字化还原是不可多得的参考。在数字化还原的过程中，应注意尽量还原其黄杨木独特的色彩以及手绘线条的采集，尤其应该着重把握其漆板画的明暗色调。首先从整体结构入手对碗柜的外观、色泽加以把控，重中之重还是在于碗柜文物的雕刻装饰，在进行数字化还原时，注意平面与立体雕刻装饰的衔接，尤其是人物部分，其富有戏曲元素的精致发饰，飘逸的衣物，对原有的细节进行还原。因人物部分存在掉漆问题，在处理时，应通过对掉漆处周围的分析来处理好人物特征以及各细节精准的位置，对于部分褶皱模糊的应在明确结构信息后根据主要特征进行还原，把人物的神态、造型还原出来。以整体与细节相结合的数字化还原方式，使碗柜在进行数字化展示时能够让观者更清晰地分辨、欣赏其内容。

三十五、清代对戏镂空双柜

如图 4-187 所示，该衣柜为清朝时期制造。衣柜是以实木为原材料，清朝时期的家具在造型上十分浑厚和庄重，整个体态显得丰硕宽大。而在材料的选择上，清代的家居比较偏向于色泽深、纹理清晰的木材。在装饰上，清代的家具注重装饰，装饰富贵华丽，表现手法多种多样；喜欢将各种各样的材料兼用，并且也混合多种工艺。

图4-187

衣柜的柜门左右两边雕刻着方形花纹，两个方形雕花中间都有椭圆形的画。如图 4-188 所示，可以看出椭圆形画面的周围围绕着一圈雕刻的花鸟纹样，给人一种吉祥富贵的感觉。

图4-188

图4–189

鸟兽停留在花的枝干上，错落有致像是将中心椭圆画烘托起来。中间的画面没有用雕刻的手法来表现，而是采用了画笔勾勒的形式，底部均使用黑色打底，正好与周围复杂的雕刻形成了鲜明的对比，使中间椭圆形的画面更为突出，不会给观者繁重的感觉。两幅画都是画的身着衣服的人在比画着什么。左边的椭圆形画面中，一人挑着扁担走在前面，后面两位穿着戏服的女子，一人手持扇子、姿态摇曳，仿佛才从那边缓缓而来。另一人紧随其后，从一个类似亭子的建筑后方走来，亭子后方的花开得好极了，蝴蝶围绕着他们。右边那一幅画则是画的两个头戴冠的人走在前方，棕褐色衣服的人为后面身着红袍的人引着路，身着红袍的人则拱手道谢，后方是提着灯笼的人站在亭子下方，亭子旁边的芭蕉树长得正好，蝴蝶翩翩起舞，与左边那幅画相呼应。

在衣柜的上方采用了镂空雕刻的手法，也可以称之为透雕，如图4–189所示。将所雕的纹样穿透雕空，因此，显现出所雕纹样的轮廓，给人一种能够呼吸透气的感觉，也极大地提升了所雕物品的观赏性，使作品更加精巧。左右两边都刻了三个同样的人，只是衣着、姿态和场景不同。画面的后方被雕刻的植物填满。人物的身边还有不同的建筑。三人活动的场景均围绕着一个小台桌展开。可以看到有两人都手持折扇，隔着小台桌相对而立，后面跟着一个相对较矮的小童。

　　如图 4-190 所示，柜门下方的雕花也是采用了镂空雕刻的手法。左右
两边的图案是对称的。在长方形里面包含了一个菱形。菱形的四周雕刻了大
量的植物纹样作为衬托。菱形中间雕刻着奔驰的骏马以及一些植物纹样。柜
门上方和下方的镂空雕刻都采用了相同的颜色，也更好地突出了中间图案，
使整体看起来并不让人觉得烦琐。

图4-190

　　数字化修复及展示可行性分析：该衣柜保存得相对完整，衣柜上的装饰
花纹较为清晰，但也有个别细小的纹样略微模糊。用数字化技术对衣柜进行
还原，由于装饰纹样较多且复杂，所以在还原的时候要注意衣柜所用纹样的
形态、走势以及所用材料的肌理。着重注意衣柜柜门上中间的两幅黑底的
画，在数字化还原时要将画面上人物的身姿、衣着的飘逸感体现出来。

三十六、庭院人物梅兰竹菊柜子

　　柜子采用了木头为材料，整体做工十分细腻精致。用了多种表现手法来
装饰柜子。柜子由一个大的开合门和四个小的抽屉组成。柜门上采用了雕刻
和工笔来装饰。柜子的框架整体为深褐色，图案为橙黄色，一明一暗形成鲜
明的对比，色彩搭配十分和谐，如图 4-191 所示。

　　柜子上一共有四幅图是用的雕刻工艺，如图 4-192 所示，两幅雕刻的
是植物纹样，另外两幅雕刻的是人物，上面的两幅植物纹样的雕刻比较简单
大气。下面的两幅人物雕刻则要稍微细致一些。雕刻的是同样的人物不同的
背景和形态，用简单的线条勾勒出人物的样貌和衣裙的走向，简单明了又不

图4-191

显得粗糙。在雕刻的图案周围，还有一层细细的纹样，是为了突出中间的图案。

在柜子的开合门上描绘着四幅工笔人物画，柜子上面的工笔画都画得十分精美，上面的人物每一个表情都十分生动，仿佛身临其境。上面两幅以女子为主，左边那幅画是一幅从窗户外面向里面看去的场景。画面中女子围坐在一起错落有致，看得出是一片祥和的氛围，画面中的女子们似乎在攀谈着什么，其乐融融。右边这幅画是一幅室外的场景，女子们坐在亭子里。亭子前面有一棵树遮挡着后面的亭子。女子们围着桌子喝着茶或是酒。她们相谈甚欢、言笑晏晏，如图4-193所示。

图4-192

下方的两幅工笔画均是以男子为主。两幅画看上去都是在室外的亭子中。左边的那幅画近处有树木，远方有假山和湖水，亭子中的人们正襟危坐，相视攀谈。他们戴着高帽，有的胡子斑白，有的手摸胡须，桌上放

图4-193

图4-194

着茶水。右边的那幅画有男子也有女子。似乎是在商议着什么。近处的松树开得这么好，远处的山高高耸立。亭子中的人们表情各异，如图 4-194所示。

柜子最下方的四个抽屉是工笔花鸟画，画着梅、兰、竹、菊。这四幅画通过对自然界事物的刻画，展现出中国特有的优雅气质。梅兰竹菊的题材深受绘画者的喜爱。梅花孤傲冷艳、兰花幽深高贵、竹子坚韧挺拔、菊花高洁清雅。四君子千百年来一直都是一种品格的象征，如图 4-195 所示。

数字化修复及展示可行性分析：柜子保存得十分完整，柜身上的图案也

图4-195

清晰可见。但画面上的色彩有略微的褪色，通过高精度的建模技术将柜子的整体结构，以最大可能的方式展现出来，柜子的色调、材料的肌理、画面丰富的色彩都能够通过数字化技术，尽可能地还原。将因为时间的流逝所导致的磕碰以及风化利用技术进行修复，也因为柜子保全的完整程度，省去了很多收集资料的步骤，为数字化修复减轻了工作量。

三十七、清代金戈铁骑样式拱门

该拱门或床板面出自清代，如图4-196所示，来源于四川绵竹地区。该拱门或床板面采用红杉木制作，整体为红褐色，分为上中下三个部分，每个部分皆雕刻有精美的浮雕。浮雕刻有吉祥花卉、刀马纹、凤纹等，雕刻精美细腻，象征吉祥如意，寄托主人对于英雄的崇拜、敬仰和自身渴望冲锋陷阵、建功立业的心情，并表达了期望天下太平无战乱，百姓安居乐业的愿望。

该拱门上半部分又分左中右三个小部分，左右靠边对称的雕刻图案均高42厘米，长约26厘米。靠左侧上方的图案中雕刻有两个戏曲人物，如图4-197、图4-198所示。两人均为青年男子，衣着铠甲骑于马背之上，一人

图4-196

右手牵缰绳，左手持武器挥舞致意，另一人双臂展开防守，二人似乎有言语交流，奔驰在战场上。靠右的图案中，同样是两个戏曲人物，身骑骏马，向左奔腾，两人皆左手持缰绳。马匹孔健有力，飞腾而起，呈行进之势。摇展的旗帜与挥舞的战刀扣人心弦，表现出战争的激烈，同时彰显统治阶级崇文尚武，倡导忠义尚武的精神。下方是左右对称的凤凰衔牡丹鎏金雕刻，民间常把以凤凰、牡丹为主题的纹样，称之为"凤穿牡丹""凤喜牡丹"及"牡丹引凤"等，寓意祥瑞、美好、富贵。凤凰是百鸟之首，牡丹是百花之首，此图案寓意繁荣、吉祥、如意。凤凰尾部的祥云，承载着深厚的文化内涵，象征美好并表达吉祥、喜庆以及幸福的愿望。表达了古今人士一种美好、幸福、平

图4-197　　　　　**图4-198**

安、吉祥的愿望，同时也反映了明清时期人们追求美好、趋吉避凶的传统心态。

该拱门上半部分的中间图案如图 4-199 所示，高 20 厘米，长 75 厘米，左右两侧图案皆以此图案为中心，左右对称。画面中共有四位男性戏曲人物，画面左右各有两人，靠左两人皆右手牵缰绳，左手按于马背之上，马匹飞腾而起，前足跃起，后足内蹬，孔武有力。靠右两人皆身着战甲，身骑战马徐行，整个画面一动一静，画面和谐而稳定，人物形象恢奇恣肆、躯干伟岸、神情夸张，战马的威猛更突出战将的英勇。马与马背上的战将合而为一，巧妙而默契地配合作战，成为整个画面最精彩、最扣人心弦的部分，寓意保卫边疆、希冀社会安定。

图4-199

两幅图皆高 22 厘米，长 12 厘米，如图 4-200、4-201 所示，靠左的图案中，一人头戴汗巾，身着棉甲，骑腾跃而起的骏马，双手放空，左手同肩宽，右上斜举。右手高于头顶，托举一对旋转的碗，神色中趣味与紧张并存。靠右的图案中，一人身着铠甲，右手叉腰，左手手持杂耍花伞高举，怒目圆睁，霸气四溢。马匹虽立于平地，腾飞而起。画面线条柔和内敛，雕刻细腻传神，表达了一代人对美好生活的追求。

拱门中部高 28 厘米，长 12 厘米，如图 4-202 所示，画面中，一农家

图4-200   图4-201

图4-202   图4-203

妇人居于画面中央，立于庭院，姿态挺拔，身着粗布麻衣，右脚后撤，手握粮食高举。古时把粮食比作"天"，认为粮食乃"民之司命"，寓意"民以食为天"，统治者更是对于粮食的生产和储备高度重视。如图4-203所示，靠右画面中，一男子居于画面中央，左手屈于胸前，右手前伸，似若引吭高歌。左右相对，各自成章，又仿若整体。

拱门下半部分，分为上下两个小部分，靠上图案尺寸高12厘米，长26

厘米，靠下图案尺寸高40厘米，长26厘米。靠上两幅图分别为两组刀马人物装饰纹样。画面以兵器、战马、人物三大元素构成。如图4-204所示，靠左画面中，一人右手高举，单手握兵器，左手前伸，姿态勇猛；靠右画面中，一人同样身披战甲，双手持锤，两人相对，驰骋于战场之上，战马嘶鸣，场面激烈。下半部分，靠左图案中，似在城墙之下，画面共有四位戏曲人物，画面中央，三人一马，一老翁携儿孙，观看杂耍。老人左手上抬，似与子孙讲解。一人单脚立于马上，双手顶碗。远处高楼一人，双臂张开欢呼雀跃，似乎在喝彩。如图4-205所示，靠右图案中共有四位戏曲杂耍人物，一人骑马立于视觉中央，头戴乌纱帽，身着官袍，左手牵缰绳，右手持兵器，徐徐而行。画面靠右一人，后背微弓，手指碗状器皿，二人似有言语交流。画面雕刻力足意到，增强了画面气势。

图4-204   图4-205

数字化修复及展示可行性分析：该拱门整体结构明确，浮雕纹理清晰，整体样貌完整且清晰，仅有少部分磨损，还原时我们应注意其纹理的凹凸细节，戏曲人物神态动作的刻画，着重处理其人物浮雕部分。首先，在修复时，我们从整体开始，进行拱门的整体面貌展示，最大可能还原其光泽、纹理、颜色，体现其选用材质、大致结构，针对部分磨损的情况，我们应该注意它的材质，注重还原其本来颜色与纹理，将磨损的颜色尽可能还原，并把花纹精致展现。在还原时注意其结构整体性，左右的对称性，既要注意到它的整体结构，也要注意到其材质的特殊性，还原其真实形态。图示只能看见该拱门的正面样式，在数字化修复中，我们将呈现四面及内部样式，在环境中呈现其时代所表达的华贵伟岸的效果，给人以三维立体、形象丰满的展示。

三十八、祥云当头洗脸架

此洗脸架为清朝时期制造，如图4-206所示，采用木头为原料，有底座，按结构大体分为两段，呈敞开式。此物品用以承放面盆。洗脸架大体为黑色，在上方祥云纹部分使用金色涂料，有大气之感，打造细节，放置毛巾等部分使用红色涂料。洗脸架方方正正，有硬朗之气。在中间放置面盆处采用圆形体用以打破整体的方正感，以至于不会太单调乏味。洗脸架朴素简单，并不执着于外形的华美，而着重对上方装饰纹样的细节进行刻画，较为细致精美。

洗脸架最上方装饰纹样为主要装饰，采用镂空形式，主要为祥云纹，如图4-207所示。多种祥云纹起承转接，中间的花纹为金色，寓意吉祥如意，两头图案为龙，在我国的神话故事中，龙能出天入海，可以腾云驾雾，有升腾之意，于是在古人眼中龙的寓意就和出人头地有关，同时龙的图案使用金色涂料，表达的是前途辉煌顺畅。其他部分采用黑色涂料连接。

图4-206

其中有寓意"好运连连"的云纹，古代人们对于希望生活美满、事事如意的心愿，通过一件日常生活用具表达出来。洗脸架上方的祥云纹造型柔美却不失流动、舒展的美感，硬朗的有线条感的纹样给人一种舒适且通透的视觉享受。

图4-207   图4-208

洗脸架上方红色框架为凸面，如图 4-208 所示，框架中为一男一女，女子头发盘起，穿一件红色大袖口长衣，头微微低下，面带微笑，身体展开，右手握金色折扇，左手抬起放于膝盖之上，食指放于下巴上，左腿高抬弯折，脚踩在男子手背上方，身体向男子方向斜倾，男子头发高高顶起，左手高举，握金色圆形物体，似扇子，双臂展开，身体向下蹲，双腿弯曲，右腿向前延伸给以支撑，极具力量感，怒目圆睁，眼神凌厉，富有力量感，两人对视，眼神之间充满交流感。两旁各有一棵金树进行装饰，金树下方有一把黑色铁锹，树的树干为黑色，树叶和果实却为金色。黄金树叶表示永不凋零，象征希望、有生气，寓意平平安安，拥有无限的生命力与活力。左侧树枝上还吊有一个篮子，寓意枝叶繁茂四布，祈求可以开枝散叶，子孙满堂。

洗脸架中间部分装饰纹样呈中心对称，如图 4-209 所示，圆弧形纹样和横向竖向线条相结合。线条横竖分明，方正的金色回纹与柔软圆弧形的卷草纹巧妙地结合在一起，中间又夹杂着线条装饰，相互结合掩映，卷草纹柔美却不失图案本身的硬朗。两侧图案对称分布，精妙绝伦。

该洗脸架整体保存完整，图案花纹等保存良好。但是在图案花纹表面有轻微的磨损掉漆情况，特别是在洗脸架放置面盆的地方已经出现掉漆泛白的情况，黑色漆已经脱落，已经将用具木头原本颜色呈现出来。

数字化修复及展示可行性分析：该洗脸架整体保存度较高，但是用具表面涂漆已经出现脱落，在修复时需要注重还原其本来颜色，将已经掉漆的颜色尽可能还原，将祥云纹装饰纹样详细展示出来。针对洗脸架放置面盆处已经

图4-209

掉漆泛白现象，需逐渐恢复本身的材质和颜色，使其更加接近木头质感以及原本颜色，最终达到其数字修复的基本实现。在数字化修复中，将洗脸架的整体展示出来，呈现出一个完整的形象。

三十九、连珠合璧茶具

此茶具为清朝时期制造，如图4-210所示。采用木头为原料，有底座，大体为棕色，在纹样装饰和图案等地方使用金色涂料，显出端庄之气。此用具注重打造细节，在装饰纹样处雕刻精美。

该茶具按结构大体分为上中下三部分，上方部分呈拱形，两端翘起，上方有龙头，嘴巴呈张开状，富有生机与活力。龙象征太平，能给人们带来幸福。人们将龙的象征吉祥通过茶具表达对生活幸福美满的希冀。拱形上方有黑色卷曲纹，似海浪拍打在海岸上，似空中云间翻腾，柔软却刚劲有力。木牌处画面是两只四不像，两个动物四肢展开，右边一个身体稍向后靠，似警惕状态，两个动物呈战斗状态。相传，四不像有着龙和虎的威猛凶狠，也有狗的忠诚，鹿的灵敏。

该茶具中间部分面板，高约18厘米，长13厘米，刻有两男两女，如图

图4-210　　　　　　　　　图4-211

4-211所示。左上一女子头发高高束起，头微微低下，仪容严肃，右手伸出似在指着什么，右边男子坐于桌案前，头戴官帽，身体左侧对着女子，右手抚在女子肩上，左手拍案，似乎要与女子说些什么，两人充满交流感，描绘出古时生活情景。只见左下一男子头戴官帽，面带微笑，左腿提起，右脚微

图4-212

微踮起，左手朝右边女子指去，右手握一把金色折扇放在背后，右边女子手握一把折扇，面若羞涩，身体微微左侧，两人眼神之间充满交流感。在古代，一些女子会在扇子上作画，以画表意，表达平安吉祥等意思，男子则在扇子上题诗抒发自己内心的情感。

底座前方的围栏样式上放着两只金蟾，如图4-212所示。金蟾象征着招财进宝，财源滚滚，图中

两只金蟾均朝向里面，意为守住财宝。茶具下方两边各刻有一龙头，龙谐音"隆"，在人们看来龙有兴隆之意，龙能出天入海，能够带来充足水源，所以龙也寓意生活富足，有富贵吉祥之意。中间图案为桃花，桃花在春天盛开，寓意美好，表达人们对美好生活的希望。

木制茶具虽整体保存完整，但是在部分地方存在一定程度的破损。在上方面板处已经出现掉漆情况，同时图案花纹表面有轻微的磨损掉漆情况，特别是在茶具下方部分椅腿处磨损较为严重，已经出现掉漆泛白带有划痕的情况。

数字化修复及展示可行性分析：该茶具整体保存度较高，但是用具表面涂漆已经出现划痕泛白，在修复时需要注重还原其本来颜色，还原用具原始颜色和材质纹理，将已经掉漆的颜色尽可能还原。在数字化修复中，将茶具的整体展示出来，呈现出一个完整的形象。对于磨损情况较为严重的地方，如椅腿处的划痕，需逐渐恢复本身的质感和颜色，使其更加接近用具原本材质，最终达到其数字化修复的基本实现。

四十、琼枝玉树洗脸架

如图 4-213 所示，此洗脸架为清朝时期制造，采用实木为原料，洗脸架由四根立柱和四根屏风柱向上延伸组成，中间屏风下方有一个小型置物平台。洗脸架下方有个抽屉。洗脸架通体为红褐色，富有古典和雅致的色彩、情韵。洗脸架做工精致，主要在屏风上进行细致刻画，体现了清代雕刻的精妙工艺。

如图 4-214 所示，该洗脸架主要为屏风的左中右三个部分，左侧屏风上清晰可见直口、长颈，中间部分长 40 厘米，宽 18 厘米，雕刻着两个人物，左侧的人呈站姿，站在桥头，背上披着披帛，眼神向右下看，一手高抬，讲述故事，神态威严肃穆；右侧的一人头戴礼帽，呈跪姿，一只手拉着左侧人的衣袖，深情真诚而严肃，仿佛是在拜师求学。桥下飞珠溅玉，两人身后是连绵起伏的高山、松树和梧桐树，松树有着长寿的寓意，也象征着坚

图4-213   图4-214

强不屈的精神。《论语》就讲道：岁寒，然后知松柏之后凋也。梧桐树传说是凤凰栖息的地方，又叫"引凤树"，有招引祥瑞的寓意。人物雕刻神情逼真，细腻传神，极富张力。屏风下方有一个置物平台，上面刻制了传统的吉祥纹，右侧屏风可见长颈、鼓腹、撇足的花瓶中有一枝牡丹花，花朵宽厚，花瓣层层叠叠，枝繁叶茂，有着国泰民安、吉祥富足的内涵。纹样纤巧，装饰精美。

如图4-215所示，中间的屏风左右各有一条口含龙珠的龙头，龙在古代就是超自然的象征，为人们所崇拜、敬重。龙珠在古代神话中，是龙的精华，是龙修炼的原神所在，此处双龙口含龙珠表达了对美好生活的追求。寓示着吉祥如意，象征着对生命的呵护、爱抚与尊重。双龙中间的蝙蝠代表了福气，是吉祥的象征。并且蝙蝠从天而降，也有"福从天降"之意。双龙下方的卷草纹整体呈波浪形枝蔓，象征着生生不息、连绵不断。对称的图案，使整体有一种秩序感，蕴含着平衡、稳定的美。

如图4-216所示，洗脸架下方有一个抽屉，抽屉外部是一个锥形金属扣，椅子底部四个底座上同样有类似吉祥纹的纹样，同样代表了祝福之意。

图4-215   图4-216

整体细致精美，既有张力，也有柔美之感。

该洗脸架整体保存完整，没有较大的破损或瑕疵，图案花纹等保存良好，人物细节清晰可见。只有表面有轻微的磨损，特别是下方有些泛白，少许部分颜色已经脱落。

数字化修复及展示可行性分析：该洗脸架由于保存度较高，但是磨损比较严重，特别是洗脸架的下半部分，在修复时主要注重还原其本来颜色与纹理，将磨损的颜色尽可能还原，并把花纹精致地在效果中展现。图示只能看见洗脸架正面样式，在数字化修复中，我们将呈现左右及内部样式，和它所包含的屏风细节、置物台等，且还原出洗脸架的基本功能，展现一个立体、饱满的形象。

四十一、单刀赴会洗脸架

如图4-217所示，此洗脸架为清朝时期制造，采用实木为原料，洗脸架整体由四根立柱向上延伸形成的置物平台和一面带有雕刻的屏风组成，洗脸架整体呈红褐色，所有花纹雕刻都涂成金色，寓意吉祥。洗脸架更加注重对于屏风的雕刻，整体体现出清代雕刻的细致。

如图4-218所示，洗脸架主要雕刻中部的屏风，洗脸架屏风上方的中

图4-217

间是一只蝙蝠，"蝠"与"福"同音，又因为它会飞，于是也有"福从天降"之意，蝙蝠是象征符号，象征着幸福、吉祥与好运。蝙蝠的两侧被双龙所环绕，龙在古代就是超自然的象征，为人们所崇拜、敬重。古文献中多有描述，《淮南子—览冥训》高诱注："应龙，有翼之龙也"，《史记·司马相如列传大人赋》："驾应龙象与之蠖略逶丽兮"，《楚辞·天问》等述其于禹治水时以尾画地形成江河，使水入海。所以，龙一直以来都象征着祥瑞，能带来好运和吉祥。双龙龙头朝内，摆放也蕴含道理，为吸财入库，还有庇佑添福赐福之意。双龙下方是云纹，云能造雨以滋润万物，给人们带来吉祥如意。因此，云纹也是中国传统吉祥图案中的一种。与"运"谐音，含有运气、命运之意。

屏风的中部长27厘米，宽22厘米，中间部分雕刻有关羽，此人手持青龙偃月刀，此兵器较重，劈、斩的能力很强，但也因此不适用于近战，后多被用于训练、仪仗等地方。头戴巾帻，巾帻只把鬓发包裹，不使下垂，汉代在额前加立一个帽圈，名为"颜题"，与后脑三角状耳相接，武官的冠耳短。巾覆在顶上，使原来的空顶变成"屋"，后来高起部分呈介字形屋顶状的称为"介帻"，跨于介帻之上的冠体称为展筒。关羽的背部因为受伤而有剑插在身上，身穿盔甲，神情威严肃穆，驰骋疆场。周围有崎岖的高山和树木，好似在前往一场激烈的战争。雕刻细腻，人物惟妙惟肖，富有张力。

如图4-219所示，屏风最下方是一株盛开的牡丹花，还带有两株含苞待放的牡丹，花朵宽厚，花瓣层层叠叠，枝繁叶茂，有着国泰民安、吉祥富足的内涵。牡丹花在清朝是作为国花而存在，象征着雍容华贵。屏风最下方也是两朵完全盛开的牡丹，对称开放，使整体有一种秩序感，蕴含着平衡、稳定的美。

数字化修复及展示可行性分析：该洗脸架由于整体保存度较高，但是磨损比较严重，特别是洗脸架的下半部分受磨损最严重。在修复时主要注重还原其本来颜色与纹理，将磨损的颜色尽可能还原，并把花纹精致地在效果中展现。图示只能看见洗脸架正面样式，在数字化修复中，我们将呈现左右及内部样式，和洗脸架屏风所包含的细节，尽可能还原洗脸架的功能，展现一个立体、饱满的形象。

图4-218

图4-219

四十二、腾龙载福洗脸架

如图4-220所示，此洗脸架为清朝时期制造，采用实木为原料，洗脸架由四根立柱和四根屏风柱向上延伸组成。中间屏风下方有一个小型置物平台。洗脸架下方有个抽屉。洗脸架通体为红褐色，木质色泽深沉，纹理洒

脱，富有古典和雅致的色彩、情韵。所有花纹雕刻都涂成金色，寓意吉祥，洗脸架做工精致，主要在屏风上进行细致刻画，体现出了清代雕刻的精妙工艺。

　　如图4-221所示，该洗脸架主要是由屏风的三个部分组成，左侧的屏风上方有两朵荷花，"荷"与"和"同音，而和的意思就是和睦、和顺、和气。下方的画面长10厘米，宽13厘米，画面中有两个人，左边一人头戴盔，盔上插着翎子，一手拿着扇子，身穿宽袖戏服，歪头侧身，面带微笑，身姿绰约。一人头戴礼帽，将袖子扬起，眯眼，身子前倾微微弯腰，两人表

图4-220

图4-221

图4-222

情愉悦。

如图4-222所示，中间的屏风，上方有一枝花，下方是一个圆形画面，整体长宽都是17厘米，中间的画面有两个人，在一个集市中，左边是一个小摊贩，摊位上摆着各种各样的东西，摊贩头上戴着帽子，身穿褶子，一手高举，手中握着想出售的东西，向右手边的人进行推销。另一个人穿着比较华丽，一手高举着扇子，一手微微抬起，转过头在倾听摊贩推销商品，身体微微弯曲，侧身转头，听得入迷。这个女子后方有一个小孩子也把头从窗户里面伸出来，对摊贩的推销感觉十分好奇，且认真。描写的人物惟妙惟肖，动态感十足。

如图4-223所示，右边的屏风上方是兰花，它被称为花中君子，因其品质非常高洁，它有着典雅、坚贞不渝的寓意，它是象征符号，隐喻着"高洁、美好"。下方画面中有两人，其中一个人头戴翎子，背上背着兵器，怒目圆睁，转头盯着后边的人，后面的人，双手抱在一起在胸前拢手，由前向后收，

图4-223

图4-224

呈拱手形，对前面的人作揖，似乎是在送别自己的老友。画面极富张力。

如图4-224所示，洗脸架的左右有两个龙头，中间的屏风上面也有两只口含龙珠的龙，龙在古代就是超自然的象征，为人们所崇拜、敬重。龙珠在古代神话中，是龙的精华，是龙修炼的原神所在，此处双龙口含龙珠表达了对美好生活的追求。

数字化修复及展示可行性分析：洗脸架整体保存比较完整，但是还是存在一些地方有破损，中间画面的周围有一些裂痕，洗脸架下方也有掉皮和泛白的情况，在雕刻处人物的磨损情况也较严重，部分人物看不清楚。

洗脸架的开裂情况是不可逆的，需利用计算机图形学、图像处理、虚拟现实等数字化技术，还原木材自然纹理与雕刻的原始形态，使用各类笔刷工具，逐渐恢复、重建其原貌，并为其增加材质，使其更加接近真实原木的质感，并且最终能还原其原始的功能，最终达到其数字化修复的基本实现。

四十三、清代螭龙洗脸架

图4-225

如图4-225所示，该雕花洗脸架来源于四川绵竹地区，此物为清代之物。雕花洗脸架，摆在室内，既是生活日用品，又是工艺摆设品，可谓美观实用，一举两得。该洗脸架通体采用椿木打造，柏木或梨木雕刻，盆架下设计有抽拉式抽屉，在美观的基础上十分实用，方架上的屏风部分雕刻有镂空图案，其色彩对比强烈，明暗相间，富丽堂皇。此雕花洗脸架布局合理，雕刻工艺十分讲究，做工精细。

该雕花洗脸架分上中下三个部分。上部为雕花洗脸架屏风，如图4-226所示。屏风左右两侧为螭龙纹。螭龙，是一种无角的龙，在家具装饰中，常用螭龙纹作为花边装饰，其线条流畅，动作优美，清新活泼。屏风架上方为两个对称的龙头，龙嘴微张，口中含珠。龙有龙珠，则可降雨，该纹样象征龙靠龙珠调和四季，使四季雨水充沛。屏风中间部分雕刻有四名戏子，四人站在台前，似在唱戏。左边一人头戴戏冠，面露笑容，身着大袖袍，右手手持蒲扇，扇面涂有蓝色涂料。左边第二人头戴解元巾，面露微笑，左手高高举起，装扮似已取得功名的文人。左数第三位，头戴凤冠，形如折扇的扇面，身着长袖袍，左手微微抬起轻放于胸口处。右边一人，头戴戏帽，手似持茶壶。

图4-226　　　　　　　　　　　　　　　图4-227

中间部分为雕花洗脸架镂空屏风。镂空屏风左右两侧以及上下两部分均雕刻有莲花纹，如图4-227所示。自佛教传入我国，便以莲花作为佛教标志，代表"净土"，象征"纯洁"，寓意"吉祥"。屏风镂空处的形状多姿蜿蜒，周围刻有竹子纹。《尔雅》中写道"东南之美者，都会稽之竹箭焉"。竹子生长迅速，古人用它来比喻子孙众多。雕花洗脸架中间部分的两侧装饰均刻有对称的立体龙头以及螭龙纹用以装饰，螭龙纹则被涂上黑色涂料。

雕花洗脸架下半部分由洗面台、抽拉式抽屉以及四角支架组成，如图4-228所示。洗面台部分由于使用频率较高，洗面盆与台面的摩擦导致黑色涂料被严重磨损，斑驳陆离，四角支架的底部雕刻有最常见的云雷纹。

数字化修复及展示可行性分析：该雕花洗脸架整体保存完整，洗面台部

图4-228

分与架腿的瑕疵与破损较为明显，图案花纹等保存良好，雕花人物清晰可见，上方的涂料因时间所致有磨损与掉落，特别是人物图案部分，人物服饰的颜色现只能隐约可见，有些甚至无法判断其原本的色彩。利用最新的计算机图形学、图像处理、虚拟现实技术，我们可以让木材的自然纹理、精致的雕刻细节及其丰富的色彩，完美地呈现在眼前，从而让雕花洗脸架拥有更加逼真的外观，实现数字化修复。

首先，通过高精度建模技术进行洗脸架的整体模型构建，最大可能地从正面、侧面展现其精美的雕刻图案、图形纹理与精美的色彩。其次，通过三维高精度还原技术进行洗脸架的局部细节展示，例如洗脸架屏风上面的人物的雕刻与色彩的呈现，中部的荷花花纹以及花纹背景颜色的复原等等。并着重还原磨损严重的架腿、台面部分，最终还原其原有的样貌。

四十四、鸾飞凤舞木雕

此木雕运用平面浮雕技法，修饰以金漆。整幅画面为生活场景，如图4-229所示，图中左侧绘刻房屋，屋前装有栏杆，一侧刻有回纹，寓意连绵不断、吉利永长，一侧刻有菊花纹样，"菊"与"居"同音，表达了人们向往安居乐业的生活，追求健康长寿。右侧刻有二人，相对站立，左一人头戴幞头，宽袖长袍束带，其右手拄拐杖，左手抬于胸前，掌心向外，轻微向前俯身，向右一人做出阻拦状。右一人为女子，宽袖长袍，圆领云肩，双臂展开，面带微笑，神采奕奕，旁有凤凰相伴。

图4-229

如图4-230所示，左侧刻有二人，左一人为孩童，头顶两发髻，双臂展开，站于树干之上，左脚前蹬，作摘物状，旁有祥龙相伴。右一人头戴幞头，着胡须，宽袖长袍，其左手持扇，右手抬于胸前，掌心向外，轻微向前俯身，向左一人做出阻拦状，仿佛对孩儿爬于高处而感到不安，连忙劝阻。

图4-230

数字化修复及展示可行性分析：该木雕版面保存相对完整，没有较大的破损或瑕疵，图案花纹等保存良好，人物细节也清晰可见，有部分掉漆，可运用三维技术，进行复原以及保护。除了对掉漆处的修复，还要注重还原人物的造型穿着、动作的刻画以及各细节精准的位置，对于部分模糊的图案纹样，应在明确结构信息后根据主要特征借助虚拟修复还原其真实面貌，使其在进行数字化展示时能够让观者更近距离地了解所蕴含的历史文化。

四十五、优伶侍妆卷草框木雕

图4-231所示，画像石大面积主要颜色为淡红色和青绿色。碑刻边运用了大量卷草纹装饰，风格简练朴实，节奏感强，在波状组织中以单片花

图4-231

叶、双片花叶或三片花叶对称排列在两侧，形成连续流畅的带状花纹。纹样的精髓在于"卷"，由植物枝茎条连续波卷，组成S形枝蔓连绵的纹样，常做二方连续展开。二方连续是由一个单独纹样，向上下或左右两个方向反复连续循环排列，从而产生优美的、富有节奏和韵律感的横式或纵式的带状纹样。

如图4-232所示，牡丹雕刻十分洗练，无可加减，仪态婀娜，清香扑面，以少胜多。牡丹象征意义是：富贵、圆满、浓情。牡丹花的象征意义是雍容华贵和花开富贵。常被应用于吉祥图的重要题材。

图4-232　　　　　　　图4-233

如图4-233所示，在木雕图像右侧，右立二人。左侧人物头戴帽子，穿着圆领宽袖衣袍，腰系带，右手似做接过物品的动作。右侧人物眉目生动，似穿戏服，穿着圆领宽袖衣袍，左手平抬执面具，右手高高抬起，高于左手。

数字化修复及展示可行性分析：木雕整体破损较少，人物的脸部以及花瓣表面有磨损的痕迹。整体的图案保存较好，人物的形态以及动作清晰可见。在进行文物修复时着重人物的脸部以及其余细节部分。可以利用计算机图形学、图像处理、虚拟现实等数字化技术，来实现数字修复。

四十六、亭下赏乐木雕

如图4-234所示，此木雕通体为淡红色，主要材质为木头。图像周围有卷草花纹围绕。卷草纹大量运用于碑刻边饰，风格简练朴实，节奏感强，在波状组织中以单片花叶、双片花叶或三片花叶对称排列在两侧，形成连续流畅的带状花纹。采用曲卷多变的线条，层次丰富；叶片曲卷，富有弹性；叶脉旋转翻滚，富有动感。图像中心主要有三人。

如图4-235所示，木雕左侧人物坐置于亭下，人物头顶左右两侧各有

图4-234

一个灯笼。亭侧木雕插瓶花卉,造型优美。人物似是在观赏亭子外的乐佣的戏曲表演。人物头戴方顶硬壳幞头,衣服领口为交襟样式。右手持扇打开,左手放置在桌子上。桌子的桌布上似有忍冬纹样式,其间有两条垂绦随风摇动。

图4-235 　　　　　　　　　　图4-236

　　如图4-236所示,木雕右侧立着二人,执拍板,左边的人物头戴帽子,穿圆领宽袖长袍。右手抬起,左手置于胸腹位置。右侧的人物身穿圆领宽袖衫,右手抬起手心朝向左侧人物。下袍处微微露脚尖。右侧人物身旁的花卉为富贵牡丹花,小空间内做大文章,布局精到。雕刻功夫非凡,刀刀生辉,笔笔到位。牡丹花的象征意义是雍容华贵和花开富贵。这是因为牡丹被称为百花之王,它的花色十分鲜艳,且牡丹花在古代的时候,只有帝王家族才能拥有。因此,牡丹花又象征着一种高贵和卓尔不凡的品格。右一的人物头戴簪花帽。

　　数字化修复及展示可行性分析:该木雕纹样保存较为完整,由于环境、天气等因素的影响,人物的脸部有轻微的磨损,但整体木雕的形态清晰可见。在修复时利用数字化技术,可以实现还原木雕的整体外貌。还原时注意人物的脸部细节以及其余细节部分。将磨损的部分尽可能地还原,利用技术可以呈现更具立体化的效果。

四十七、卷草听书样木雕

如图 4-237 所示，可以分为两部分：由左右的花草纹样组成的圆的外围，以及描绘了内部戏台戏曲表演场景的圆形。木雕做工精细，浮雕的画面使得立体感极强，整体丰富灵动，且维护情况较好，原色的红色仍旧清晰可见。

图4-237

画面的中心由一座戏台和四个人物构成。其中戏台为重檐歇山顶样式，戏台右前方放置围栏，表演区可三面观看。戏台正中间放置一个桌案，上面的布纹采用了卷草纹，一人头戴无脚幞头，着圆领长袍，左手拿着书本，右手搭在桌上，像说书先生般。一人头盘垂挂髻，着交领窄袖长袍，右臂抬起于胸前，左手弯曲放于腹旁，身体微向前倾，面带微笑。戏台旁边站有两人，两人头盘倭堕髻，着圆领长袍，腰束带，一人手持团扇，一人手持折扇，一个述说，一个倾听。画面中的浮雕牡丹，枝长叶壮连绵伸展，厚实健美，寓意吉庆。

木雕两侧用对称的卷草纹样进行修饰，精妙绝伦，布局均衡，颇显秀逸之气息。整幅画面虚实结合，动静相宜，颇有刚柔并济之风，表达出古人安居乐业、清闲自在的生活。

数字化修复及展示可行性分析：该木雕整体样貌保存完整，纹理破坏程度较少，结构清晰分明。雕花也保存完好，在还原时注意雕刻处的衔接以及轻微的磨损。因此，在对衔接部分和纹理修复时需要收集相关资料，尤其是人物的脸部表情，将全方位地展示整体样貌。

四十八、寿藤采莲木雕

如图 4-238 所示，该墓葬石刻主体为红褐色木质框架，框架的红色似粉饰涂抹形成，部分红色涂料现已被磨损。中心内部嵌有长方形石刻浮雕图案，呈青灰色。墓葬石刻的内容主要为武士、四神、伎乐、侍仆、综合等种类。该石刻则为伎乐类。中心石刻板面主要分为内外两部分。外部以纹饰图样包围，内部则呈现的是石刻中伎乐类的图案。

图4-238

如图 4-239 所示，外部以浮雕技艺雕刻繁复的缠枝纹，也称"万寿藤"。该纹样由一种藤蔓卷草经提炼概括变化而成，委婉多姿，富有动感，优美生动。因其结构连绵不断，故又具"生生不息"之意，也寓意吉祥如意。缠枝纹的中间部分为莲花花瓣,因此,该缠枝纹为"缠枝莲",象征着"出淤泥而不染"的圣洁、高洁。莲花的花死根不死,来年又发生,象征人死魂不灭,不断轮回中。

图4-239

如图4-240所示,石刻内部刻有一观景凉亭,立于池塘上。板面左侧刻有2个人物,两人于亭内,左侧一人坐在桌案正中,一手拿折扇,一手持酒尊,头戴官帽,神色温和,面露微笑。右侧一人为女侍仆,其立于亭中,右手托举果盘,左手抚着发尾,似在表演采莲舞。桌案上垂下来的桌布随风舞动,场面一片祥和。凉亭为古代四角砖亭,仍由木质结构搭成,而砖亭的外部砖则用以保护梁、柱。其亭顶为重檐庑殿顶,有一种庄重、静穆的气氛。石刻板面右侧刻有莲花池,中间一束莲花傲然挺立。荷花在我国的种植历史由来已久,《诗经》中就有"彼泽之陂,有蒲与荷"的记载。周敦颐的"出淤泥而不染,濯清涟而不妖",也正是该石刻所表达的莲花清雅洁净和飘逸脱俗与人性的清净和不染。

图4-240

此石刻整体构图简洁，线条流畅，饱满大方，体现了中国传统文化中追求和谐自然的审美情趣，可谓独具匠心之作。

数字化修复及展示可行性分析：该木雕部分磨损严重，可利用三维技术对木雕进行修复和保护。除了对掉漆的修复以外，还要加强对人物形象衣着、动作的修复。对于模糊不明确的图样，需要了解结构后再利用三维技术来还原样貌。在数字化修复中，从全方位、多角度地展现此木雕的整体样貌，尽可能将此木雕最真实立体、饱满、细致的面貌形象加以展现出来。

四十九、清代求学木雕插屏画

如图4-241所示，该木雕插屏来源于四川绵竹地区，此物为清代之物。

该插屏为红木所制，木质坚硬细密，屏面呈长方形，通体呈红棕色，有光泽。插屏的主题大致分为人物故事、山水风景、花鸟静物和纹样四类，该插屏为人物故事类。插屏造型古朴含蓄，古色古香，雕花采用描金工艺，伴有黑色花纹，达到增强对比的效果，做工精细，对图案细节的绘画表现得淋漓尽致。

图4-241

如图4-242所示，该插屏分为上下两部分。上面部分主要为屏面，雕刻人物风景图，下部分为插屏底座。在屏幕上方，有一块精美的绦环板，上面刻有梵文的卍字，它的形状像一个精美的花朵，寓意"吉祥海云相"，是一种神圣的象征，它蕴含着吉祥的祝福。四角的绦环板上刻有精美的蝙蝠图案，其中涂有金色颜料用以

图4-242

装饰着它们。由于"蝠"与"福"的谐音，蝙蝠被视为一种吉祥的象征，代表着对幸福的美好憧憬。屏面内雕有一幅场景图，图中一共五人，其中三人的穿着打扮一模一样，面部刻画也没有大差别，图中荷花与松柏树两种不同季节的植物处于同一画面，因此判断该图为含有故事情节的求学图，如图4-243所示。右下角刻有一孩童面带笑容，蹲坐在荷花池边嬉戏。右侧中部刻有两人，左边一人佩戴耳帽，着大袖袍，鼻梁高挺，面带笑意，一手持笔墨，坐在书案前。右边一人立于书案旁，未佩戴帽，身着窄袖袍，手持砚，似是小厮。屏面中部刻有一人，身着大袖长袍，头戴耳帽，面有胡须，身骑毛驴，头却看向家的方向，乡土难离。左上角雕刻有一人坐在牌坊屋下桌前饮酒，其头戴耳帽，身着大袖长袍，左手正抒着胡须，眉头低垂，似是在怀念故乡。整个平面的景物均以黑色颜料雕刻后涂抹，意在突出人物动态，对故事情节进行装饰。景物刻有山峦、松树、荷花池、牌坊屋等等。

插屏底部雕有两只狮子立于左右，如图4-244所示。两只狮子脚踩绣球，象征着权威与统治，它

图4-243

们被尊崇为"中国人的守护神",代表着美好的祝愿、幸福与和谐,同时也
寓意大展宏图,前途无量。插屏下半部分中间雕有两只兔子,如图 4-245
所示。兔子喜欢吃白菜,因此,它们象征着财富和幸运,而且兔子的谐音也
被称为"前途似锦",因此木雕的兔子也蕴含着"前途似锦"的寓意;兔子
跳跃的能力让它们充满活力,象征着不断进取和超越自我。在下半部分,绦
环板上雕刻着精美的梅花图案,它们与插屏的两侧形成了对称的美感,如图
4-246 所示。岁寒三友,梅花是其中之一。梅树能在枯萎的树干上长出新的

图4-244

图4-245

图4-246

枝条，并且能抵抗寒冷，因此，被古代人视为永恒不败。梅花五瓣，在民间被用来表达五种幸福，福、禄、寿、喜、财。自明清时期起，梅花图案便成为人们最喜爱的传统象征性图案之一。

数字化修复及展示可行性分析：该插屏整体保存完整，没有较大的破损或瑕疵，图案花纹颜色等保留完好，图案中的人物细节清晰可见。整个结构层次都很清晰。通过利用数字化技术、计算机图形学、图像处理、虚拟现实等先进技术，我们可以还原木材的纹理、木雕形态和细节，使其更接近红木的质感，并突出其色彩描金的特点。通过数字化还原，可以使古插屏重现昔日原貌，让观众更好地了解与欣赏这一重要的物质文化遗产。首先，通过高精度建模技术对插屏的整体进行全貌的展示，最大可能地从各个角度全方面地展示精美的雕刻图案、凹凸的纹理、温润的色彩。其次，通过三维高精度还原技术对插屏雕刻花纹的细节进行展示，如屏面的人物图案、屏中狮子与兔子的立兽图案、绦环板上的花纹图案等等。

第二节　石刻文物

一、双嬉伴喜石刻

如图 4-247 所示，该石刻采用传统的石雕工艺，精致的雕刻覆盖整个石刻面板。整个石板造型上精致、灵动，纹理优美，雕刻的人物形象细腻生动，大气的外形和精美的雕刻相融合，装饰适度、繁简相宜。这块石刻精细的做工和灵动的人物雕刻，体现了中国古代雕刻艺术的精妙工艺。

石刻雕刻两人在园中嬉笑的场景，左边的人物左脚落地，右腿弯曲，整体呈金鸡独立形态，十分生动，同时，他手抱如意，在我国古代，"如意"就有很广泛的用途，寓意吉祥如意。它的造型是由云纹、灵芝组成，头部衔接一长柄而来。"如意"，是玉雕件中较为特殊的制品，是我国传统的吉祥之

图4-247

物。右边的人物头戴幅巾，面带笑容，左脚前伸，右脚在后站立着，手中捧着一个花瓶——我国古代将花瓶视为平安的象征，在家里堂屋摆放四个花瓶被称为"四平八稳"。因此，花瓶寓意平安，另外将花瓶送给别人的话，也说明自己希望对方能够一生平平安安。花瓶上面有口，赠送花瓶给人，还有着财源广进的意思。对于家中摆放花瓶，寓意着家中财运亨通，同时喻指着积纳财气。图中的花瓶，头重脚轻，重心在上面，是典型的梅瓶。梅瓶寓意着品格坚强、高风亮节，是美人的象征。花瓶中插着的花十分丰富，其中有梅、松、柏、山茶、水仙、灵芝、朱柿等十种寓意丰富的花材，象征着十全十美，诸事如意。整个碑面绘制了精美的园中景色和人物形象，雕刻的人物形象惟妙惟肖，整个雕刻立体生动，十分精致。

数字化修复及展示可行性分析：该石刻整体保存较为完整，但破损和瑕疵比较严重，人物花纹等保存情况一般，人物细节隐约可见。石刻周边均有破损的情况，表面也有风化现象，已经失去了原来的色彩，部分雕刻部分还有开裂的情况，但修复难度不高，故数字可视化可行性相对较高。

在修复时，从整体开始，该石刻结构明确，图示只能看见石刻正面样式，在数字化修复中，我们将呈现全方位样式，使结构体现完整，展现一个立体、饱满的形象。在注重还原其本来的形态和纹理，将磨损的颜色尽可能还原的同时，还要修复花纹和龟裂的表面，将雕刻图案最大限度地还原。并且我们要为其增加材质，使其更加接近真实的质感，并把雕刻中的花纹的凹凸细节精致地在展示效果中展现。另外，重点复原中国古代的经典如意、梅瓶等重要物件，刻画出人物的神态以及动作，衣着褶皱部分的磨损需在明确结构信息之后根据主要特征进行还原，使人们能更好地观赏该石刻。

二、趣赏乐居石刻

如图 4-248 所示，此石刻采用传统的石雕工艺，在整个石刻面板上都有精致的雕刻。石刻四周花纹为对称结构，方正大气。造型上又不失美观，既有对称优美的造型，又有工艺精湛的雕刻，其中人物的动态也活灵活现，大气的外形和精美的雕刻相融合。石刻严谨的结构和精细的做工，体现了中国古代石雕的精妙工艺。

石刻中心雕刻着一幅生动的后院生活之景，其中建筑结构清晰，层叠起伏的楼梯、做工严谨的凉亭，每个凉亭的宝顶上都有精致的卷草纹，此处是将抽象的龙凤图案

图4-248

及卷草纹样融合表现，寓意龙凤呈祥，吉祥如意。其中树的枝叶都由蜿蜒的线条概括，造型上十分简约、大方。人物的雕刻也是精益求精，每个人物的造型、姿态、神态、动作和穿着都不相同，从上至下、从左至右有戴着斗笠手拿锄头的农民，有戴着瓜皮帽手捧书本的少爷和三个站在亭内观望的小少爷，往下还有拿着物什、背着麻袋的家丁正在上楼梯，整个画面十分生动，生活气息非常浓厚，不论是人物动作形态还是建筑上细腻的纹路造型都被精巧的石雕艺术表达了出来。生活图的外围是一圈精致的"卍"字纹，"卍"字在梵文中意为吉祥之所集，佛教认为它是释迦牟尼胸部所现的瑞祥，有吉祥、万福、万寿之意，用"卍"字四端向外延伸，又可演化成各种锦纹，这种连锁花纹常用来寓意绵长不断和万福万寿不断头。

这件石刻作品具有浓郁的艺术特征和文化气息,反映出当时人们的生产生活状况,表达了人与自然和谐发展的美好祝愿,是我国文化不断发展的缩影,极具历史价值和文化价值。

数字化修复及展示可行性分析:该石刻整体保存完整,没有较大的破损或瑕疵,石刻表面的雕刻人物、建筑等花纹图样保存良好,人物细节清晰可见,建筑结构明确。只有部分边角处有轻微的磨损,少许石刻表面有风化现象,故数字可视化可行性高。

在修复时,从整体开始,该石刻结构明确,图示只能看见石刻正面样式,在数字化修复中,我们将呈现石刻各个方位的样式,使结构体现完整,注重其对称性,体现出该石刻"卍"字纹部分的对称之美。并且我们将注重还原其本来的纹理,将磨损的部分尽可能还原,并为其增加材质,使其更加接近真实的质感,并把雕刻中的花纹的凹凸细节精致地在展示效果中展现。另外,重点复原该石刻上精致的建筑细节这一重要特点,保留其清晰的形状,刻画石刻上精致的"卍"字纹、卷草纹等中国传统纹路,并且将人物的神态以及动作清晰展现出来。重点还原人物动态表情、动作和人物的服饰特点,不仅要还原石刻的外形,更要还原石刻的文化意蕴,使人们能更好地观赏该石刻的同时感受到古代人们的精神文化。

三、八仙载福砖雕石版画

如图 4-249 所示,砖雕石版画用青石凿成。整体画像保存较好,画面主要为凹面、线刻。画面中雕刻的花卉、人物,栩栩如生,结构严谨,布局平稳,构图看似复杂,实则条理清楚,脉络分明,远观近瞧两相宜。

画面由外及内分为两个部分,外围是各种吉祥的装饰纹样,内部则是表演场景。画面外围可分为上下左右四个小部分,画面左右分别放置两个花瓶,花瓶均为撇口长颈圆腹圈足的赏瓶。花瓶中放置不同的花束,瓶身各系两种法器,皆是八仙所执器物,又称"暗八仙"。暗八仙也叫"道家八宝",

指八仙手中所持之物：扇、剑、渔
鼓、玉板、葫芦、箫、花篮、荷花
八种纹饰，与"八仙"纹有同样寓
意，代表万能的仙术，家室得神仙
庇佑，寓意吉祥如意。

画面左侧花瓶中插带叶牡丹，
牡丹寓意富贵平安，作为装饰纹
样，花瓶二字瓶的谐音"平"，取
"平安"之意。瓶颈处系荷花与箫

图4-249

笛两种法器。在民间有"八仙过海，各显神通"的说法。何仙姑所持便是荷
花，取"手执荷花不染尘"之意，寓意厚德载物，修身养性；韩湘子持箫笛，
则代表韩湘子韩祖，韩祖为韩愈子侄，曾在韩愈面前显露仙法，于隆冬之
中，令花草盛开，故寓意万物滋生。

画面右侧同样是赏瓶中插带叶兰花，兰花作为梅兰竹菊中的"四君子"
之一，气质高洁，花姿优美，枝叶典雅，花朵幽香清新，常被用来寓意君子
品德高洁，象征不为贫苦、失意所动摇、仍坚定向上的君子人格。瓶颈处系
扇子与宝剑两种法器，吕洞宾所持宝剑可镇邪驱魔；钟离权所持宝扇则能起
死回生。作为古典家具石器上十分常见的雕刻题材，暗八仙承载了人们对美
好生活的向往和无限祝福。

整个砖雕内部为浅浮雕画像，画面中共有五人，左上方绘二女子，一人
略高、立于石墙之上，左手捻袖平伸，右手执扇，一人立于平地，左手捻袖
平伸，右手执扇，二人置于亭台，画面下方绘三男子。从左至右，一人双手
展开，肩挑扁担，面容和善，目视左侧，第二人右腿单抬，左足立于平地，
双手合十作揖，第三人戴假面，面露凶相，袒胸裸腹，左手持扇，右手前
伸，做推辞状，画面生动富有灵气。

数字化修复及展示可行性分析：该砖雕保存完好，无大的损坏和缺陷，

图案、花纹等保存完好，人物的细节也能看得很清楚。只是表面有一些局部风化，轻微模糊。

因为石头属性，加以环境影响容易风化，所以在复原时，重点是恢复它的质地，其次是雕刻的细节和生动程度，使其在动画效果上更加精细。

四、舞狮祭天砖雕石版画

如图4-250所示，砖雕石版画用青石凿成，整体画像保存完整，画面

图4-250

主要为凹面、线刻，画面中雕刻戏曲场景。各朝代大多以农为本，配合节气变更与农事生活、各种节日或迎神喜典应运而生，常见以神或瑞兽来驱鬼娱神，图中似一场祭祀活动，舞狮奏乐祈盼一年四季风调雨顺，万物生长，生活平安祥和。

此图共刻有14人，其中画面上方共六人，为舞狮祭天活动的观赏者，从左向右看来，左侧三人，其中一人左手执伞，右手抚须，身着长袍，筋腱发达，头戴长冠，身着衣袍肥大，头戴官帽，神色肃然，目视前方。其右后方立二人，侍从装扮，着长衣长裤，一人左手举过头顶，右手置于胸前，目视右方，一人左手握栏，右手斜指。

右侧三人中，一人身着宽袖长袍，右手执扇，左手背于身后，似主人，头微偏，似与右侧侍者交流，左侧一人，穿翻领窄袖长衫，左手前伸，作指示状。

勾栏之中含扮狮者二人共有八人，皆着长袖衬衫，配长筒靴。画面中央

立一祭台，置烛台于其上，八人围绕而奏乐，做表演状。画面中央，二人扮狮子站立舞动，形象生动，身段飘逸。右侧童子眉眼含笑，左手摸头，右手置于胸前。舞狮左侧，共三位乐者，一人踞坐，二人站立，面露笑容，神情娴雅，分别持乐器伴舞。童子右侧二人，皆手持一物，一人双手交握器物，一人右手支撑，目视左侧。

自古以来，民间因狮子威猛的形象希望用狮子驱魔赶邪，常伴以狮形以示威武或镇压之意。舞狮被认为驱邪避害的吉祥瑞物，每逢节庆或祭祀必有舞狮助兴。纵观这幅图，狮舞其中，乐声灌耳，众人相悦。狮子体型威武，百兽之姿，威勇吉祥。百姓喜悦，寄托祝福，唯愿风调雨顺，得太平丰年。

数字化修复及展示可行性分析：该砖雕保存完好，边缘轻微损坏和缺陷，针对这种情况，我们应该注意它的材质，还原它的细节原貌，恢复它本身的状态。雕刻纹样保存完好，人物的细节清晰可见。在复原时，重点是其雕刻的人物神态，使其在动画效果上更加精细，并强调青石质地，突出石刻质感。

五、云开得胜石刻

如图 4-251 所示，此为石刻人物浮雕，由雕刻者在一块平板上雕刻出凹凸起伏形象，脱离原来材料的平面。该浮雕采用黄砂岩为原料，雕刻出的人物造型丰富、形态各异，通过人物浮雕壁画的雕刻能使整个空间具有艺术美感，并具有一定的历史意义与美好寓意。

如图 4-252 所示，该石刻画的上部，有四名身披铠甲的男子正气势浩荡地冲向右方，上方男子左手手持弯刀，右手持着一面大旗，高举着大旗来发号施令。中间两名士兵听令后，高举武器正向前冲去，英勇无畏。下方骑兵骑着骏马，双手高举着红缨枪，威风凛凛。右方矗立着两层高的楼阁式建筑，如图 4-253 所示。其上附着青瓦，"青出于蓝而胜于蓝"，青瓦寄托了古人对于美好生活的向往，希望子孙后辈能够建功立业，光耀门楣。横梁上

图4-251   图4-252

图4-253

挂着祥云牌匾，这样的图案属于指示符号，表现祥瑞之云气，表达出吉祥、喜庆的祝愿以及对生命的美好向往。其下挂着扇形挂件，扇是一个象征符号，有着吉祥、幸福的象征。此楼阁式建筑如同凯旋门一般，寓意着这支军队将会旗开得胜，凯旋而归。

如图4-254所示，该石刻画中部展现出一幅市井之景，社会安定，人们生活惬意自在。最左边的男子身着青衣，双手高举，向前奔去时衣袂飘飘，他夸张的戏曲动作使得造型灵动，突出生活的惬意与自在。另外三人正行走着，其中两人都身穿长袍，头戴幞头，因幞头所用纱罗通常为"青黑色"，故也称"乌纱"，幞头是中国隋唐时期男子的普遍服饰，左侧男子右手伸出指着前方，右侧男子附耳倾听，两人正谈笑风生。左侧一名妇女右手正扛着东西，与男子同行。展现出一幅在社会安定下人们的幸福生活，民风开放，国泰民安之景，寓意美好。

该石刻画的下部，如图4-255所示。最左侧有一棵挺拔的松柏，枝干

粗壮有力，它的生命力顽强，不怕
严寒，不惧高温，雕刻于此作为象
征符号，象征着坚韧不屈、健康长
寿、长命百岁，寓意美好。最左侧
男子右手手指并拢朝上举着，左手
的戏曲手势为剑诀式，他面对着右
方的三名官员，最左侧男子身着官
服，头戴展脚幞头，手持笏板正对

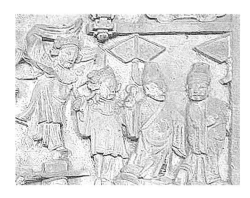

图4-254

着他双手作揖。他正微笑着回头望向另外两名男子，其中一位是一名长须老
者，他右手拿着笏板，左手捋着胡须，另外一名男子头戴乌纱帽，左手扶着
腰间的玉带板，右手四指并拢，大拇指弯曲似是在与他们打着招呼。他们正
相互谈论着，这样的画面展现出了一幅政通人和之景，寓意吉祥。下方官员
正骑着一条锦鲤，中国自古便有"鲤鱼跃龙门"之说，寓意着人飞黄腾达、
官运亨通，并且"鲤"与"利"同音，鲤鱼被视为祥瑞之物，在民间有着吉
祥的象征意义。周围祥云环绕，祥云纹造型独特，婉转优美，是我国传统吉
祥图案的代表，雕刻于此寓意着对未来最美好的祝愿。

　　数字化修复及展示可行性分析：该石刻整体保存完整，经过时间的洗
礼，黄砂岩有些许发灰，但图案纹样等保存良好，人物细节清晰可见，虽受

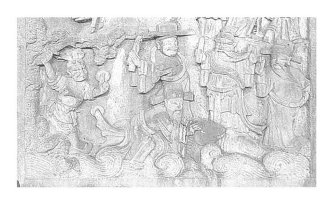

图4-255

风化侵蚀表面有轻微的磨损，少许部分颜色已经脱落。但整体没有较大的破损或瑕疵，故数字可视化可行性高。

在修复时，从整体开始，该石刻人物丰富多样，姿态各异，要注意其修复展示的整体性，在数字化修复中，我们将细致刻画人物服饰、姿态、神态等，展现其丰富多彩的壁画内容。并且我们将注重还原其本来颜色与纹理，将磨损的颜色尽可能还原，并为其增加材质，使其更加接近真实黄砂岩的质感，并把祥云纹样以及建筑物细节精致地在展示效果中展现。另外，重点复原将士、百姓、官员的神态以及动作，衣着褶皱部分的磨损需在明确结构信息之后根据主要特征进行还原，使它们的展示能让观众清晰辨别，展现出一个个立体饱满、栩栩如生的形象。

六、腾祥如意裕后石刻壁画

如图 4-256 所示，画像石在两汉时期极为兴盛。所谓画像石是以石为地，用刀代笔的绘画艺术。该石刻画采用晚霞红石材作为原料，由于人们感到壁画不能长久保存，顾兴起了刻石、雕砖，以期永垂不朽。石刻画不但赋予了古人精神上的动力，寄托了古代人们对美好生活的期许和记录，也成为研究古代文明发展历史的重要依据，是中华民族无数瑰宝中的一种。

图4-256

如图 4-257 所示，该石刻画分为上中下三个部分，最上层为祥云纹。它寓意着祥瑞之云气，表达了吉祥、喜庆、幸福的愿望以及对生命的美好向往。祥云纹造型独特，婉转优美。其美好的寓意让我们感受到中国传统吉祥文化的博大精深。

如图 4-258 所示，该石刻画的中部正方形的石刻中又有圆形，象征着天圆地方，体现出人们一边追求发展，一边希望一切和平安稳，

图4-257

生活和谐的美好期盼。中间男子正在屋檐下舞蹈，他夸张的戏曲动作使得造型灵动，富有生气，其余三名男子头戴解元巾，解元巾为已取得功名的文人所带，他们正站在一旁兴致勃勃地看着他舞蹈。舞蹈本身具有多种社会意义和功能，包括体育、社交、牺牲、礼仪，在人类文明的起源之前，舞蹈在仪式、礼仪、庆典和娱乐中非常的重要。而此石刻画中的男子嘴角

图4-258

上扬的笑容揭示了舞蹈的性质——这是带着喜悦的，具有欢庆意义的舞蹈，这不难让我们联想到，这或许是秋收时的丰收喜悦抑或是勾栏里杂耍的艺人，表现出人们生活的富足安康、惬意自在，寓意美好。画面周围雕刻着一圈卷草纹，它们以"S"型波状曲线排列，花草造型卷曲圆润，首尾相连，有着生生不息的美好寓意。四角雕刻着四只展开双翅的蝙蝠，蝙蝠作为一个象征符号，寓意着幸福、美好，是福、禄、喜、寿之首，且由于蝙蝠谐音"遍福"，寓意着福气可以从子子孙孙一直绵延下去。

如图4-259所示，该石刻画的下部，藤蔓上开满了花朵，枝繁叶茂，层次丰富，两边的叶片呈卷曲状，富有弹性，叶脉旋转翻滚，富有动感，总体结构舒展而流畅，饱满而华丽，生机勃勃，寓意着吉利祥和、富贵延绵。

数字化修复及展示可行性分析：该石刻整体保存完整，图案花纹等保存良好，人物细节清晰可见，但受风化与雨水侵蚀表面有轻微的磨损，部分细节已被残缺。但整体没有较大的破损，故数字可视化可行性高。

图4-259

在修复时，从整体开始，该石刻画中纹样丰富多彩，人物表情丰富、姿态各异，在数字化修复中，我们将细致刻画人物服饰、姿态、神态等，展现人物的生动形象。并且我们将注重还原其本来颜色与纹理，将磨损的颜色尽可能还原，并为其增加材质，使其更加接近真实晚霞红石材的质感。另外，重点复原中间舞者的神态与动作，展现出喜悦的氛围。要注意花纹式样左右两边的对称性，展现出纹样的对称之美。

七、灵鹿祥冥墓葬石刻

如图4-260所示，此墓葬石刻采用石材为原料，外形为方形。石刻所有刻饰都以浮雕为主，更加立体，细节刻画十分生动形象，内部图案栩栩如生，反映出当时社会民众的生死观、孝悌观、神祇观等内容。

石刻上部中间的位置有两只悠闲的鹿，一只似在走动，一边走动一边回头望，一只仿佛躺在原地休憩，鹿纹通常被视作祥瑞的象征，背后树枝上挂着一只钟，整体呈现出一幅祥和的画面，显示出古人对亡灵能够安葬在安详之地、为死者营造一片净土的美好愿景。

石刻中间刻有一座城墙，三名手举长枪的士兵，威风凛凛地立于城墙之上，城墙之下有两名士兵骑着战马，他们坚定地守卫着城墙背后的家园，也能看出对亡灵安葬后能够得到安息、家园不被破坏的期望。纹样周围围绕着一圈椀花结带纹，此纹样优美大方，线条柔顺，风格飘逸，整体展现出一种

图4-260

舒适安宁的氛围。

数字化修复及展示可行性分析：石刻整体保存较为完整，整体图案比较清晰，由于存在时间较长，其边角有一定的磨损和风化，整体下半部分磨损较为严重，图案不清晰。

由于石刻多是磨损造成的不完整，因此，在对石刻进行复原时，我们将着重还原其刻饰纹样磨损部分，通过对其纹样更精细的刻画以达到复原整个墓葬石刻的目的。

八、慎终追远样墓葬石刻

如图 4-261 所示，石刻外形为方形，整体较为厚重。其纹样刻饰清晰立体，生动形象，装饰内容丰富，图案精美，纹样表面光滑，整体大方，足以显示雕刻技艺的高超。

古人常认为符号的使用比语言更为重要，他们将各种精致纹样作为符号来表达情感，寄托希望。整个墓葬石刻纹样主要位于中间部分，房屋前站有四人，皆头戴戏帽，身着戏服，衣着飘逸，位于前方的两人，左边较为肥胖的背着鼓，手持鼓槌；右边的人手持某种乐器；背后一妇女抱着一个小孩站

图4-261

在供桌后，表情沉重，身旁一位手持蒲扇的舞者，整个场景仿佛在进行某种仪式，表达出古人的生死观念，对葬礼的重视，认为死与生同样也是一件大事。

中间场景周围有一圈万字纹，即"卍"字形纹饰。"卍"字在古代被作为一种符咒，常被认为是太阳或火的象征。"卍"字在梵文中意为"吉祥之所集"，佛教认为它是释迦牟尼胸部所现的瑞相，有吉祥、万福和万寿之意。

在场景四角的位置有云纹，云纹图案顾名思义就是从自然界当中的云的形象转化而成的，蕴含着吉祥、高升等美好寓意。因此，也表达了古人对亡灵寄托的美好愿景。

数字化修复及展示可行性分析：此墓葬石刻整体保存完整，刻饰纹样部分基本无磨损破坏，其边角部分有部分磨损风化痕迹。在还原此石刻时，我们将把重点放在中间部分，利用数字技术将中间部分进行还原复刻，将周围的轻微磨损尽可能还原。

九、梨园惊月石刻

如图4-262所示，该石板浮雕画面层次丰富，雕刻技艺成熟，富有强烈的造型感，风格写实，对人物、植物、建筑的表达十分精彩，中国古代浮雕艺术，多运用流畅的线条，其动势飘逸洒脱，极具表现力，展现了别具一格的民族气质，该石板浮雕分为上下两部分，按照雕刻内容、雕刻技法以及石板质地等可以推测出该石板浮雕是下卷，上卷是讲述新婚之日，二位戏曲

表演者在院内的精彩演出，而根据
天上被祥云围绕的满月，以及戏曲
表演者的亮势动作，可以大概推断
出该场面是夜晚表演结束，戏曲表
演者离开的场面，整体生动形象，
活灵活现，利用有限的空间描绘了
意义不凡的生动故事，不仅记录了
当时的事迹，又以各种珍奇异兽、
名贵花木表达对新人一家的祝福。

如图 4-263 所示，该石刻上
部分是在房屋大门前，有五个人
物，从左到右第一个是男性家仆形
象，只有面部手部，因年代悠久而
磨损，细节处有些许模糊，素衣素
帽，手拿着水壶，眉毛上抬，面部
状态好似有点疑惑，或是惊喜状。
第二个是妇人形象，身着长衣长
裙，有衣领，该服饰与清朝时期的
"旗装"相似，衣边留有专门绣各
色花纹的距离。头发梳于脑后并盘
起，头饰精细呈花状，镶嵌珠宝，
眼睛微微弯曲，眯眼微笑，表情祥

图4-262

图4-263

和。身子前倾呈向前走的趋势，像是赶过来要将手中之物赠予二位表演者一
般。第三位是一老妇，同样是身着长衣长裙，头发盘起，用发簪将其固定，
眼睛呈月牙状，嘴角弯曲，体现出当时的喜悦心情，同样也是来送别戏曲表
演者二人。右边两位依次是着靠着盔，穿厚底靴的长靠武生，头盔装饰繁华

精细，戴三绺髯，双手打开手掌朝外，一脚抬起一脚垫着呈亮势状，和紧衣紧裤的花脸武丑形象，一手环抱双刀，一手握拳抬起，一脚向后一脚向前垫起，也呈亮势状。

在屋檐上是一片祥云，围绕着一轮满月，有着吉祥如意、团团圆圆的寓意。下面两根梁的两侧用回纹及卷草纹做装饰，寓意着财源不断，吉祥如意，在牌匾后面的门上也有一排回纹构成的元素。

下半部分细致雕刻了两只麒麟，分别坐在莲叶上望着月亮。如图4-264所示，上卷的两只为母麒麟，称为"麟"，下卷的这两只为公麒麟，称为"麒"，其角较为粗大，且为狼蹄，公麒麟主要是驱除邪祟，催财升官。而其身下的荷叶寓意着清正廉洁不受贪污，以及和睦团结，而从这户人家的服饰以及正门的繁华程度可以大概推测出是一户为官人家，荷叶也象征着好官廉官。在荷叶下边又有一波接一波的水花荡起，表达了对财富源源不断的期盼。

画面左边是一棵桃树，叶子较长，呈椭圆形至披针形，叶片在树枝两侧呈对称下垂状。家里种植桃树，一般有保佑健康长寿，喜庆吉利的寓意，并且有着"桃木辟邪"的古老传说，与麒麟一样辟邪防害。画面右上角有几片梧桐叶，与桃树一样象征忠贞的爱情。

数字化修复及展示可行性分析：该文物保存较好，层次丰富，主体人物部分刻画精彩绝伦，无论是布料质感，还是发丝胡须的柔和飘逸，以及面部表情的生动精细，人物动作的自然，每一处都独具匠心。对于五官、四肢等部分风化侵蚀导致的模糊不清处，有最左侧家仆和长靠武生的手、两位妇人的头发纹理、五位人物的五官等可以进行修复处

图4-264

理，运用现有能采集到的信息，真实还原人物的磨损处，以及纹理不清晰的地方，对于武生手的修复可以查阅戏曲中亮相的姿势、手势进行还原。对于牌匾的修复，如果上面有内容或文字，可以通过查阅资料或按时间地点事件推测来还原，以及后面的大门，应注意其结构，注意对称处理。在修复下半部分的麒麟或植物时，应注意其原本的结构肌理，合理真实地还原。注意细节的同时要进行整体把控，特别是该石刻浮雕内容众多，谨防在集中还原某样重点时，脱离整体画面效果，注意还原石料风化的真实年代感。

十、伶音满梨园纹雕石刻

如图4-265所示，石板画是民俗文化的呈现，历史悠久，有着深厚的文化积淀。不同时期都反映着不同民俗文化，传统石雕注重对动物、植物、人物的表达，其神态栩栩如生，极具美学价值。该石刻为高浮雕，层次丰富，内容较为繁复，装饰效果极强，能够很好地引人注目，留下深刻印象，刻画一场热闹的表演以及对荣华富贵、多子多财的美好生活的向往，以名贵花木、珍禽异兽为装饰，雕刻技艺高超，画面生动传神，其内容大多是寓意吉祥富贵或地位的象征。

如图4-266所示，石刻分为上下两个部分，上部分记录了院里热闹的表演场面，下部分则刻画了对生活的美好祝福，上部分浮雕描绘的是一群人正在观看着一场慷慨激昂的戏曲演出，场面热闹非凡，惹得屋中小儿也不禁探出头来观

图4-265

赏，由周围绿植较密以及扇形牌匾，画面中人物无论是神态还是衣着都雕刻得活灵活现，表演二人为传统戏曲中丑角和武生形象，从左到右第一个是丑角中的武丑形象，正脸与侧脸可以明显看出肤色不同，应是面中有描白，穿紧身衣裤，胸背系绦绳，两把大刀，一把手持，一把腰系，面目狰狞，正做着"耍甩发"的动作，第二个则是长靠武生，身披战袄战裙，戴头盔，穿厚底靴，气宇轩昂，神采奕奕。观看者男女老少都有，眉开眼笑的神态在面部的表现都淋漓尽致。

图4-266

身后建筑的装饰多用回纹与云纹，回纹寓意着万物轮回，取之不尽，用之不竭，源源不断，苏州民间称之为"富贵不断头"。云纹层次丰富，自由随意，象征着对吉祥如意的美好向往。石刻中无论是宅院大门的房梁上还是厢房的侧墙上，都有回纹在下，云纹在上的趋势，好似在表达无论万事万物如何轮回，最终都希望能够获得富贵吉祥的气运。

如图 4-267 所示，画面左侧厢房的屋顶有一肖像，扎冲天鬏，是对牛首神祇的崇拜，有着除祸避殃，驱除凶邪的作用[①]，手抱铜钱，表情和蔼，

---

① 牛天伟、牛一帆：《汉晋时期的"鸡首、牛首人身"神像新解》，《华中国学》2018 年第 2 期，第 8、10—27 页。

寓意着招财进宝。

　　在厢房的左侧树上是一对喜鹊，尾羽比翅膀稍长，呈楔形，象征着吉祥、美好，又有"喜鹊登枝头"为喜事的象征。根据喜鹊的习性，以及窄椭圆形树叶，树干有裂缝，可以分辨出这对喜鹊正在一棵桃树上面嬉闹。古人多把桃树与"逃避"意义相交融，认为桃树能够让邪魅凶煞逃避。[①]

　　如图4-268所示，该石板的下半部分，其雕刻也极其细致，在屋顶上面是一对麒麟的浮雕，鹿身、牛尾、龙首、马蹄，全身鳞甲，麒麟头部结构清晰可辨，眉弓、胡须、鼻子都似

图4-267

祥云，模样憨态可掬，全身无论是鬃毛还是鳞片都有清晰的纹理，麒麟象征着祥瑞，它能够镇宅辟邪，送子化煞，保平安。左边是坐姿，呈回首望月

图4-268

---

　　① 俞潇潇、王俊杰：《桃树名称中的神奇意蕴》，《甘肃林业科技》2022年第3期，第39—42页。

式，右边是站姿，望着天上被祥云簇拥的满月，画面静谧，象征着美好祥和、团圆美满，"麒麟望月"既是祥瑞太平的期盼，也是对美好生活的向往。上下两幅画面结合在一起，就好似在讲述白天是祝寿喜事，晚上就有瑞兽麒麟携着美好祝福来造访的故事。

左边雕刻有竹叶，披针形，叶片渐尖，竹叶常青，象征着生命的坚韧顽强，青春永驻，而其枝干弯而不折，又象征着浩然正气、一身傲骨，竹子自古就是君子的象征，引得无数文人志士为其咏竹诗、刻竹画，竹子文化流传至民间后又有"竹报平安"一说，用来比喻报平安的家信。

图4-269

画面中与之对应的则是最右边的一棵梅花树，梅花不与其他种类的花在春天争艳，独在寒冬绽放，经得寒彻骨，同样也有高风亮节的寓意，不屈不挠。梅、兰、竹、菊共同寓意着"四君子"，而此处用梅与竹，上面部分的树头上有两只喜鹊，寓意"竹梅双喜"，竹喻丈夫、梅喻妻子，以此祝贺新婚。①

数字化修复及展示可行性分析：该文物是由石质材料组成，雕刻层次分明，细节保存较为完整，只有一些细节处，因年代久远以及风化和雨水侵蚀而模糊不清，如部分人物的面部细节，以及部分纹理稍显模糊，但不影响观赏。在数字化修复保护时，这些不影响观赏，以及推测其内容的真实部分，可以用原本磨损部分做实体还原，真实地还原这些部分，还原文物的历史

---

① 张艳芳：《民间图案中梅花的寓意》，《花木盆景（花卉园艺）》2009 年第 12 期，第 46 页。

感。对于牌匾处严重模糊的刻字，可以通过文字采集，查询资料等方式进行推测还原。

在具体修复还原时，应注意建筑各个部分的质感处理，得益于石料的特殊质感，使得该文物对建筑质感的表现较强。在还原人物及服饰时，也要注意布料特点和盔甲的金属硬质特点，还原文物出彩的质感表现，人物面部特征明显，有夸张，有严肃，有微笑，应特别注意对其五官特征进行还原。对于珍奇异兽的鬃毛、羽毛、鳞片的还原应细致，按照文物的真实纹路进行修复还原。

十一、人物战场卷草框石刻

如图 4-270 所示，该石刻整体形状为长方形，顶部有更短的长条状雕花，运用圆雕、浮雕、线刻等各种表现技法雕刻出了一幅战火纷飞狼烟四起的战争场景，人物生动多姿，每一道精湛的凿痕都栩栩如生。繁复精美的卷云纹为方正粗糙的石料增添了一份柔软，以刚柔并济的形式化平拙为纤巧，体现了工匠精妙绝伦的工艺。

图4-270

石刻上方的长条状雕花左上角略有残缺，雕刻内容为柔美精致的卷云纹和卷草纹。卷草纹为中国传统图案之一，多取忍冬、荷花、兰花、牡丹等花草，经处理后作"S"形波状曲线排列，构成二方连续图案，花草造型多曲卷圆润。卷草纹作为一种外来的纹饰，在一定程度上契合了中国传统文化中道教的有无相生、长短相形的规律，表达与自然和谐共生的关系，尤其是卷草纹的造型富有流动感，灵动自如，虚实相生，而它的无限重复与连续性隐喻了生生不息的生长之气。同时，卷草纹与佛教文化息息相关，兼备祥云流转自如的气韵和佛教中轮回的象征。而中国古代装饰物线条以直线居多，卷草纹的S形曲线可以很好地平衡视觉上的呆板，既蕴含着中国人自古以来的精神追求，又在形式上带来了律动之美。

石刻外部有一长方形边框，左边外缘处略有磨损，整体较为完好。内框则雕刻了一圈卷草纹与卷云纹作为装饰，四角部分均有对角的直线，正中央的位置则是雕刻了一朵祥云，具有祥瑞之云气的寓意，表达了吉祥、喜庆、幸福的愿望以及对生命的美好向往。下方则雕刻了回纹，寓意着连绵不绝、吉利永长，表达了源远流长、生生不息、九九归一、止于至善的中华民族优秀文化精髓。整体内框看似繁复绵延，实则乱中有序，以对称的形式展开雕刻。而对称也是我国古代石刻艺术品常用的表现形式，具有庄严隆重之意。

如图4-271所示，内框中间雕刻了八位男性人物战争中的激烈场景，其中有六位男性人物身骑骏马手持武器英勇冲锋。最左的男性人物将长矛高高举起，俨然一副不畏生死骁勇善战的神态，他身穿铠甲，战马也跃跃欲试地冲向战场，表现出战争的紧迫感。左边第二位男性人物则双手持剑，左手在上右手在下，高高挥舞起的剑刃即刻就要斩下敌人的头颅。身着华服却没有穿配铠甲，身下的战马也身着华丽的马甲，前蹄高抬冲向战场。左边第三位男性人物身着简单朴素，大抵是士卒，徒

图4-271

步前往并手持兵器，神态严肃紧张。第四位男性人物身穿华丽的盔甲，头盔两侧均佩戴了盔缨，不仅是身份地位的象征，也是以备不时之需的武器。

如图4-272所示，从左至右的第五位男性人物从衣着与头盔来看，身份大抵也是一位将军，右手高举长矛刺向敌人，坚韧中带着战士保卫国家的决心，两位将军的兵器已经交锋，将军神情严肃，战况十分激烈。两位将军身下的两匹战马也不甘示弱，互相叫嚣着。第六位男性人物也是徒步前行，衣着简朴但气势强盛，挥舞着利剑，气势丝毫不输敌方。第七位男性人物衣着华丽

图4-272

的盔甲，头盔两侧分别插着长长的盔缨，手持长剑正奔走在前线，战马也迫不及待地冲向了前方。第八位男性人物的刻画也是极为精细的，长矛指向天空，盔甲上的纹理都一一表现得活灵活现，这匹战马的神态最为生动，头颅向着天空，腹部快要贴近地面，好似连马儿都在宣战。这八位人物以及战马的刻画是极为生动与细致的，随风飘扬的盔缨与冲锋的神态，都为描绘整幅战争场景增添了几分动态，而背景上以卷云纹作装饰，丰富画面的同时又表现出了沙场的严峻形势。

数字化修复及展示可行性分析：石刻整体保存较为完好，边缘处略有磨损，针对该现象，需利用计算机图形学、图像处理、虚拟现实等数字化技术，还原石料的自然纹理与雕刻的原始形态。通过建立高级模型，使用各类笔刷工具，逐渐恢复、重建其原貌，并为其增加材质，使其更加接近真实石料的质感，最终达到其数字修复的基本实现。

该石刻由于保存度较高，在修复时主要注重还原其本来的纹理，将磨损的部位尽可能还原，并把花纹精致地在动画效果中展现。图示只能看见石刻

的正面样式，在数字化修复中，我们将呈现左右及内部样式，展现一个立体、饱满的形象。

十二、把酒戏稚子石刻

如图4-273所示，该石刻整体呈长方形，石刻表面经长时间的风化，

图4-273

左半部分发红较为严重，右半部分有不均匀的发黑迹象，外缘均有不同程度的磨损以及水渍的痕迹。内部雕刻保存较为完整，外框规整以直线条为主，内里则多刻有花草、衣物等柔软的曲线，颇有刚柔并济之意。

该石刻左上方以花草作装饰，下方则是一孩童手捧一棒槌花瓶，瓶内插着几束花草。而花瓶寓意着平平安安，花瓶是有口的，如若赠送花瓶给人，还寓意着财源广进。对于家中摆放花瓶，寓意着家中财运更加的不错，同时喻指着能够积纳财气，因而能在不少家具上看见有花瓶的元素。孩童神态怡然，捧着花瓶的动作又增添了几分惬意。而孩童衣着简朴，头上盘着发髻，耳垂上挂着菱形耳饰。孩童手捧着花瓶向前走的同时头又转向身后，与另一男性人物对视，在静态中透露出了别样的动感。与孩童对视的则是一位男性人物，衣着简朴却又不失飘逸的质感，披着云肩，而云肩在汉民族服饰文化中，是一种独特的服饰款式，装饰图案内涵丰富，文化哲理深邃；云肩也是中国服装史上平面与立体设计巧妙构思的典范。多以丝缎织锦制作，大多数云肩由四个云纹组成，叫四合如意式，还有柳叶式、荷

花式等等，上面都有吉祥命题，例如富贵牡丹、多福多寿、连年有鱼等等。该人物右手攥着酒壶，左手抬起，微微歪头向孩童靠近，一副悠然自得的神态，眼睛微眯，面带笑容，好似微醺的状态，憨态可掬，左腿抬起，左脚踩在石柱上。人物后方则以中式建筑的大门作为背景，略有祥云作装饰，具有吉祥之意。

数字化修复及展示可行性分析：该石刻整体保存完整，没有较大的破损或瑕疵，图案花纹等保存良好，人物细节清晰可见。只有外缘有轻微的磨损，主要是表面有发红发黑的迹象。

该石刻由于保存度较高，在修复时主要注重还原其本来颜色与纹理，将风化的部位尽可能还原，并把花纹精致地在动画效果中展现。图示只能看见石刻正面样式，在数字化修复中，我们将呈现左右及内部样式，展现一个立体、饱满的形象。

十三、搭台观戏样石刻

如 4-274 所示，此石刻为清朝时期制造，采用石为原料，整体长 260 厘米，宽 132 厘米。该石刻主要分为两部分，一部分由四个不同的如意纹样组成的四个角花，另一部分是戏台场景汇成的圆形，整体形成了一幅非对称性的戏曲画面。石雕做工精细，着重于细节刻画，目前保存完善，圆圈内的万字纹依旧清晰可见。

画面的中心由一座戏台和五个戏曲人物构成。其中戏台为歇山顶样式，台口有二柱，上施一块大额

图4-274

枋，戏台可三面观看。戏台正中间放置一个桌案，一人头戴攒云花冠，着圆领长袍，腰束带，手里抱着一小孩坐于桌后。一人头戴攒云花冠，着圆领窄袖长袍，内套长襦，腰束带，足蹬乌靴，右臂抬起持折扇，左手弯曲放于胯旁。两人一人静坐、一人动立，动静两宜。

戏台最前方，两位杂剧艺人正在表演：左一人头戴牛耳幞头，着圆领窄袖长袍，侧身双手持笏，胡须飘逸，做向前趋览；右一人头戴帽子，亦着圆领窄袖长袍，蹬靴，右手捋胡须，神态威严肃穆，杖鼓斜置膝上，做敲击状。画面中的人物线条弧度柔缓内敛而不失挺拔，雕刻细腻传神、繁简得宜，极富张力，传达出一种鼓乐齐鸣般的意境。

石刻的四个角花分别采用了不同的纹样进行组合，左边主要以如意纹和繁复的卷云纹进行组合，右边以如意纹和拐子纹进行搭配，如图4-275所示，体现出灵动自如，虚实相生，也在静态之中透露出了别样的动感。第二组纹样由如意纹和云纹构成，如图4-276所示，兼备祥云流转自如的气韵和佛教中轮回的象征。整幅画面采用最多的万字纹，刻工精到，连锁花纹寓意着绵长不断和万福万寿不断头之意。整体画面其乐融融，表达了一代又一代的人们对美好生活的向往与追求。

图4-275   图4-276

数字化修复及展示可行性分析：该石刻由于保存度较高，在修复时主要注重还原人物脸部，通过数字化技术把人物面部磨损的地方尽可能修复还原，将石刻部分还原成本身具有的立体感，并通过三维技术将戏台人物表演的模样在电脑中呈现三维的立体感。在数字化修复中，我们将呈现完整石刻部分，展示出一个立体、完整的形象。

十四、万寿市井石雕

如图 4-277 所示，该石雕采用石砖为原材料。通体为长方体样式，呈
灰黑色，刻有雕纹和装饰，造型饱
满，质地坚牢，体现了当时石雕雕
刻技术的精巧。石雕根据形状按照
一定的比例被划分为外、中、内三
个部分。

石雕外围部分由万字纹样围
绕，即"卐"字形纹饰，纹饰写成
"卍"，为逆时针方向，如图 4-278、
图 4-279 所示。"卍"字为古代一
种符咒，是太阳或火的象征，代表
护身符或宗教标志。佛教认为"卍"
是释迦牟尼胸部所现的瑞相，有吉

图4-277

祥、万福和万寿之意。外围的"卍"字纹饰四端向外延伸，形成连锁花纹，
也被称作"万寿锦"，寓意绵长不断和万福万寿之意。石雕外部的上方刻有
一龙，如图 4-278 所示。龙身旁有祥云为伴，代表着吉祥以及人们对美好生
活的祈盼。石雕外部下方为唐草纹，其被万字纹包围，如图 4-279 所示。多
为青草，呈"S"形波状曲线排列，蜿蜒不断，一朵花点缀其中。

图4-278

图4-279

图4-280

图4-281

石雕中部四角以细致的浮雕技艺雕有构成四方连续纹样的蟠螭纹，如图4-280所示。其圆眼大鼻，双线细眉，颈粗大且弯曲，尾部呈胶丝状阴刻线，呈现两个卷纹。

石雕内部图案由圆形边框包围，为世俗生活中的人物题材，刻有10个戏曲人物，展现民间社会生活，如图4-281所示。下方三人，一人一手叉腰，一手高举，头戴方巾，神采飞扬；一人头戴戏帽，一手高举蒲扇，下捏衣摆顺势提起；一人头戴盔帽，手持蒲扇，一手轻微晃动拂尘。中间三人，前两人挥舞飘带，舞姿婀娜，似正在吟唱；后一人头戴文生巾，胡须飘逸，舞动长袖，表情沉着。上方四人，左边一人头戴冠，双手衔着雉翎，面露喜色；右边三人均为正在看戏的老百姓，后方一老头，手提菜篮，目视前方；前方一妇女手提灯笼，一手牵着孩童，喜上眉梢，正欣赏着这愉快的表演。石雕中的人物线条雕刻显示着苍劲中的美感，其构图之严密，人物神态之和谐，堪称艺术之奇迹。

数字化修复及展示可行性分析：该文物保存较好，图样人物层次丰富。人物动作形态自然流畅，对于人物的五官部分由风化侵蚀的因素造成的磨损现象，和呈现泛白的地方，将风化掉的颜色最大限度地还原，运用现有收集到的信息。在数字修护保护的过程中，真实地还原这些部分。并把雕刻中的人物形象以及图样细节利用三维技术精细地展现效果，刻画出人物的神态以及动作，更好地感受石雕带来的文化底蕴。

第三节 戏楼文物

一、巴中市南江县八庙镇八庙戏楼

南江县八庙镇坐落着一个戏楼，戏楼正对的是镇政府。八庙戏楼始建于民国七年（1918年），踞米仓古道，秉盘道遗风，画栋雕梁，极赋灵光，凭栏则苍山在望，青林翠竹粉墙黛瓦，拍案乃红日在肩，黄发稚子美池桑田，其物殷殷，其民陶陶，诚可乐也，名扬秦巴近百年。其两侧原有厢房，现已拆毁。戏楼坐南朝北，屋顶同样为单檐歇山顶的形式，但其屋檐的末端向上翘起，且屋面采用了不一样的筒瓦表面，并装饰有瓦当和滴水样式。在其屋脊正脊的正中央有一个香炉，屋脊的两侧装饰有鸱吻，而屋脊上则装饰了二龙戏珠的图纹。在垂脊上则装饰了数组兽型雕塑。垂脊和戗脊上曾经装饰有知名戏曲故事的石雕，但被破坏殆尽。戏楼系穿斗抬梁混合式梁架，过路台，三面观，分上下两层，上为戏台，下为通道，如图4-282所示。

戏楼台沿上有雕花板，上有9幅彩绘，除花鸟图案外，还有《三顾茅庐》《八仙过海》《姜太公钓鱼》和《岳母刺字》四折折子戏的故事场景，如图

图4-282

4-283所示。现在古戏楼经过维修加固变得焕然一新，成为八庙文化站活动中心，每逢重大节日，大家都会在此处进行歌舞庆祝。八庙戏楼是本次调研戏楼里，保存最完整的戏楼，不论是屋脊上的石刻文物，还是台沿上的木雕文物，都值得去探讨、去研究。

图4-283

在对八庙戏楼进行数字还原前，要做好采集资料等工作。把资料用到数字化还原中，比如文物的材质信息、文物雕刻的走向与方式等。鸱吻上雕刻的是龙头，所以还要考虑鸱吻的形状，使数字化还原与真实程度贴合。文物细节的造型是木雕雕刻，木雕上人物形态向外凸起，不同的部分凹凸的程度也不同，人物雕刻又是相互呼应，层次分明，赏心悦目。通过数字还原技术要多加留意，还要在意人物细节，使人物看起来栩栩如生，更加丰富，如图4-284所示。

八庙戏楼台面转角处也运用了雕花进行装饰，图案均为花鸟画，花鸟画

图4-284

是将花、鸟兽等作为绘制对象，运用这些元素传达出大自然里迸发的生命力。在绘制前需要了解所绘制对象的构造、特征、习惯和生活规律，绘画时才能做到妙笔生花。

如图4-285所示，在数字化还原之前，注意鸟兽的动态，花草的走向。制作时注意层次关系才能更加生动地将画面展现出来，通过三维高精度还原技术进行局部细节的刻画展示，例如鸟兽的羽毛、鸟兽眼睛神态、花草的茎络等等。

图4-285

如图4-286所示，屋檐下方用七幅彩绘图画进行装饰，图画中所画的是戏曲的经典曲目《白蛇传》中的情节，《白蛇传》是中国戏曲名剧，是中国民间集体创作的典范。关于蛇的传说，由来已久。在传说中女娲、伏羲等人物皆是人首蛇身。在《山海经》中也出现过白蛇的记载，而白蛇化人形的故事则最早出现在《李黄》一书中。在早期关于白蛇的故事中，白蛇的妖性远远大于人性，与《白蛇传》则是大相径庭。《白蛇传》的传说源远流长，是中国四大民间爱情传说之一。故事描述的是千年修炼幻化成人形的蛇精与人类的曲折爱情故事。全国各地以不同的方式演绎《白蛇传》，其中包含皮影戏、木偶戏等等。在数字化复原的细节上需要注意画中人物动作形态、衣服的飘逸、女子发丝的柔细等等。

图4-286

八庙戏楼的屋顶运用的是歇山式屋顶，歇山式屋顶又分为两个类别，第一种是单檐，八庙戏楼就是单檐歇山顶；第二种是重檐，所谓的重檐歇山顶就是在单檐歇山顶的基础上，在下方加上一层屋檐。歇山式屋顶总共有九条屋脊，分别为一条正脊、四条垂脊和四条创脊。所以，歇山顶又被称为九脊顶。实际上，山面还有两条博脊，这样算下来一共就是十一条脊。图片中可以看出正脊到屋檐中间是断开的，分为了垂脊与创脊，也正因如此，屋顶就好似"歇"了一下。所以取名为歇山顶。歇山式屋顶的两侧是三角形的墙面，被称为山花。山面有博风板，山花和博风之间有段距离，可形成阴影。为了使屋顶不过于庞大，山花还要从山面檐柱中线向内收进，这种做法被称为收山。

如图4-287所示，歇山顶建筑的平面一般为方形或矩形，亦可以叠加和组合。组合而成的平面布局，样式灵活多变，也因此使其造型丰富多彩。

数字化修复及展示可行性分析：通过数字化技术对八庙戏楼进行还原，前期对戏楼进行一个详细的资料收集和现场考察，将戏楼的整体细节进行记

图4-287

录，着重研究戏楼上的雕刻和装饰。戏楼台面上每一幅画都不同，雕刻的有
人物花草鸟兽等图案，在数字化还原的过程中，需要注意材质、肌理、色泽
等因素所带来的触感或观感。八庙戏楼整体保存较为完好，也大大减少了数
字化还原的难度。还原八庙戏楼不仅是为了能够更久远地记录文物，更是一
种对中国传统文化的保护和发扬。

二、成都市邛崃市平乐镇台子坝古戏楼

在邛崃市平乐古镇内的长庆街与禹王街交会处，有一座古戏楼，它建于
清代，但破坏严重，两侧墙壁破损，后壁已拆，台上间壁均不存。平乐古镇
古戏楼坐南朝北，单檐歇山顶，筒瓦覆顶，檐口置瓦当、滴水。抬梁式梁
架。现两平柱上有楹联"古镇展华章十丈平台天地广""蜀风传雅韵千秋乐
土凤凰鸣"，横批"钟鼓乐之"。戏楼挑檐枋下出垂花柱，柱间有雀替，如图
4-288所示。雀替所起的装饰作用很小，一般不受人注意，但平乐古戏楼上
的雀替就像一对翅膀在垂花柱的上部向两边伸出，柔和的曲线展现出一种生
动的形式。现在，经过恢复的古戏楼将继续延续古老而神奇的平乐古戏，全
天可以免费参观。

如图4-289所示，中国传统建筑中屋顶是十分精美的，虽屋顶种类不
算太多，但其装饰纹样的搭配都各有千秋。飞檐翘角是中国传统建筑的重要

图4-288

组成部分，屋角向上方翘起，如同鸟兽的翅膀，使建筑更加灵动轻快。在功能上，因为做了特殊的处理，不仅扩大了采光面积，更有利于排水。

如图4-290所示，戏楼上的飞檐椽也做了雕刻装饰，纹样主要以花朵为主，对不同的花型进行了详细的刻画。因装饰文案尺寸不大，并不会让整个戏楼的装饰显得烦琐拥挤，反而是这样的细节使整体的建筑更加精美。

图4-289   图4-290

古戏楼的台面也运用了雕花进行装饰，整个台面都用连绵不断的植物纹样，茎叶以曲线为主，柔美缠绕。植物纹样在器具、饰品、雕刻、刺绣、服饰等各个方面，都较为常见。如图4-291所示，在雕刻的基础上做了彩绘的效果，使纹样更加栩栩如生。在色彩上，采用经典的蓝底红花的配色，突出花朵绽放的生机勃勃，冷暖配色的对比。

如图4-292所示，建筑的拱上运用了龙和浪花等元素，花纹因为材质的因素，整体保留较为完善、清晰。浪花也与台面花纹中的叶子纹样相呼应。浪花纹样是中国传统图案，浪花散落出来的各种形状，散开成为水波纹，浪花纹样寓意着完美的自然之美，蕴藏着生生不息的精神；而龙的纹样则寓意着祥瑞，在古时，龙代表着尊贵，是帝王的象征。现在也寓意着风调雨顺、五谷丰登。

图4-291

如图4-293所示，栏杆，原本被称为阑干，也可以叫勾阑。原本是用木头搭建而成的，慢慢演变成用石头、砖块、琉璃等不同的材料进行制作。栏杆是由几个部分组

图4-292

成的，分别是望柱、寻杖和栏板。望柱就是指矩形栏板之间立着的柱子，而望柱也分为两个部分，分别是望柱头和望柱身，望柱身一般造型简单，基本不过多地加装饰纹样；望柱头往往会雕刻精美的纹。此处的望柱头则采用的是祥云的纹样，祥云纹样的线条飘逸柔美，多以弧形为主；古时候人们认为祥云是神圣的，是吉祥的象征。栏板处的花纹大多以雕刻为主，非常的精致华丽，所以也可以称其为华板；栏板位于望柱与望柱之间，其形状则以当时所处的地势而定。栏板上刻的纹样为两名身着铠甲的男子，一人手握剑，一人手握大刀，两人姿态则呈现出正在比试武艺，右边是假山和松树枝叶。每一个栏板上刻画的图样都不同，但是皆是与打仗、比武相关的纹样。

数字化修复及展示可行性分析：在对平乐古戏楼进行数字化还原的过程中，我们可以针对雀替进行详细的分析，先做好草稿，画出雀替的基本形

图4-293

态，再通过各种技术进行数字化还原。在技术上，对戏楼上结构的雕刻手段和雕刻细节进行还原，做到整体和细节的还原，增加平乐古戏楼的艺术表现力。

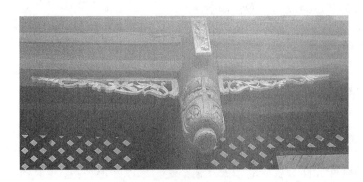

图4-294

平乐戏楼在整体结构上较为简单，但戏楼的细节装饰上看得出颇下功夫；戏楼上的雀替精美，雕刻得十分细致，在数字化还原的时候也要注意细节的体现以及雀替造型的还原。特别注意的是，雕刻物上阴刻、阳刻或是镂空造型的表现手法。屋檐下方的飞檐椽也刻有精美的图案，我们采用数字化修复的手段，将这些精美的图案一一还原比对，使整个戏楼能够更为完整地展现出来。

三、遂宁市大英县天保镇李广沟村戴氏宗祠戏楼

宗祠戏楼位于遂宁市大英县天保镇李广沟村1组的戴氏宗祠内。始建于清道光十年（1830年），是明末清初时湖广填川移民中之戴姓家族宗祠，属戴孔谟之后裔集建。戏楼坐南朝北，它的背后靠着山门。戏楼的屋顶为单檐歇山顶的样式，铺的是小青瓦，同时有瓦当结构以及滴水的形式。梁的结构为穿斗抬梁混合式。戏楼同样分为上下两层，上层是表演区域，而下层是地面通向上层的通道。台上分隔前后台的隔断现已拆，额枋上有戏曲人物故事浮雕，也被毁坏。戏台前沿照面枋由雕花板构成，上面雕饰的图案现亦被毁。听当地的村长口述，戴氏家庙戏楼的石雕柱础形式多样，内容繁多，原有的柱础石雕表现手法别具一格，或浅浮雕或深浮雕；或密不透风或空无边际；或精雕细琢或粗犷豪迈，无不给人独具匠心别出心裁的美感。戴氏宗祠透着一股江南水乡的风情，在选址上也将周围环境考虑进去。其独具一格的风格样式，让人眼前一亮。正因如此，作为祠堂的它具有独立性和代表性。但经过大自然多年的洗礼，调研所看到的石刻柱础均已被风化，如图4-295所示。

图4-295

戏台的台面雕刻着精美的花纹，随着时间的演变，木雕逐渐模糊。依稀能辨别出木雕的花纹有各种山水、花草、鸟兽等图案。木雕图案下方刻有一

排圆形花纹作为辅助装饰，可以看出当时制作者的巧思妙想。图案整体张弛有度、层次分明，给人一种独具匠心的美感，如图4-296所示。

图4-296

戴氏宗祠是四川独具特色的砖雕牌楼的古代建筑群。明清以及民国时期的中国祠堂发展到了鼎盛时期。宗祠可以说是中华儿女的"根"，是我们的文化信仰和牵挂。如图4-297所示，戴氏宗祠的大门有三个进出的门，由于修建时间久远，门已经上了锁。但也可以依稀看出当时宗祠的气派。戴氏宗祠牌匾的左右两边黑色框架中，雕刻着很多纹样，纹样有麒麟、燕子、牛、蝙蝠等不同的动物以及松树、祥云等辅助纹样。这些纹样都被赋予了吉祥、美好的寓意，也有着盼望宗祠后人能够幸福美好之意。

数字化修复及展示可行性分析：戴氏宗祠整体的建筑保存得不算太完好，戏台上的木刻已经或多或少地因为人为的或自然的因素磨损了很多。针对现有的调查信息进行整合，对该戏楼的柱础造型以及用料材质信息进行加工处理，对原来的纹路雕刻残损等要进行一系列的修复工作。如图4-298所示，把调查的信息加以整理，再在结合当地的其他柱础的研究成果基础上，收集常用纹理信息综合整理到该戏楼的所有柱础部分，这不仅能够保护

图4-297

图4-298

文物，还能还原文物的真实面貌。在数字复原时，台面的木雕花纹难度稍微大一些。正因花纹大多模糊不清，木雕方形图每一个板块皆不相同，在复原前需要大量地收集素材进行比对，找到对应的图案进行塑造。不光需要还原图案造型，还得将木材的纹理、着色、质感还原，使其尽可能地接近原本模样，这也是数字化的本意。如图4-296所示，肉眼可见大部分花纹已经看不清具体图案，墙面上也大都已经开始脱落荒败；不仅是木刻被磨损，就连柱子下方的石刻，也因为成年的风吹日晒氧化得很严重，石刻和墙面上已经开始出现青苔和黑色。由于各种各样的因素导致了戴氏宗祠看上去十分破旧。通过数字化修复技术，并且大量地收集关于戴式宗祠的详细资料，将那些磨损或已经看不清的装饰进行还原，将宗祠原本的壮丽通过技术再一次呈现在大家眼前。

四、泸州市泸县云龙镇街村老庙戏楼

老庙戏楼位于泸县云龙镇街村五组戏场坝，修建于民国十四年（1925年），培修于20世纪90年代。经过培修，于2013年被列为泸县第八批文物保护单位。戏楼地处西南，面朝东北方向，整个房顶为悬山顶样式，整体为穿斗式木式的结构，屋顶面上铺小青瓦。戏台为典型的过路台，仅一面朝向观众。戏楼分为上下两层，上层是用于表演的戏台，下层为演员进出的通道以及休息的区域。台中有木板隔断区分前后台，隔断上侧挂有一匾额，上面写有"古戏楼"三个大字，如图4-299所示。前台台沿阳刻着"福禄寿禧"四个大字，出垂柱四根，阳刻四字以及旁边的花雕作为戏楼上为数不多的装饰，设计得精美无比，称得上是"巧夺天工"，给古戏楼增添了不一样的特色，如图4-300所示。现在，戏楼的后部已被砌墙封闭，被改建成老年协会活动室，明间门边挂有"云龙镇达康社区老协分会""云龙镇达康社区老

图4-299

协分会活动室""云龙镇达康社区老年学校"等牌子。

"福禄寿禧"四个字

图4-300

在泸县云龙镇，有一座历史悠久的老庙戏楼，它被认定为泸县文物保护单位。这座戏楼旁保存着一块精美的大理石碑石，"泸县文物保护单位老庙戏楼"。如图4-301所示，这块碑石上刻有泸县人民政府和云龙镇人民政府共同立碑的纪念文字，日期是二零零年八月三十日。

图4-301

如图4-302所示，老庙戏楼的八宝纹过梁现藏于泸县云龙镇街村，可追溯到明代。该过梁高约70厘米，长约320厘米，主体框架为扇形凸弧面，具有明显纹理的棕色横木衔接左右主体墙面。该过梁选用了优质的楠木作为原料，通体呈现深褐色光泽。过梁的木质色泽深沉，纹理洒脱，在鲜明却不

图4-302

图4-303

突兀的色彩对比中变方刚为圆融，以委角曲边的形式化平拙为纤巧，体现了明代木工匠人的巧思与精湛工艺。

如图4-303所示，老庙戏楼门头的牌匾是整个建筑的重要标识，悬挂在正中央。牌匾采用上等楠木制成，长约2米，宽约0.6米。牌匾的正面采用雕刻工艺，刻有精美的楷书字体，书写着"老庙戏楼"四个金色大字，笔画端庄有力，彰显着威严和尊贵。每个字的边缘都装饰以金色的箔纸，使整个牌匾更显华贵。门梁上的雕刻花纹繁复而精美。整个门梁呈现扇形弧线，两端分别雕刻着高飞欢腾的凤凰图案，象征着祥瑞和美好的寓意。凤凰翱翔于云端，根根羽毛都清晰可见，栩栩如生。凤凰的身边绘有缠绕的卷云纹，象征着祥瑞的气息。整个雕刻图案都以金黄色为底，映衬着红色门框，显得格外庄重华美。老庙戏楼门头的牌匾和门梁雕刻都展现出中国传统建筑艺术的精髓，彰显了古老文化的底蕴和精湛工艺。每天，游客和戏曲爱好者都会驻足于此，感受着古老建筑的魅力和历史的沧桑。

数字化修复及展示可行性分析：注重对整个戏楼大小比例以及木雕分布的把握，厘清其相应的纹理走向、材质质感等。整个戏楼属于过路台，层次结构都很清晰。针对彩绘部分的修复，可以利用虚拟现实设备，通过数字化技术对原有的彩绘进行高精度展示和还原。同时，对戏楼的木雕部分也需要进行详细的分析，根据收集到的资料和照片，对木雕的形态和细节进行精确还原。对于戏楼的整体结构和布局，可以通过数字建模技术还原出戏楼的原貌，包括屋顶、檐口、梁架等部分。通过数字化还原，我们可以使老庙戏楼重新呈现其昔日的风采，让人们更好地了解和欣赏这一重要的文化遗产。

五、眉山市东坡区盘鳌镇戏楼

戏楼位于眉山市东坡区盘鳌镇下街，距离乡政府400米，建造于清雍正十二年（1734年），宣统年间（1909—1912年）重修。戏楼坐西南朝东北，木结构，单檐歇山式屋顶，穿透式梁架，过路台。正脊施脊刹，两端塑有鸱吻，保留完好，如图4-304所示。在戏台主梁上，有二龙戏珠彩绘，并有"皇图巩固，帝道遐昌"字样，在"皇"字右边，还有"宣统元年"题记。但是隔断上的彩绘、戏台檐枋和檐榜之间施花板上的彩绘均已模糊不清。

图4-304

如图 4-305 所示，后台两侧各自有一间房，供演员化装、休息、候戏。① 为保护好盘鳌古戏台，盘鳌乡人民政府于 1983 年和 2010 年进行过两次大的维修，除供人们瞻仰外，也常用作召开群众大会或群众文艺表演②。

图4-305

如图 4-306 所示，是戏楼屋顶横梁细节图，木结构的歇山式屋顶，房梁上的雕刻大多是龙、凤各处一方。龙身，张口旋身，回首望凤；凤是翔凤，展翅翘尾，举目眺龙。周围布满了祥云，充满祥和之气。横梁上雕刻的龙凤寓意着吉祥，龙和凤是中国古代神话传说中的神物，具有神灵的本领。在顶部的凸起部分，有一对盘旋的龙，栩栩如生，宛如欲飞的样子，象征着龙的神圣和权力。龙是"鳞族之长""众兽之君"，而凤则是"羽族之长""百鸟之王"，都在神话传说中拥有极高的地位，并且属性互相匹配。龙和凤，一阴一阳，也反映着古人的阴阳观，阴阳平衡，才能万物和谐。每一处纹饰都充满了细节和层次感。图案传递着传统中国古代纹饰元素，如缠枝莲花、云纹、龙凤等。而在下方的横梁上，则雕刻了缠枝莲花和云纹，展现出中国传统文化中对繁荣昌盛和祥和美好的向往。缠枝莲纹，有着传统佛教文化的

①　嘉绒遗民：《盘鳌万年台》，载《个人图书馆》2019 年 12 月 25 日。
②　眉山市党史和地方志编辑中心：《盘鳌古戏台》，载《四川省情网》2021 年 7 月 26 日。

渊源。缠枝莲是一种以藤蔓、卷草为基础提炼而成的传统纹样。所表现出的"缠枝"，以常青藤、扶芳藤、紫藤、金银花、爬山虎、凌霄、葡萄等藤蔓植物为元素。宋代杨绘《凌霄花》诗云："直绕枝干凌霄去。"体现了该花的凌云直上的高洁品质。清人李笠翁评说道："藤花之可敬者，莫若凌霄。"缠枝纹同样也是这些形象的再现，姿态万千，生动优美，富有活力，寓意生生不息，象征着美好的愿望。

图4-306

如图4-307所示，展示的是戏楼的功德碑。这座功德碑是为了永久纪念对戏楼的热心支持和无私奉献的众多善心人士。碑身雕刻着华丽的花纹和曲线装饰，使整个碑显得庄重而华美。图案中不仅有吉祥纹样，还有一些寓意着繁荣昌盛和美好生活的图案。整座功德碑为戏楼增色添彩，见证了中华传统文化的博大精深，让人们感受到了那个时代的文化繁荣和艺术的辉煌。

如图4-305所示，是戏楼的

图4-307

戏台，可以看到这是一座富有历史气息和文化底蕴的戏台建筑。戏楼的戏台庄重而又典雅。整个戏台呈现出传统的中国风格，建筑主体采用木质结构，巧妙地利用榫卯和檐口构造，使得戏台结构稳固而又富有美感。戏台的顶部采用传统的黄色琉璃瓦覆盖，与戏楼的整体色调相得益彰，散发着古朴而华丽的韵味。

图4-308

如图4-308所示，戏楼的石柱上刻有盘鳌万年台五个字。这五个字蕴含着丰富的文化内涵和寓意，是中国传统建筑中常见的文化符号。盘鳌：是中国传统文化中的祥瑞之物，常被视为吉祥的象征。传说中，盘鳌是神兽之一，生活在海底，它象征着长寿和稳固，也寓意着国家的繁荣昌盛。万年：是古代中国对永恒、长久的美好愿望的表达。将盘鳌与万年相结合，表达了对国家永久长治、繁荣昌盛的美好祝愿。台：通常指平台、基座，是古代建筑中常见的构造。在此处，台可能是指石柱的基座，也可能象征着高高在上、稳稳当当的意象。五个字的组合使得整个石柱充满了祥瑞与吉祥的气息，展现了中国传统文化中对吉祥长寿、国家繁荣的美好愿景。这种富有文化内涵的装饰使戏楼更显独特与庄重，也彰显了古代建筑中注重寓意和意象的传统美学观念。

数字化修复及展示可行性分析：在着重分析其结构时，该鸱吻的龙头整体性较强，结构也较为明确，但在细节部分需要注意额头、眉弓、鼻梁的关系，还有眉弓的长度变化和前方的弯曲度的把控，再就是嘴部的一些细节，其嘴内部牙齿的走向，还有头顶受严重风雨侵蚀所留下的小凹槽应将其完整表现出来。对于修复性还原来说，应该注意它眼睛的圆润性，以及嘴部的整体性和整个鸱吻的整体性，加以注意鼻部的坚挺感和嘴部的张力。对于文史研究来说，我们整理填写调查所收集到的资料，结合当地民俗和传说来进行修复，使其更加生动，并使文物得到更好的保护；对于艺术价值来说，我们应用高精度建模技术还原，将其完整地还原出来，使其更具整体性，生动活泼地表现出其原本的样子。

六、达州市宣汉县毛坝镇冒尖村姚氏宗祠戏楼

在四川的宗祠建筑中，常会有戏楼的存在。毛坝姚氏宗祠始建于1883年，于1889年竣工。主体结构分为祠堂前月耳坝，四合院封闭式祠堂，左边厨房已拆，右边厕所共四个部分组成。宗祠内的戏楼为单檐歇山顶，小青瓦屋面，檐角飞翘①。因为宗祠地处偏僻，未能得到妥善保护，戏楼正脊上的太极图和脊背上的雕刻均不存在，如图4-309所示。本戏楼作为设计研究对象之一，戏楼台沿上的5块木雕，分别是《岳母刺字》《孟母训子》《完璧归赵》《农间田园》和《庭院生活》，造型精美，如图4-310所示。木刻

图4-309

---

① 姚元周：《四川宣汉姚氏及宗祠》，《姚氏宗亲网》2016年9月25日。

图为《岳母刺字》　　　　图为《孟母训子》

图为《完璧归赵》

图为《农间田园》　　　　图为《庭院生活》

图4-310

充分展现了古代人民的文化艺术水平之高，具有较高的木雕文物高精度建模研究价值，戏楼整体保存完好，是少有的保存良好的古代宗祠建筑，其戏曲文化价值比较珍贵。

图4-311

如图4-311所示，这是一块大理石碑刻，姚氏宗祠是泸县历史悠久的文化遗产，具有重要的历史和艺术价值。祠堂的位置坐东南向西北，四合院的整体布局，砖木结构，占地813平方米，五大部分组成分别为牌坊、戏楼、内坝、正殿、左右厢房。整个祠堂围绕舜帝精神"孝感天地"四个字进行建造。

如图4-312、4-313所示，宗祠的一对大石狮，面朝姚氏宗祠，左右两边是一对公母大石狮，左雄右雌，符合中国传统男左女右的阴阳哲学。门口

石狮子的开口闭口代表了阴阳之分，阳代表天、日、光、火等阳性的事物，
而阴则代表地、月、暗、水等阴性的事物。石狮子一张一合，象征着门前有
阴阳之分，守护着双开红漆大门的姚氏祠堂。大门前的石狮子一般成双成
对。利用"狮"的谐音，寓意"成双成对"、子孙昌盛。狮子在百兽中有王
者之风，寓意着高贵、威严。权贵阶层在中国古代利用狮子在人们心中的王
者地位这一特征，因此，守门石狮自然而然地成为了权贵、高贵的象征，门
前摆放石狮子，寓意家族兴旺。

图4-312

图4-313

图4-314

如图 4-314 所示，木结构飞檐歇山式屋顶，抬梁式梁架，面阔 7.2 米，进深 7.36 米，通高 12 米，戏台离地面高 2.3 米，用石柱八根托起，台围高 0.56 米。正殿为木结构硬山式屋顶，抬梁式梁架，11 架椽屋前后乳栿搭牵，面阔五间 16.5 米，进深 3.2 米，通高 6.8 米。正殿在宗祠中，是最高的建筑，也是最为豪华和精美，主要集中在檐柱、石雕柱础以及檩上彩绘，所绘题材有春姑娘报春、鱼儿戏水、书香万卷等吉祥图案。绘制与水有关的图案，体现了希望宗祠免于火灾的愿望，而绘制书香万卷则是期望家族人才辈出。正殿的两侧建有封火山墙，为五山猫拱背式。青砖墙身与灰塑墙檐之间有一道彩画带，其墙檐檐角高高翘起，十分精致。

如图 4-315 所示，牌坊墙上分布有"十二寡妇征西""草船借箭""截

图4-315

江夺阿斗""太公钓鱼""农夫耕田""燕子送春"等10多组石灰浮雕组画。牌坊正中,从上向下依次是花草浮雕、横幅石刻浮雕组画,左右耳同样有石刻浮雕和石刻楹联。整体门头结构上采用了扇形凸弧的设计。门头两侧的立柱雕刻着精致的卷云纹饰,纹理曲线优美流畅,展现了木工匠人的高超技艺。卷云纹是中国传统建筑中常见的纹饰之一,寓意着飘逸腾云的祥瑞与福运。云纹由深到浅,由浅到深过渡自然的花型,让图案更具有立体感。图案以浮雕形式呈现,主题图案采用了典型的中国传统文化元素,包括祥云、凤凰和龙。祥云作为祥瑞的象征,环绕着凤凰和龙,寓意着吉祥如意、飞龙在天。凤凰是中国传统文化中的神兽,象征着吉祥和幸福。

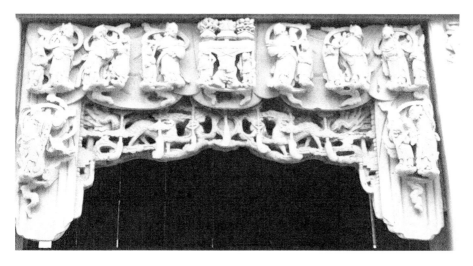

图4-316

数字化修复及展示可行性分析:通过数字化技术对这些古代建筑的艺术品进行保护和展示,在对姚氏宗祠戏楼数字化还原之中,根据采集测量的信息,我们采取了数字化修复的手段,根据信息对被损坏的正脊进行修复。在台沿上,需要好好把握住5块木雕和台沿的比例,注重自然损坏和人为破坏的细节。而修复还原的方式,需要根据采集到的信息和民间流传的信息进行还原和雕刻。在原有的戏曲文化雕刻的结构上,进行更精细的制作。利用已有的技术，还原姚氏宗祠古戏楼的基本造型，表现出它们原本的美感和力度，可以让更多人了解和欣赏中国传统木雕艺术的魅力。这些雕刻作品不仅是功能性的结构，更是一种文化的传承和表达。它们见证了古代智慧和工艺的传承，也反映了人们对美好生活和精神追求的向往。通过数字化分析和展示，我们可以更好地保护和传承这些珍贵的文化遗产。

第五章 符号学向度的艺术研究

第一节 戏曲元素作为文物的关联之物

一、符号的关联物

皮尔斯认为，符号是由媒介、对象和解释三个要素组成的三角形关系，它们之间存在着密切的联系。每一个符号都可以被看作是一个关联系统，它们之间的关联使得它们能够被替换成新的符号。

"媒介关联物"将文物的戏曲元素融入其中，以此来增强文物的整体呈现效果，并将其分为三个部分，以此来展示文物之间的关联性。皮尔斯把"性质符号"作为媒体的第一项，"单一符号"作为第二项，"规则符号"作为第三项，以此来表达他对媒体的看法。而"对象关联物"则更加注重文物本身所具有的特征，通过将戏曲元素融入到文物自身之中，从而来突出文物与其他事物之间的差异性。例如，我们可以将戏曲故事的情节内容进行有效提取，通过视觉表现的加工然后运用于其他物品之上，这样不仅仅增加了物品的美观程度，也让整个物品更具文化内涵。最后，"解释关联物"则强调了人们对于文物意义的理解以及认知方式。综上所述，符号的关联物包含了三种不同类型的符号——媒介关联物、对象关联物以及解释关联物。这些关联物相互作用，共同构成了整个符号世界。

文物的戏曲元素不仅仅通过肉眼观察和触摸，而且还受到心理学的影响，因此，它们必须通过特定的知觉途径才能得到认识。媒介储备系统可以分为视觉和触觉两种类型，这取决于它们所包含的性质符号。视觉符号储存系统由颜色、图像和表情等元素组成，而触觉储存系统则依靠外部环境的温度和压力信息进行记忆。通常在戏曲文物中的元素之中所看到的一个人物的姿态、衣着等造型等都被认定为视觉符号。在这可以看出，作为文物当中的单一符号，可以理解为是一种实际存在的，即单独、个体的符号。例如，一件文物从大量纹样元素里只选择有限的元素符号，用于构筑个体文物，原则上每件文物所选择的戏曲元素与其他文物会有一定的差异，像关于戏曲的文物，其图案纹样多以百兽、百花及八仙、八宝、福、禄、寿、喜等图案作为符号元素。单一符号取决于它所包含的一定的文物中的戏曲元素，并与时间、地点相关，根据不同场所的需要，选取不同的戏曲元素，每一个戏曲元素都是文物的单一符号。

对规则符号的理解，可以认为是按照规则习惯所使用的符号，即约定俗成的符号。戏曲元素是根据文物中特定的戏曲场景创造的，从大量文物可以看出，关于戏曲元素中包含许多已被规定了的符号元素，不受现实的限制，始终保持其同一性。例如，文物中的戏曲人物的服饰和所持的道具，与神话传说、故事典故和现实戏曲形象十分吻合，放在任意文物中都可理解，作为一套规则而出现。按规则所使用的符号还有人物的肢体语汇、亭台楼阁、山石树木等。

文物中存在着许多种符号，题材广泛，内容丰富，像每个人在日常生活中所见到的芙蓉花、牡丹、兰花、莲花、荷叶、青松、竹、梅、仙鹤、喜鹊、蝙蝠、鱼、鹿等动植物，人们熟知的八仙、观音、如来、罗汉、财神等吉祥人物，传说中的龙、凤、麒麟等瑞兽。这里所列举的大量符号是现实生活中所存在的、熟知的视觉符号，也是在中国传统文化中留下的十分重要的吉祥纹样。

文物中的戏曲元素是文化表达的媒介，它们与文化对象有着密切的联系，即在文物中呈现出来的时候，代表或表征了一个特定的对象，这个对象可以通过文物的载体被表达出来。一个文化可以通过多种形式来传达，无论它的内容如何，都可以通过戏曲元素来展示其独特的意义。

戏曲文物中的元素与媒体关联物一样，在广泛的领域中也被划分为"图像符号""指示符号"和"象征符号"。木雕场景中的青松翠竹、奔腾的马儿图案等，其形态语义可被人们直观感觉到，使艺术性和生活的真实感相融合。而在戏曲元素当中主要作为言语符号，不是图像符号，是具有象征性的符号。也就是说，戏曲元素作为文化的产物，就是具有一定的代表性和表征性，或者是指向一定的文化意义表达。

文物的戏曲元素中的每一个符号，在作为文物的媒介关联之物时属于规则符号，在作为文物这一对象的关联之物时只能属于一种象征符号。

二、符号学与美学

(一) 戏曲文物的符号美学阐释

符号是连接精神与物质世界的中介，是两者融合为一体的媒介。对于任何一种艺术而言，都有其各自独特的再现外部世界的形象，这些外在形象皆是服务于内在的主观情感。艺术品就是将情感转化为可被人感知的形态。"每一种艺术都有自己独特的再现外部现实的形象，然而这些形象都是为内在现实即主观经验和情感对象化而服务的"。[1] 艺术是将感性形式转换成可以被人理解的形态，并展示给大众。艺术符号是一种具有表现形式的符号，通过对体验的客观化，使得人们能够感受和把握。如文物上雕刻的戏曲情节元素，通过艺术符号将生动的故事情节、优美的景色呈现出来，打造出使人身临其境的场景。戏曲文物就是形式和内涵统一的符号体，通过外在的造型、

---

① [美] 苏珊·朗格：《艺术问题》，滕守尧、朱疆源译，中国社会科学出版社1983年版，第11页。

色彩、线条等视觉元素组成载体，传达出精神世界的意象，它既是一个独立存在的符号载体，同时也是整合了不同元素符号的载体。苏珊·朗格将符号视为一种独特的表达方式，它既可以用来推理，也可以用来表达人类的情感。她认为，艺术就是一种能够通过这种方式来传达人类情感的符号。她表示：通过深入探究艺术品的构造，我们可以更加清晰地发现艺术与生命之间的相似之处。因此，戏曲文物作为一种艺术符号，其本质上就是将人类情感和宗教精神通过符号元素的形式呈现出来，体现出人类的精神追求。

（二）符号的形式美

1. 对称与均衡之美

戏曲文物中的视觉符号，主要包括造型、色彩、线条等元素，这些元素通过与感知对象主体的直接互动，形成一种审美感受，这种直接的形式美感受是审美感受最基本的部分。在大量带有戏曲元素的文物中，其符号形式大部分均为对称分布，这种规律的节奏性渲染出均衡、威严的特点，如常见的动物、植物等。戏曲文物中的元素以中轴线为中心，左右对称，达到一种均衡状态，这种均衡美感渗透到每一个元素细节中。通常文物上的戏曲符号基本以寓意吉祥的动物、植物、古代神话故事和日常生活中的一些生活场景为主。在对称均衡布局的基础上追求前后左右的空间变化效果，同时，也使这种变化符合整体均衡布局，使得文物在形式上更加丰富，形成一种动态的平衡美。

2. 和谐与统一之美

带有戏曲元素的文物在视觉上具有强烈的视觉冲击力，因此在总体造型上，常常会反复斟酌其布局形式，并按照特定的创作主题进行细致的编排。比如戏台的木雕，为了更好地凸显主题，会对故事中的典型事件和人物进行重点刻画，把错综复杂的故事情节用点、线、面的方式表述出来，注重每一个面与整体的联系，形成多维的美学特征。大量带有戏曲元素的文物多采用卷草纹、回纹、雷云纹等纹样在外部环绕，内部刻画故事情节的画面，各个元素之间形成和谐的动态结构，画面疏密关系设计周密，整体形成独特的和谐节奏。

如图5-1的戏曲石刻文物，石刻的方框内部刻画故事情节，外部环绕着的植物纹样打破了相对封闭的内部空间，构图完整，布局合理。和谐统一的韵律美就是通过造型语言传达出来的。线条的变化、空间的递进等形态元素的对比，使得石刻的装饰图案既重视构图上的线条组合，又讲究雕刻上的疏密节奏。在装饰语言以及清楚表达主题的基础上，还兼顾了装饰的构成，在雕刻手法上更加具有多样性和统一性，这种和谐美在石刻方框外部刻画的纹样上体现得更加明显。带有戏曲元素的文物四周常有规律的刻画连续重复的植物纹样，正是这种反复的刻画，使得不同的纹样元素在有限的空间中呈现生动而多变的节奏。人们逐渐在变幻莫测的自然社会中探索出以抽象的方式来表达思想，将自然社会与人类社会结合起来，象征着天人合一的传统思想，整体上呈现出一种和谐统一的视觉效果。

图5-1　戏曲石刻文物

3.符号的意蕴美

艺术符号的魅力就在于它具有生命的精神力量，"生命形式"是客观物象作为符号现象的最高审美层次。戏曲元素文物符号的意蕴美便是把这些特征和实在物质相结合，揭示了文物所具有的精神内涵。中国传统文化中所承载的美学意蕴，是由创作者的思想情感、人文精神和作品中的符号元素所组成的，强调创作者的精神追求。带有戏曲元素文物的创作过程，就是创作者将自己对世界的认知和感受转换为戏曲文物作品的符号美学的过程。

带有戏曲元素的文物，追求"写意"，其基本目标不在于单纯地刻画事物的原本原貌，而在于通过仔细的观察，发掘其内涵，并赋予其另外的形式，使之成为新的意象。在整体的节奏与局部之间关系的处理上，以自然的形象为基础，再对其一些部分进行突出强调，把握整体的节奏，将文物符号的意蕴美体现得淋漓尽致，寄托着人们对天地、对自然的精神追求。创作者在设计时同样追求着"象中有意"，把主题内容与精神品格融为一体，符号与符号之间相互呼应，整体文物充满着流动的生命意蕴。通过观看这一文物，让观赏者和创作者产生一种跨时空、超物质的情感共鸣。尤其是刻有山水画内容的戏曲元素文物，更加追求诗性的意蕴美，即使作品中的景色符号与现实世界的大小、比例都不一致，但通过创作者的巧夺天工的经营手法，在平面的尺度上创造出一个立体的空间，达到物我合一的精神境界。

许多带有戏曲元素的文物整体风格自然朴素，表现出清新、淡雅的意蕴，这一自然的意象美，是一种返璞归真的追求，无论形式的表现方式有多么不同，都是人类对自然界万物的一种创造，这点在刻画花鸟符号题材的文物上尤为明显。"梅""兰""竹"和"菊"被视为四种不同的品质，它们不仅成为了艺术家们表达情感的象征，更是戏曲文物中最常见的图案。创作者在表现这种精神品质时，并不执着于其外形的写实，而追求其最朴素的形式，在创作时融入自身的情感，技法上也清秀飘逸，使其作品每一个符号都传递出文人墨客儒雅的意蕴美。

同时，许多戏曲文物的符号表现还具有传播知识的教化美，将伦理道德和教化育人结合起来，如"八仙过海，各显神通""劈山救母"等神话故事题材，通过符号视觉化的方式传达给观赏者，使其更快速、更直接地理解内容。"八仙过海，各显神通"是一个经典的寓言，它描述了一种以自身的独特才华和智慧创造出令人惊叹的结果的过程。《八仙过海》则是一种以"八仙过海"为题材的戏曲。它将当下的社会现实、人们的期待以及对美好未来的憧憬融合进了戏曲文化，以此激励后人继承优良的品质，并赋予创作者一种传承知识的责任，以及以思想、品德为第一重任，将道德教育融入到艺术符号的创作当中，以此激励人们不断进步，实现更高的理想。通过艺术的方式来激发人们的情感，将审美和教育融为一体①。这种将戏曲情节、道德传播通过符号视觉化后呈现出来的教化意蕴美，使得戏曲艺术在现代社会中仍具有着深沉的情感因素，而且还因其所具有的启蒙之美使得戏曲艺术的意蕴美更为深远。

可以看出，带有戏曲符号的文物，具有蓬勃的生命力和持久的永恒力，透过戏曲文物中符号元素的刻画，将我们带入另一个令人遐想的空间。从符号形式的"对称均衡""和谐统一"的美，再到符号的"意蕴美"，其本质就是通过符号把人所追求的精神世界所体现出来，只有正确地理解这种情感意象，才能使戏曲艺术不断发展下去，使更多人欣赏文物中戏曲符号的美学精神。

三、戏曲文物作为"实用性"的功能符号

在具有戏曲元素的文物中，以物质文化作为传播主体的符号与以精神文化为传播主体的符号，特征上二者既有相同之处，也有差异之处。两者的所指在性质上都表现为戏曲元素的寓意内涵诠释，但着重点却是截然不同的。戏曲元素物质文化的内涵诠释强调其"实用"，但也有很强的双重性，而精神文化更着重在"价值"层面。比如具有戏曲元素的屏风，对于粗衣粝食、家徒四壁的穷人而言，屏风上的戏曲元素大概率并不会给予太多关注，仅仅

---

① 唐家路:《民间艺术的文化生态研究》,《山东社会科学》2005 年第 11 期，第 28—31 页。

看重屏风保暖挡风的功能；对于侯服玉食、万贯家财的富人而言，这件戏曲元素屏风的欣赏装饰功能更甚于其实用功能，但也能满足人们对其初始功能的需求。一件具有戏曲元素的文物，在后世作为文物艺术品为众人所观赏品鉴，其意指的价值可能并不在于文物本身的不可再生的价值，而在于戏曲文物的艺术性和永续性。但是后人将其用于传播信息文化或发挥教育作用时，这件戏曲文物的实用价值就更为突出，艺术性价值反而大大削弱。并且戏曲文物的意义常常会因接收者的差异而转变，但戏曲元素作为符号的性质仍是一致的，并未发生变化。

功能符号，即符号系统中物体本身具有实用功能的符号，由能指和所指组成。功能符号具有双重性，这种双重性从理论上看，功能不仅能吸纳意义，同时也能被元语言描述以及语义化。换句话说就是社会存在，实用性就不会消失且能转化为实用符号。戏曲文物中的元素作为"实用性"的功能符号必然在符号化后与其他符号连接成一个系统。如文物中的戏曲元素装饰的二十四孝故事，其实用功能为劝孝教化；实体性的装饰被符号化为纹样、雕刻的能指形式，并且与石刻、雕塑、文字等实体符号形成聚合关系；戏曲元素的实用又与不同时期的民俗现象联结起来，从而构成了一种组合关系。这些语言各有其特点，代表着不同的意义和形式，并且被纳入了一个戏曲符号系统中。人类将数千年文明的沉淀凝聚形成了一个符号化的社会，任何戏曲文物都可以并且一定被纳入这个符号系统的范畴之中。因此，在现实中不存在毫无意义的戏曲文物，同时它也必然与其他符号处于组合和聚合关系中。人们无法假设和想象在现实生活中有这样一个实体不属于任何一个既定现成的符号模式中。没有意义的戏曲文物，人类根本无法或不可想象认知它，它自然也无法证明体现自己的存在。

戏曲文物中元素的"实用"就是对其语义的阐释概括。戏曲元素被赋予的广泛语义，也说明它的存在可以被理解认知。对于一件具有戏曲元素的文物，当我们使用语言符号"戏曲文物"来表征或指示它时，就是第一符号系统的所指充当了第二符号系统的能指，经过心理诠释和认知构成了"戏曲文物"的内涵系统；当我们指出戏曲文物的实用功能时，也就是"用途"，运用一串不连贯的语言符号组成连贯的一段话语，就是第一符号系统的能指充当第二符号系统的所指，经过逻辑编制和归类构成了"戏曲元素"的外延系统。换句话说，一件拥有戏曲特色的文物，可以作为一种媒介，帮助人们传递信息和进行教育，从而发挥出它的实际作用；通过主观心理认知，人们把第一系统的概念转化成具有更强大实际功能的符号，从而使第二系统的能力得以发挥出来。人们即使眼前看不到具有戏曲元素的文物而谈到"戏曲元素"这个词，也会下意识地将实体的戏曲文物扯上关系并说："戏曲元素是在实体上体现中国传统戏曲的一种艺术形式。"在这种认识基础上产生一种关于"戏曲元素"的概念解释，确切意指它的外延语义。通过使用"戏曲元素"中提供的语言和文字符号，我们可以将第一个符号系统中的概念转换为第二个符号系统中的概念，并且它们都拥有明确的含义。这样当用"戏曲元素"一词来表征指示时，"戏曲元素"已经没有实用性的特定功能，但具有戏曲元素的文物，人们依旧知晓其实用价值。

我们无须看具有戏曲元素的文物实体，亦不必取其实用，一接触到它，便会将它当作实用性符号实体。如文物中的戏曲元素装饰的原始社会象征符号，其中最为广泛推崇的龙凤图腾，在现代，人们就会将其视为"龙凤呈祥"的吉祥寓意；当人们看到戏曲元素文物上装饰的神话传说自然就联想到神话故事中长生不老的"仙人"象征着长寿；竹子这个代表性的戏曲文物符号其"不屈不挠、长寿安宁"的寓意也成为人们的共识。这些元素都具有强烈的表达意义的意愿，也实现了自己的表达功能，就是具有实用功能并能实现信息忠实传达的符号。这个再功能化的过程，取决于第二符号系统是否存在，事实上就是第一符号系统转向第二符号系统。"实用性"的第二符号系统通过第一符号系统的支持，将戏曲元素融入其中，从而实现对其内涵的有效传递和解释；因此，第一个符号可以被用来表达第二个符号，并且它们之间可以建立一种象征性的关系，从而使第二个符号可以表达出它们所代表的内涵和含义。戏曲文物这一"实用性"功能符号是巧妙地将实体的社会功能与符号的社会功能进行双重结合，这使我们接触到一个戏曲文物视觉符号时，考虑更多的是一个被概念化的"元语言符号"而非戏曲元素所包装的实体。换而言之，戏曲文物功能符号的意指是超越实体本身，并且不受时空限制以及物质质料规定，只有"实用性"这一功能。

隐喻在功能符号的意义转换过程中起到了重要的作用，它不仅可以帮助人们更好地理解事物，而且还可以为我们提供一种系统性、连贯性的思维方式。符号隐喻的含义可能会有所不同，有时它们与信息的主题有关联，有时则与信息的内容无关。然而，最终的含义仍然取决于接收者的理解方式。文物中的戏曲元素装饰的脸谱，关羽就是其中的代表，他的面容由红色的底色构成，双眼紧闭，彰显出他勇猛无畏、忠心耿耿的特质，因此，"关公"成为了他的代名词。于是戏曲元素脸谱中"关公"的直接意指就是脸谱关羽，当它进入第二符号系统，组合成"关公脸"新的符号序列时，符号原有的概念意指被淡化，隐喻意指喝酒后，红光满面的脸庞，又或者因害羞而面红耳赤。戏曲文物中的脸谱装饰符号是通过抽象、暗示的手法将人物的内在特征外化出来，其色彩和形式都有固定的含义，但当转向第二符号系统并结合成新的 符号序列时，隐喻的含义比符号本身的意义更为丰富复杂。

所有的功能符号都有自己的语言符号系统，也可以说就是一种"语言"。这种"语言"是具有内在逻辑结构的，也是信息构成和信息发出者都必须遵循的准则。戏曲文物作为"实用性"的功能符号，其中的意指承担者多为具有戏曲元素的图像或文字。以团队调研的李家大院中一件八仙过海题材的神龛为例，在这件文物的符号系统中，戏曲元素符号语言以"吉祥美好寓意"的命令，将所有图像元素编成了一个系列"组合"，这个方阵不仅仅包含八仙题材图像，还包含了其他传统的吉祥纹饰。一方面，"组合"构成戏曲元素的"语言"，这完全是由戏曲文物中的图像符号推导出来的系统；另一方面，每一个图像元素在进入这个"组合"之前都是一个自由的言语符号。"组合"遵循"吉祥美好寓意"的命令开始行动，产生各种变化，那些自由的言语符号进入图像组合之中，我们就可以轻松区分出戏曲元素符号语言中的语言符号与言语符号，第一符号系统与第二符号系统的转换。戏曲元素"语言"由以下成分所构成。

（1）不同的戏曲文物符号包括文字、图像等，分别代表着一种价值，这个价值既可能是某种意义，也可能是某种功效。如戏曲元素文物中常出现的梅花这一图形有双重价值，其一传达信息效用，指代寒冬季节，其二表达意义，梅花象征坚韧不拔、高风亮节的品质，在民间更是被赋予报喜传春、吉祥如意的寓意。

（2）戏曲文物"语言"系统中的"符号组合"有一定的规范性，并且是以组合的形式独立地代表着一种按规则重新组合的价值，这种价值不同于原有单个符号简单组合的价值。如戏曲文物中的常用装饰纹样之博古纹，这类纹饰是以写实的手法将陶瓷容器、琴棋书画、鼎、樽以及花果植物等内容翔实绘制，以雕刻或镶嵌的形式，点缀于戏曲文物之中，用以表现持有者之高洁清雅，传递文人世家世代传承之意蕴。这样就将具有普遍意义的"戏曲"元素和具有自身特有寓意的符号统一了起来，构成戏曲文物的功能符号系统。在戏曲文物的语言符号系统中，戏曲元素符号"语言"是言语的总结与组合，言语是戏曲元素符号"语言"的运用与实现。然而，一方面戏曲元素语言是规则，言语遵循规则的创造；另一方面，戏曲元素的言语因信息表达、工匠个人风格化而不同。因此，我们要重新认识功能符号，它往往规则在实践之前，也就是说戏曲元素在没有形成一种功能符号之前，它的实用性就已经存在了。换而言之，戏曲文物"实用"的概念促进了第一符号系统作用于戏曲文物，并且将其符号化。

由以上的分析，我们可以清楚明白，符号更像是一种特殊的"包装"，并且通过其所包装的东西的符号意义，对具体对象进行所指。皇帝对"新装"的看法是毫无疑问的，他只关注"新装"的内容和形式，而忽略了"价值"的真实含义，因此，尽管他受到了欺诈，他仍然乐此不疲地接受了它。戏曲元素功能符号的实用价值性也日益转化为文化象征性，这不仅可以增添时代的精神财富，感化人们的心理，还可以提高人们的素养以及精神力量。但这种变化同时会因为人客观上对符号规则的掌握不完备或时代语言的变化差异，而影响对符号信息的传达，难以实现文化价值的确切解读。如中国的传统吉祥纹饰中的蝙蝠纹，这个纹饰凭借谐音"遍福"，即遍地是福，成为吉祥的象征。明代的蝙蝠纹便开始风靡全国，清代的文物中，以蝙蝠形象为主题的图案更是不断涌现，其中"红蝠"，以矾红色调描绘，寓意"洪福齐天"；也可以用"寿桃"，即"福寿双全"。"五福临门"是一部以五只蝙蝠为主题的作品，它的使用非常普遍，并且可以多样化。然而，随着时代的变化以及西方文化的交流，如今对于蝙蝠有些人唯恐避之不及，形象甚至是负面的，被看作是邪恶的象征。因此，在理解符号的意义前，需要具备一定的经验，避免信息的误读及误用。

"实用性"的戏曲文物被视为一种功能性的符号，它们可以被用于指代某种特定的客体，而这种客体的功能也可以被转化为第二符号系统的能力。当一个符号被转换成另一种形式或实体时，其本身的含义并未减弱，反而可能发生改变，从而拓展出更多的可能性。移植也不是对原来含义的替代，而是把原含义重新赋予新意。意指在第一符号系统作用时，去除第一符号系统中的含义，再移植到第二符号系统中从而表示一种新含义。第一符号系统概念含义掏得越空越好，第二符号系统中的含义与原指称的客体事物的作用也会相去甚远，那么新符号含义就会越饱满丰富。这样原来与主体有关的那些意义都变成了可操作的意义，而原本没有使用价值或只是作为一种附加信息而出现在符号里的一些意义则逐渐失去其应有的地位，这种传递新的意义的方式就是"实用性"功能符号的运动。因此，"实用"的功能符号运动实际上是一种不断超越"实用"的过程，它为符号注入了新的活力和意义。

第二节　戏曲元素符号中的"语言"与"言语"

一、文化符号"语言"

（一）戏曲元素符号的"语言"

我们在使用戏曲元素符号时，遵循戏曲元素符号系统规则的意义是必要的，这个规则是蕴含一定内在逻辑结构、约定俗成且固定不变的。因此，每一个戏曲元素符号都是一种"语言"。例如，戏曲元素文物云南沧源县岩画扮演服饰图中，常以动物图腾作为装扮刻画，蕴含将士骁勇善战特征。[①] 图腾所象征的文化寓意便是由其特定领域中的多元不同客观规律构成的规约系统，这是一种戏曲元素符号系统，也是一种"语言"。

戏曲元素符号的规则系统的唯一性要求所有应用该戏曲元素符号的群体都必须共同遵循这一规则。无论时间和空间发生怎样的变化，既已约定俗成的戏曲元素符号的规则系统固定不变，且不会因人而异。戏曲元素文物服饰中常出现的"岁寒三友"——梅、兰、竹，它们象征着坚贞不屈的高洁品质，有着古人传达对坚韧、谦逊美好品质追求的寓意。这便是一个戏曲元素符号，也是一种"语言"。所以，戏曲元素文物服饰"岁寒三友"纹样不因个人的意愿而表现出不同内容和意义，绝不会出现我有我的"岁寒三友"寓意，你有你的"岁寒三友"寓意的情况。"岁寒三友"的寓意也是我们所必须共同遵循的一个唯一的、具有普遍意义和内在逻辑结构的戏曲元素符号规约系统。

总的来说，每个戏曲元素符号都是一种语言，包括由语言符号组合的语言和非语言符号组合的语言。但并非由戏曲元素符号组成的变幻无穷的文化现象都称之为"语言"，"语言"是指概括和组合变化无穷的文化现象的根本依据。换言之，是该领域中唯一的、具有普遍意义和内在逻辑结构的文化系

---

① 程瑜怀、潘健华：《图腾崇拜——中国传统戏曲服饰的符号基因》，《戏曲（中央戏曲学院学报）》2022年第4期，第95—103页。

统，这个文化系统便是我们所说的戏曲元素符号中的"语言"。如文物中的戏曲元素徽州建筑雕刻中，将《杨家将》《岳母刺字》等故事刻入其中，象征着"忠孝节义"的美好品质，引导人性为善①。这些戏曲元素建筑雕刻文物一直保留到今天，激励着后人。因此，无论是由语言戏曲元素符号组合的语言，还是由非语言戏曲元素符号组合的语言，戏曲元素符号系统中的"语言"都是指具有内在逻辑唯一的、具有普遍意义的必须遵守的固定法则。

（二）戏曲元素符号系统的特征

借助某戏曲元素符号系统文化进行信文的概括和组合活动，带有明显的组成者的个人化风格特质。但是作为进行变化万千信文概括依据的戏曲元素符号的文化系统，是不以人的意志为转移的、唯一的规约系统。由此，我们将"语言"归纳为以下三大特点。

（1）任何戏曲元素符号系统的文化寓意是属于使用该戏曲元素符号系统文化寓意的群体所拥有的共同财富，而不是个人的所有物，这是一种约定俗成且固定不变的规则。每个人都可以使用和借助一个不变的戏曲元素符号系统的文化寓意并展开带有鲜明个人倾向特征的变化无穷的信文，但是，无论是谁都不能对任一个戏曲元素符号系统本身和其蕴含的文化意义进行独立性的创造和修改。

（2）带有分割性的戏曲元素符号作为其"语言"（即戏曲文本），是由许多文化单元元素构成，每一个文化单元元素都是戏曲元素符号，它们与该戏曲元素符号系统中的某一文化价值有着对应关系，这一文化价值带有一定的意义和功效。如京剧便是由一定数量的单元元素组成的分节的符号系统，京剧中的"生旦净丑"就是这个文化符号系统中的符号。具有戏曲元素的文物实体不胜枚举，它们所含有的符号文化寓意也独具特色。但戏曲元素符号

---

① 刘杰：《新中国雕塑类戏曲文物的发现与研究述略》，《传媒与艺术研究》2022年第1期，第74—86页。

系统中所使用的符号尚未有严格明确的数量上的限制，目前仍在不断完善发展。

（3）戏曲元素符号系统不仅是由蕴含文化价值和文化意义的戏曲元素符号组成，还由很多不能进行解构和重塑的"戏曲元素符号组合"组成，它象征着与原来戏曲元素符号有所差异、按照一定规则所构成的文化价值。

（三）戏曲元素符号系统三领域

无论是戏曲元素语言符号系统还是非戏曲元素语言符号系统，凡被称为语言的，都具有上文所陈述的三大特点。由三大特点引申出三大研究领域，即戏曲元素符号系统三领域，如图所示。

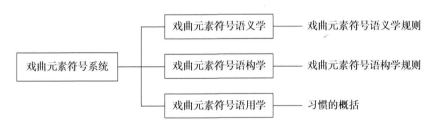

图5-2　戏曲元素符号系统的构成

1.戏曲元素符号语义学领域

戏曲元素符号语义学是研究语音与语义间结合关系的范畴，而普遍的戏曲元素符号系统研究领域为符号形式，即能指与符号内容。戏曲元素符号系统都是由戏曲元素符号所组成，但戏曲元素符号必须是在戏曲元素符号过程的意义和功效的指导作用下形成的能指与所指紧密相连的结合体。所以，凡戏曲元素符号系统一定含有语义学领域，蕴含语义学普遍法则。

2.戏曲元素符号语构学领域

在一般的戏曲元素符号系统中，符号语构学所对应的是语法规则。戏曲元素符号语构学是研究单词与单词间持续关系的范畴，但是戏曲元素符号语义学与语构学仍有所区别，不是所有的戏曲元素符号系统都具备语构学规则，因此，戏曲元素符号系统成立的必备条件不包含语构学规则。

3.戏曲元素符号语用学领域

信息的接收者在处理信息时，需要借助一定的语境才能解构和重塑新的信息。此种戏曲元素符号语义不受一些规则的限制，需要放置在语境中去研究，属于戏曲元素符号语用学的研究范畴。而普遍的戏曲元素符号系统研究领域来源于一定数量的符号且难以拆解的构成而造就的要素成果。与戏曲元素符号语义学和戏曲元素符号语构学不同，戏曲元素符号语用学是探析感性内涵的研究范畴，是未形成或已形成但还不成熟的戏曲元素符号系统所具备的特征，因此，完全成熟的戏曲元素符号系统就不具备语用学领域范畴。

总之，一般的戏曲元素符号系统有可能蕴含戏曲元素符号语义学、戏曲元素符号语构学、戏曲元素符号语用学三大领域。通过使用戏曲中的元素符号，我们可以更好地表达广泛的信息，这是由三大领域的应用决定的。但在戏曲元素符号系统中不仅有戏曲元素符号语义学，也有戏曲元素符号语构学和戏曲元素符号语用学。据观察，现代戏曲中的元素符号系统已经实现了对它们的充分理解和使用，因此，它们在语言学和社会学方面的应用将会受到限制。因此，可以说，这种戏曲元素符号体系已经发展到了一个相当完善的程度，其中包含了许多有效的规则。戏曲元素符号系统必然存在语义学规则，某些戏曲元素符号系统可能不存在语构学。因此，戏曲的元素符号体系与自然语言有着共通之处，但也存在着明显的差异。

二、文化符号"言语"

对"言语"的概念研究需要将它放置到具有普遍意义的非语言符号系统中进行。戏曲元素符号系统中的"语言"与"言语"读音类似，但意义大不相同。戏曲中的符号系统通常被用来表达个人的想法和意愿，并通过对这些想法和意愿的选择来构建信息。因此，言语会随着时间、地点、事件等的变化而变化，这种变化表现在信文组合的过程经历和所组合成的信文中。在非语言符号中，戏曲元素符号言语通常具有三个显著的特征。

（1）戏曲元素符号言语因信息表达而不同。信息表达是戏曲元素符号系统被创造的根本目的。戏曲元素符号系统所表达的信息，是戏曲元素符号的理性内容，具有实用性，"实用"也是对其语义的阐释和概括。因此，戏曲元素符号系统中的"言语"首要功能就是要根据实用价值来"命词遣意"符号、组成恰如其分承载信文的差异，继而和戏曲元素符号的"语言"的稳定性相反，从而总结出戏曲元素符号"言语"因信息内容不同而展现的多样性和丰富性。

（2）戏曲元素符号言语因在文物中表达的风格不同而不同。戏曲元素中"言语"的第二个重要作用是，它展示了"命词遣意"中信息发送者独特的个人风格。"命词"和"遣意"都是对戏曲元素符号系统中语义学和语构学规则的独特理解和评价。"命词"更加强调了个人的理解，而"遣意"则更加注重实践。尽管"命词遣意"的内容可能完全相同，对于文物中的元素表现的风格不同，"命词遣意"以及它们的综合体验都具有独特的、丰富的内涵，从而彰显出强烈的个性化。也就会使得戏曲元素符号的"言语"变化无穷。但是，戏曲元素符号系统本身不会受到信息发出者的个人化风格的影响。

（3）戏曲元素符号言语偏离规则使用。戏曲元素符号"言语"的第三大功能，是人们在客观上对规则掌握不透彻或主观上有心规避原本应该遵守的规则方法，才导致偏离规则的"错用"或"误用"。

三、语言与言语的对比

语言是规则，是系统，具有唯一性；言语是信文，是遵守规则的创造，具有个性化风格。[①]

---

① 张良林：《莫里斯符号学思想研究》，博士学位论文，南京师范大学外国语学院，2012年。

（1）戏曲文本的唯一性。世界上的任何一种戏曲文本，都具有唯一性和稳定性。以文物中的戏曲元素京剧服饰为例，帝王将相、高官显贵等社会地位较高的人物在正式场合通用的礼服——蟒衣，其主要纹样为龙与"蟒水"，以"日、山、流云、八宝"等吉祥纹样进行搭配，这些纹样的实用功能就是象征高贵的社会地位①。戏曲元素文物京剧服饰不因个人的意愿而表现出不同内容和意义。这也表明戏曲元素文物京剧服饰作为一种语言，是使用戏曲元素文物京剧服饰的社会人群共同约定俗成的规定，具有唯一性和稳定性。一个戏曲元素符号系统的语义学和语构学不会因为信息发出者的情感等的不同而产生差异，更不会因为信息的不同而产生差异。

（2）戏曲文本的多样性。戏曲文本的言语最重要的特质就是多样性，表现在它能够组成各式各样的信文来恰当地承载各式各样的信息。例如，文物中的戏曲元素服饰中的图腾崇拜，从龙凤到八仙、从梅兰竹菊到小花小草等纹饰，或象征"龙凤呈祥"的吉祥寓意，或象征长寿的寓意，或象征高雅美好的君子品质等，这恰如其分地表达了戏曲元素服饰中的图腾崇拜内容是丰富多样的。此外，戏曲文本的多样性还表现在如果承所载的信息一模一样，也会由于戏曲文本的信息发出者的差异而呈现出风格的差异，展现出多样的信文。

四、言语丰富性的保证

（1）对信息发出者而言。信息发出者需要驾轻就熟地掌握并且严格遵循戏曲元素符号系统的语义学规则和语构学规则，才可能获得更精细自由的戏曲文本构成能力。换言之，潜意识中蕴含的戏曲元素符号系统的语义学规则和语构学规则内容，才能在戏曲元素符号系统中进行精彩的信文创造，展现出更加丰富多样、具有个人化风格的信息。

---

① 张犁、程甘霖：《京剧服装中戏曲符号的呈现及美学特征》，《西安工程大学学报》2014年第5期，第631—635页。

（2）对戏曲元素符号系统本身而言。在戏曲文本本身的发展初期，词汇和语法系统尚处于初级阶段，所传达的信文较不完善，而时代的发展与科技的进步让语言系统有了更大的进步。例如，新中国成立以来，在北方地区发掘出宋金墓葬，墓葬砖雕等地下雕塑类戏曲文物不断被世人发现，使得对相关戏曲文物的研究也随之逐步加深。因此，戏曲元素符号系统需要有更完备的发展、更完备的词汇学和语法学规则，才能更具有表现力。

第三节　戏曲元素符号化的联接与替换性功能

一、戏曲元素符号化的联接性

戏曲元素符号化有其自身的联接性，表现为戏曲元素语言符号组合的延展性和戏曲元素传播符号的结合性。戏曲元素符号表现为语言符号时，在能指层面的组合中为一个层次的延展排列，且戏曲元素符号是本空间的线性延展，要素与要素之间的排列顺序为分级组合，具有一定的顺序性。例如，四川自贡西秦会馆的楼檐上雕刻各类戏曲故事，三层的木雕栏板，上层人物、故事情节 7 幅，中层仅 1 幅《苏武牧羊》，下层 5 幅。木雕题材选自耳熟能详的民间故事、神话传说等，雕刻戏曲顺序按故事情节排列，观者观看戏曲表演的同时发生互动、联系，这一排序组合形成言语链的心理陈迹和记忆符号的基础，与木雕题材在场要素的符号联接为根据，戏曲表演要素符号与木雕题材联接符号同时接收，纵然空间的线性顺序被意指联接跨越，但木雕装饰舞台的线性延展符号作用是为观者提供心理预设，是内部语言符号的过程。

在语言符号接收时会出现不一致的意况，戏曲元素语言符号在同一层次空间中线性延展时，毗邻符号组合与意指要求出现不应和，人脑中按陈迹进行反馈组合。根据西秦会馆的表演与木雕题材相近，给予观众心理预设，可更快融入戏曲精神世界，表演结束后戏台木雕又逐渐从背景角色转变为主体，在场要素在人脑中重新组合时，所指与现实事象的关联性，人脑会产生表演戏曲与木雕戏曲关联性反馈组合，这也是内部语言符号的过程，即符号的接合性。将涉及语义的组合称为接合，在场要素排列组合可能会出现打破时间先后顺序进行，戏台木雕转变为主体时，观者对于符号分析通过层级意指下展开组合，在认知与视觉的催促下，不假思索地迅速完成反馈组合。

在传播符号中能指层面相邻的符号元素联结为组合，在所指层面中相邻或跳跃的符号间的联结叫结合。非语言传播符号的结合功能一般表现为联想层面。结合功能的联系是符号要素与不在场的要素之间关联，与符号元素组合层面不同，是对符号所指的分类。例如，汉语中的"展示"一词，意义层面可与"展现""浮现""展出"等词相关联，在声音层面则与"战士""战事""沾湿"等词相关联，语言符号甚至因语音模糊引发组合联想，从而形成二重联结。

在戏曲的传播中，许多象征性的符号会引发人们的联想，并且这些联想会经常出现，从而建立起一种固定的关系。比如，瓯海黄山宫的四角轩棚上有许多蝙蝠图案和"孝感动天""天王访贤""三顾茅庐"等故事。永嘉的戏台上有各种各样的图案，例如花瓶、暗八仙和竹子，这些戏台都位于叶氏大宗祠和孝佑宫附近。通常，戏台的支柱和支架上都会刻有花卉图案或回纹，支柱的顶部则会刻有寿星图案或铜钱。例如，永嘉九房陈氏戏台和永嘉廊二孝思祠戏台。祥云纹、如意纹、回纹、万字纹，以及福、禄、寿、喜等文字图案，这些吉祥图案在古戏台上以二方连续或四方连续的形式出现，具有对称的特征，呈现出整齐划一的视觉效果，不同的部位和范围呈现不同的组合，每一种纹样又在组合中变化着不同的节奏和韵律。纹样造型形式的处理，不断反复使用，反复呈现，已深化人们传播符号的隐喻意义，图案固定的联结都深刻反映了其受地域文化、生活理念和民族情感、宗亲文化观念的影响，呈现了优美的艺术形式。

二、戏曲元素符号化的替换性

戏曲元素符号具有实用和表意的双重作用，实用表现为它可以是作品，表意表现为可以指称事物、实现意义。在戏曲中，许多符号都具有丰富的象征性和替代性的含义。例如，戏曲中的刀剑、箭枪等武器常常被赋予不同的象征意义，如刀剑代表正义、箭枪则代表邪恶；因此，戏曲文物中所表现的特征也具有强烈的象征性，在戏曲文物中要表达此象征性特征，在将实物转化为符号过程中就需要携带其意义，因此，戏曲元素符号化过程就具有一定的替换性，即同一件物品的不同形态或不同形式都可以作为符号使用。戏曲元素符号化是一种传统文化的表现方式，也是一种对传统文化的继承和发展。通过戏曲元素符号化的替换性，我们可以更好地理解戏曲文化的本质及其传承的意义。戏曲元素符号化是一个古老而独特的传统艺术形式，同时也是中国传统文化的重要组成部分之一。随着时代的发展和社会的变化，人们对于传统文化的态度也在不断变化。戏曲元素符号化过程中不仅保留了原有的传统文化内涵，还通过符号化来丰富和深化传统内容，使其更加符合当代社会的需求。戏曲元素实用是文化传播符号，意义是戏曲形态符号，它是同一事物不同层面的表现，体现了戏曲文化的多样性和包容性。戏曲元素作为传播符号进入传播信息系统，具有二重属性价值：一是戏曲元素符号的"实用"转化而来的替换价值，二是符号的"意义"转化的指称价值。

第四节　戏曲符号的迭变

一、戏曲符号的形态初始

由于人类早期社会生产力落后，对于世界的把握与认知水平较低，人类经常举行原始祭祀活动，其中即兴歌舞表演被视为戏曲的原始形态。王国维

《宋元戏曲考》（1912）提出：中国戏剧源自上古的巫。他在开篇首章提出原始歌舞始于巫。巫以歌舞事神，或象神或乐神，戏剧由此而来。①"是则灵之为职，或偃蹇以象神，或婆娑以乐神，盖后世戏剧之萌芽，已有存焉者矣。巫觋之兴，虽在上皇之世，然俳优则远在其后。""后世戏剧，当自巫、优二者出。"②祭祀作为大型重要活动将人聚集起来，戏曲以及歌舞的形式给人带来多感官的冲击力，在人们长期的社会交往中，潜移默化地给予早期人类审美等方面的影响。

由于当时社会生产力的限制，导致人类早期雕刻纹样以自然之物为主要内容，随着戏曲在生活场景的发展，人类逐渐将戏曲元素进行符号化图像表达。人类早期对戏曲符号从认知到感知再到认知，从结构性认知到情感性认知，经历了实践的检验。以戏曲为社会交往联系重要的信息来源的社会情境下，戏曲元素是当时社会背景下人们获取信息交流的重要来源。当时人类对外部环境的理解甚微，人们接受外部世界的认知与对社会和人的理解过程大多来源于戏曲元素，在此过程中，人类对于戏曲产生了种种不同形式的理解与判断。戏曲当中的故事、空间、人文和情怀等方面，都是让人们理解外部空间以及人类自身所处环境或者表达自己情感的重要途径或者媒介。因此，人类创造出很多与戏曲元素有关的装饰性纹样，纹样类型丰富，形式多样，多出现在包括家具、戏台以及其他器物的各种生活环境中。

人类对于祭祀活动中戏曲早期的感性认识，逐步将戏曲发展为理性认识，人类把握戏曲，并进行符号化表达，将其展示在文物上。通过具有艺术性加工的视觉化感知与戏曲元素的探索，人类积累了雕刻与装饰为主的审美经验，赋予戏曲生动美感以及思想情感，因此产生了人们对于具有戏曲元素

---

① 倪彩霞：《戏剧起源于宗教仪式理论的再探讨》，《文化遗产》2019年第3期，第47—55页。

② 王国维：《王国维文学论著三种》，商务印书馆2010年版，第47—49页。

文物的审美判断和创作判断。人类早期对文物当中纹样和相关内容的理解逐渐清晰，大众对早期文物的装饰之物的理解与认知更加深刻，人对身边之物的装饰性诉求更加强烈。符号元素作为装饰之物，戏曲较于其他艺术表达方式，因其画面更加丰富和具象，叙事性强，更有审美情趣，到后期发展为人类赋予更多情感寄托，从而更能表现戏曲元素在文物家具中的重要价值和重要意义，符号化装饰器具被用来体现文物持有者的审美观念和价值表达的精神文化诉求。

二、人文之意

1. 具有戏曲元素的文物符号构成

罗兰·巴尔特认为，"符号是一种象征物，是人们共同约定用来指称和代表其他事物的'思维对象'。符号亦是一种载体，承载着交流双方发出的信息"。① 使用具有戏曲元素的装饰物时，在根本上虽然需要考虑到装饰物符号所包含的人文元素，但是更多地使用带有戏曲元素的装饰之物的文物仍然较为注重其装饰功能，即美化某种使用场景，或渲染场景的某种氛围等等。在符号表现上，虽然以人物故事纹样为主，但往往还是需要结合除人文元素以外的其他装饰之物，包括几何、植物、动物、文字、博古纹样中具有祥瑞之意、美好之意的图案。在人文元素符号的使用方面，除了选用当时社会上流传的故事以外，更多的是具有独特寓意的神话故事、有名的历史故事等等。尽管当时的图像表达并未完全与其时代背景密切结合，但是这些带有人文元素的装饰物符号已经能够依稀反映出当时社会大众的思想追求、人文诉求。

赵毅衡老师在《符号学原理与推演》一书中提出，"符号是携带意义的感知：意义必须用符号才能表达，符号的用途是表达意义"。② 探索文物中各

---

① ［法］罗兰·巴尔特：《符号学原理》，李幼蒸译，中国人民大学出版社 2008 年版，第 11 页。

② 赵毅衡：《符号学原理与推演》，南京大学出版社 2011 年版，第 1 页。

式具有戏曲元素的纹样组合所展现的内在含义，以研究其符号化表达。历朝历代，通过具有戏曲元素的装饰物符号来表达人文精神的文物屡见不鲜，例如经常用于装饰民间家具的八仙题材。"八仙过海是民间艺术中常见的吉祥题材，八仙为中国古代民间传说中的八位神仙，一般是指铁拐李、汉钟离、张果老、何仙姑、蓝采和、吕洞宾、韩湘子、曹国舅。"①从语构层面来讲，在八仙过海纹样当中，八位仙人通常处于中心位置，造型丰富，神态灵动，颇具情趣。此外，还辅之以蟠桃、树枝、波涛、八仙法器等纹样。从语义层面分析，表达出了"人类怀抱自然、化解凶险、繁衍发展的生命意识和生活信念"②。在具有戏曲元素的人物故事纹样当中，通常将这些主人公放于纹样中心位置，辅之以各式的几何、植物、动物、文字、博古纹样，以实现戏曲元素符号的语义表达。因此，在具有装饰性符号的文物当中，具有戏曲元素的图像必须要通过一系列形式与意义的结合，才能形成一套完整的、具有人文情怀的文物系统。

皮尔斯认为，"符号本身三分：再现体、对象、解释项，其中再现体再三分：质符、单符、型符；对象可以三分：像似、指示、规约"③，而"规约"也就是我们常说的象征符号。具有戏曲元素的装饰之物，通常正是通过各式各样的象征符号来展现符号所传达的人文之意。在戏曲元素的装饰物内涵向人文精神的转变中，丰富的故事情节、人物造型、纹样组合越来越具有准确的意义表达，为人文精神服务的目的更加明确。这种转变是随着各朝各代政治、经济、文化的相互作用发生的，通过文物上的各式纹样，即象征符号所承载的内在含义体现的，"其背后蕴含着文化信息和承载着象征意义，反映

---

① 徐艺乙：《木雕作品〈八仙过海〉》，《民族艺术》2021年第4期。

② 包琳：《明清时期传统吉祥纹样在浙北地区的传承——以道家暗八仙纹为例》，《艺术生活—福州大学学报（艺术版）》2014年第5期，第12—15页。

③ [美] C.S.皮尔斯：《皮尔斯：论符号》，赵星植译，四川大学出版社2014年版，第7页。

了所处时代的社会历史状况和人文生活情怀"。① 例如，现藏址于南京市博物馆的萧何月下追韩信梅瓶，从语构层面来讲，该纹样展现了极富个性的萧何、韩信和艄公的人物形象，芭蕉、山石、松树、青竹和梅花等环境构成，在其他装饰带绘有莲瓣纹、西番莲等辅助纹饰，整体构图上层次丰富且分明。从语义层面来分析，该纹样通过萧何被多次拒绝后依旧不放弃，凭借努力辅佐刘邦、最终封侯，赞扬了这种永不言败的可贵精神，也反映出统治阶级"为了治国安邦，维护国家稳定，其内心渴望广聚人才，凝聚人才"② 的决心。

在为了突出人文情趣的文物当中，大量的以人物故事纹为主的文物，在符号表现上往往需要与植物、动物等纹样相结合，例如，经本研究团队调研，来源于绵阳绵竹的床框就灵活运用了各式经典纹样。床框正面中心位置的将领身骑麒麟，"麒麟，乃中国古代传说中的祥瑞神兽。麒麟纹寓意吉祥如意、多子多福、事业成功等意愿"③。麒麟作为象征符号，不仅体现了使用者希望事业成功，而且表现了使用者对尚武精神的崇拜。古人对于具有戏曲元素的装饰之物极其喜爱，这些装饰之物可见之于罐、碗、杯、盘、笔筒、花瓶、茶具等文物之上。各种装饰之物的运用灵活多变，所展现的人文之意也体现在方方面面。例如，"刘海戏金蟾"紫砂雕塑"隐含了浓厚的民间信仰和功利目的的追求，又隐含了传统道教讲究长生不老、得道成仙的信仰"④，"竹林七贤"笔筒体现了使用者"将审美的目光转向了秀美山川、宁

---

① 宋志岭：《基于图像学视野下的元青花人物故事纹饰研究——以〈萧何月下追韩信〉梅瓶为例》，《陶瓷研究》2018 年第 3 期，第 49—52 页。

② 刘珩、施睿：《解析元青花〈萧何月下追韩信〉梅瓶》，《美术大观》2015 年第 6 期，第 56—57 页。

③ 王慧敏、朱天阳：《浅析元青花瓷器中的麒麟文化》，《美与时代（上）》2020 年第 1 期，第 44—46 页。

④ 任莹辉：《浅谈紫砂雕塑作品"天机"的工艺特色和文化内涵》，《江苏陶瓷》2019 年第 2 期，第 47—48 页。

静田园，构筑了异于时代精神的风标以及生命范式"①。

文物中的戏曲元素符号除了主要由人物故事表现以外，还广泛地通过动物、植物、博古纹样表现出来。在这些非人文元素的装饰之物中，虽仍然存在以装饰作用为目的或者展现自然崇拜、图腾崇拜的文物，但是更为主流的方向是从装饰功能、祭祀功能等语义形式向表达大众生活的人文精神而发展，戏曲元素符号体系正是在这个基础上确立了向人文体系的转折。在明清时期，对于文物中动植物组合纹样的运用，可谓十分流行。在这一时期，已经出现了大量通过谐音意趣组成的装饰图形，即象征符号，从语构层面看，将这些谐音指向吉祥寓意的图案相互组合，从语义层面分析，则表达着对于美好未来的期望。例如，经本研究团队调研，床框中就灵活运用了动植物组合纹样。床框正面，喜鹊立于梅梢之上的图案颇有意思。因梅与"眉"同音，又叫"喜上眉梢"，作为象征符号，隐喻为"喜事来临"，展现着使用者的人文情趣。类似的图案还可见之于象征长命富贵、健康宁静的"五蝠捧禄"，象征官位连续提升的"冠上加冠"，象征驱除邪佞、吉祥好运接踵而来的"三羊开泰"，象征学子连连取得应试好成绩的"喜得莲棵"等。使用者对于博古纹样的运用，也能够体现出明显的人文精神。通过将罐、碗、杯、盘、笔筒、花瓶、茶具等器具与其他类型的纹样相组合，在各种具有戏曲元素的图像装饰的文物中，同样常见。许多带有博古纹样的图像体系都是从图像结构、组合搭配等方面传达其符号意义，但是这种系统的大结构并不直接体现对于故事情节、人物造型的绝对关注，而是建立在使用者本身的兴趣点之上，表现出一定程度的人文情趣。"一是尊古崇古的心理：表达对祖先的膜拜与追慕，寄予一种尊敬与崇拜心理。二是复古好古的思想观念：对古代先贤的思慕，抒发怀古复古之情。三是古雅的审美情趣：寄情于博古，追求古雅逸致的审美情趣。"此外，与动植物纹样对于谐音的使用相似，博古

---

① 王洪军：《竹林七贤的耦合及其文学价值》，《哈尔滨工业大学学报（社会科学版）》2022 年第 3 期，第 102—107 页。

纹样依然展现了这样的人文情趣。比如"平安如意",即瓶中放入一把如意。还有"喜象升平",即一只大象驮着一个宝瓶,隐喻为好景象。类似的组合符号表达还可见之于李家大院的屏风、书架等具有戏曲元素的文物中。

2. 符号的人文之意表达

索绪尔认为,"人类社会一切的文化现象都可认知、理解为符号现象"。[①]在对文物中具有戏曲元素的装饰之物进行分类时,不单单是根据使用者所选用的图像由什么纹样组成或者是这些符号所表达的内在含义来判断,它的核心是强调在符号的内在表达之意的转变过程中,各式各样的图像符号展现出来的社会生活方式的形成和对于人本身的认知的深入,即这些符号是否体现出了日常生活中的人文精神。虽然在一些带有装饰纹样的图像体系中也能见到使用者对于戏曲元素的运用,但是这种符号运用并非是从人文精神表达的立场出发,更多情况下,由于处在人类观察社会、探索自我的早期阶段,对于人文元素的运用仍然带有明显的装饰目的。而那些真正从人文精神角度出发的戏曲元素图像系统中,将各式各样富有生命力的纹样视为一种手段,使我们深刻感受到在人类文明和社会成熟意义上所形成的大众生活的真正内涵,这种富有生活气息的人文精神蓬勃发展,感染着世人。

马克斯·本泽认为,"人不仅与事物发生关系,而且也与符号发生关系,人的意识与其说是对象世界,不如说是符号世界"。[②] 具有戏曲元素的装饰之物固然极其重视在视觉美观度的呈现,但装饰之物并不仅仅在于它的装饰作用,更在于装饰物符号体系所体现出的人文情趣。人文情趣是人们在社会生活中对美好情感的一种向往,其重要意义不在于通过何种形式呈现,而在于通过这些形式呈现出的纹样符号的内在含义,即以一种能够展现人文情怀

---

① 〔瑞士〕费尔迪南·德·索绪尔:《普通语言学教程》,高名凯译,商务印书馆2002年版,第3页。

② 〔德〕马克斯·本泽:《广义符号学及其在设计中的应用》,徐恒醇编译,中国社会科学出版社1992年版,第51页。

的符号表达的出现。如果说戏曲元素装饰体系的关键之处还在于故事情节、人物造型、纹样组合的呈现，那么戏曲元素纹样符号的表达则开始关注当时的社会生活、人文精神，以文物的装饰功能为主向以文物的精神功能为主过渡，所谓以人文为核心的符号精神表达，在文物中以戏曲元素的形式出现时，更加深入人心。

"作为皮尔斯符号学的解释者，美国哲学家查尔斯·莫里斯把逻辑实证主义和实用主义结合起来，并首次提出了'符号学三分法'，即符号学可划分为语构学（Syntactics，也译作语形学或句法学）、语义学（Semantics）和语用学（Pragmatics）三门学科予以认知与实践。"[1] 将这样的分类视为一种工具，来解读文物中的戏曲元素符号，对于探索其中的人文之意极为有效。日渐完善的大众生活和日益成熟的世俗文化推动了传统戏曲元素向人文精神的转变，与从前过度关注文物图像对于故事情节、人物造型、纹样组合的展现相比较，具有人文之意的戏曲元素符号体系的可贵之处在于通过各式纹样的组合呈现出的人文精神。这些具有人文情趣的符号化表达，无论是人物故事纹还是动物纹样、植物纹样、博古纹样等，其戏曲元素系统中对于人本身的关怀尤为明显，并一直延续至今，展现着中国人的人文情怀。

三、时代的转换

物质文化遗产本身就是一种宝贵的财富，而物质或技术本身却不具备智慧，只有通过对原有关系的重新构建、融合、整合，才能发挥出它们最大的潜力。随着科技、人文、传统、现代、东方、西方、物质与精神等众多领域的相互影响、相互渗透，一种全新的关系正在形成，它既是一种对立的状态，也是一种交融的过程，因此，作为时代文化的核心，艺术家们不但需要勇敢地迎接这种重大的历史转折，还需要善于发掘并利用其中的潜能，来促

---

① 赵毅衡：《符号学原理与推演》，南京大学出版社 2011 年版，第 37 页。

进其发展。

具有戏曲元素的装饰性艺术的变更亦是如此。在过去，由于受到了宗教和封建制度的束缚，人们往往会将自己所信仰的神灵或者一些特定的符号刻印在物品上面，以此来表达他们内心深处最真实的想法以及情感。然而到了近代以后，随着社会经济的不断发展，科学技术水平得到了空前提高，人们开始更加注重个性化的表现以及自我意识的觉醒，从而使得这些原本被视为"禁忌"的内容逐渐成为了时尚潮流中备受追捧的对象。随着时代发展，受地域、人文、宗教等多元文化的影响，中国戏曲形式、戏曲符号形态、戏曲意义等戏曲文化更具人文之意，其戏曲符号逐渐成为了反映时代的经济文化、社会生活、宗教信仰等文化的符号象征。因此，从符号学的角度分析中国戏曲符号体系的构成，一方面，是对于中国戏曲符号的发展进行总结、分析和理解；另一方面，是用以指导戏曲文物的数字化保护，在戏曲元素文物或戏曲本身的数字化保护过程中对戏曲图像、图形、符号语言等文物进行有系统的、完整的数字化保护，建立戏曲文物数字化保护资源库。

中国的戏曲文化历史悠久，其中的图像符号体系扮演着非常重要的角色。这些符号不仅能够帮助我们更好地理解传统的文化内涵，还能够帮助我们更好地把握其中的精髓；不同的是，中国戏曲的图像符号体系的演进反映出中国传统戏曲艺术的发展和演变。自古以来，中国传统戏曲图像符号体系就以其独特的方式存在，从早期的线条刻画，到明清时期的经典形象，再到中国现代化的进程，这种多样性和丰富性使得它成为当今中国文化的重要组成部分，具备了独特的资源优势。

中国拥有出众的传统戏曲图像符号资源优势，这种资源优势不仅成为当代中国戏曲发展的重要条件，而且也是中国戏曲文化发展的基础和根本。中国的传统戏曲图像符号体系拥有丰富的历史和文化遗产，它们不仅仅是当代艺术、设计、科技和文物考古的重要组成部分，而且还可以被广泛应用于各种视觉领域，如标志、海报、书籍、CI 体系、网络传播和多媒体。因此，如何将这些传统的戏曲图像符号转变为可以被人们理解和应用的数字化形式，以便更好地保护和传承戏曲文物，是当今社会需要解决的一个重大问题。在认识、理解和保护传统戏曲图像符号资源过程中，具体而言可以包括以下几个方面：

（1）对传统的戏曲图像和符号的原始保护，把古代的戏曲符号进行拓印样本和原位保护；

（2）对传统的戏曲图像和符号的数字化保护，这是一种艺术与科技的结合，将戏曲图像符号利用现代数字化手段进行修复和保护；

（3）戏曲文化性的深度理解和实践，强调在文物保护中不能只保护物质，而是结合符号象征获得中国传统戏曲视觉文化的传承关系，形成基于中国传统戏曲图像符号体系而发展的文化自觉和文化自信。中国现代文物保护的发展趋势要求我们必须在这个层面上来理解、保护和应用传统戏曲图像符号资源，激活传统戏曲图像符号资源的能量，在新的文化形态、审美风尚和社会语境中获得传统与现代的数字化保护。

中国的戏曲图像符号资源非常丰富，从彩陶艺术到玉器、金银器、陶瓷器、漆器、建筑、雕刻、书画，再到染织，这些图像都反映出中国悠久的历史，并以其独特的地域文化特色，为观众呈现出各种各样的戏曲符号，比如京剧、川剧等。

四、文物元素中的符号秩序与结构

（一）文物中的形式逻辑与语义结构

在传统的对于具有戏曲元素文物的解读中，主要是分为浅层结构（整体的文物的造型）与深层结构（文物所要表达的深层次的意义）两个方面，但是对于文物的研究却漏掉了戏曲元素与整体文物结构之间的关系以及形象和意象之间的形式逻辑与语义结构这个重要方面，这是对整体文物所要表达的整体意义的一种重要补充，也是文化领域的重要研究部分。

（二）具有戏曲元素文物的语义表达

苏珊·朗格指出"形式与情感在结构上是如此一致，以至于在人们看来符号与符号表现的意义似乎就是同一种东西"[1]。文物中的戏曲元素可以通过编码、组码等方式，将内心深处的情感和感受转化为一种有序的形式，从而更好地传达出人们的思想。这种形式的内涵与人们的思维有着密切的联系，它们可以将内心的情感和感受直接融入到文物的形式之中，从而更好地表达出人们的思想和感受。在这种结构中，各种符号被广泛应用于不同的领域，它们的表达和意义被有机地融合，最终形成一个完整的、有机的形式逻辑和语义结构。例如，中国古代的铜镜上常出现的人物故事图案，这些图案不仅仅是装饰品，更是对历史事件或神话传说的记录和传承。这些图案采用了象征性的手法，以简单明了的线条勾勒出生动形象的场景，使人产生身临其境的感觉。同时，这些图案也反映了当时社会文化背景下人民群众的心理需求和精神追求。因此，我们可以看出，文物中的戏曲元素并不仅仅是单纯的艺术表现形式，更是人类文明发展历程中文化交流和传递的重要载体之一。

（三）文物中的戏曲元素的图像性

马克思·本泽指出：图像性与适应、指示性与接近、象征性与选择相关，我们把这些行为方式作为人的基本的符号学行为方式，因此设计对象也可以进一步通过适应、接近和选择来表征。[2]具有戏曲元素的椅子，它的扶

---

① ［美］苏珊·朗格：《艺术问题》，滕守尧、朱疆源译，中国社会科学出版社1983年版，第24页。

② ［德］马克斯·本泽：《广义符号学及其在设计中的应用》，徐恒醇编译，中国社会科学出版社1992年版，第117页。

手和靠背与人体的需求相适应，以支撑人的手臂。椅子的形状和弧度必须与人体相协调，并且能够满足人们坐和靠的需求。这种椅子的造型具有图像性，文物中镶嵌的戏曲图像能够直观地向主体表达，同时也能够叙述其基本属性；其中，文物中的戏曲元素图像作为表达情感与抒发情感的载体，暗含了一种形式逻辑与语义结构，不仅仅是一种符号或者一种意义，就文物本身而言，更是添加了文物本身的内涵，赋予了文物更加深刻的意义，增添了文物的趣味性与想象的空间。

关于文物的图像性表意，一个方面是皮尔斯指出的三分法中的类象符号，"是通过对于对象的写实或模仿来表征其对象的，它必须与对象的某些特征相同"，两者之间存在像似性，文物中雕花和装饰多用写实和模仿的手法表达意义，它们之间的相互对照关系，仅仅是取决于两者之间的某种相似或是某个特征的相同。通过构建一个符号系统，我们可以深入理解它的意义，并将其转化为可以表达的形式。例如，在文物中，传统的吉祥纹样，如百合花、柿子、灵芝等，可以通过"百合"和"百事"的百字互通来表达，从而使得整个图像符号系统的意义得到更好的体现。"柿""事""狮""百"的发音相近，而柏树则是长青不老的嘉树，灵芝的形状就像如意纹，这些元素的结合，赋予了它们更深层次的含义，即所有的事情都能如愿以偿，百事顺心。

符号的表达可以从叙事的角度出发，将文物中的戏曲元素融入其中，以此来传达其内涵，并以各种材料、形状、颜色、位置和结构的组合，展示出其当今文化背景下的特点、属性和价值，如一套图像系统，将其独有的特点和价值传达给观众，例如绵阳市绵竹县李家大院的八仙过海双福神龛，就是一个很好的例子，可以证明这种艺术表达手法，能够让观众更加深刻地理解当今的社会环境，从而更加深刻地体会到当今的文化精髓。这件家具的设计灵感来源于八仙过海图像，它象征着人们对幸福生活的期盼，并且能够抵抗煞气，而鱼尾形状的把手则寓意着一年四季都会丰收。在这间神龛里，我们使用了一种排列整齐的敞开式柜门，两边各有一扇对开的门，以示尊重和敬畏。在门的左右两边，都刻着祥云和双龙图案。龙身高昂，翱翔于天际，祥云缭绕，象征着祝福、欢乐、幸运，也是人们对未来的憧憬和期待。两侧对称分布两条龙，龙是自然力量的象征，此花纹雕刻也寓意着吉祥如意，图案所在的位置、形状、结构表现了图像的价值，整个神龛作为放置神佛塑像和祖宗灵牌的器物，反映了广大民众的信仰与祈求，也具有更加深刻的表征意义。

（四）文物中的戏曲元素的指谓性

文物中的戏曲元素为人们在了解文物时提供了许多的信息，以便于人们进行感知、理解并做出反应，从而能更加全方位、多层次地了解、认识和把握文物的用途和意义，皮尔斯对指示符号的定义如下，"我把指示符定义为这样一种符号，它由于与动力对象存在着一种实在关系而被其所决定"[1]。同时他还进行了进一步的解释说："指示符是这样一种符号或再现，它能够指称它的对象，主要不是因为与其像似或类似，也不是因为它与那个对象偶然拥有的某种一般性特征有联系，而是因为，一方面，它与个别的对象存在着一种动力学（包括空间的）联系；另一方面，它与那些把它当作符号的人的感觉或记忆有联系。"[2] 在特定的环境中，一个局部的造型、一种颜色、一个形状，它们可以通过组合、相互作用、前因后果、起止点和运动方向等来指示目标，而戏曲元素则可以通过它们来传递出更多的表征性信息，它们可以被视为对象，可以吸引观众的注意力，但它们本身却不会直接传递任何意义。采用暗示的方式来传递信息。例如，当我们看到戏

---

① ［美］C.S.皮尔斯：《皮尔斯：论符号》，赵星植译，四川大学出版社 2014 年版，第 53 页。

② ［美］C.S.皮尔斯：《皮尔斯：论符号》，赵星植译，四川大学出版社 2014 年版，第 56 页。

曲元素中人物的姿态或者脸谱时，我们会立刻想到这是什么角色，这个形象代表着什么意思，这些都是基于视觉效果产生的联想，即所谓的像似性原则。

图像的指谓也主要是两个方面，图像意指是一种独特的表达方式，它可以通过相似或共同的图形来传达出一种深刻的含义，尤其是在具有戏曲元素的文物中，制作者更是利用图像的力量，将文物的美好寓意表达得淋漓尽致，比如文物中经常出现的云纹，它不仅仅是一种自然现象，更是一种神秘的象征，它可以让人们感受到文物背后的历史和文化，从而更深刻地理解文物的内涵，并且能够激发人们的创造力，从而更好地传达文物的精神内涵。"云纹"经过多次演变，最终演变成"如意云"，其中包含了复杂的纹理，呈现出多样的美感；"流云纹"是一种复杂多变的带状纹饰，由优美的回旋线条构成；"升云纹"，就像一朵朵飘浮在天空中的云彩。

在文物中，有些元素会被赋予特定的含义，比如说，当它们与某种动物有关时，人们会不自觉地将其视为具有特定特征的动物。这种单个图像的指谓与组合图像的意义，体现两者之间的关系，并由此把文物中戏曲元素的符号的语义结构导向更深的层次。

（五）文物中的戏曲元素的象征性

根据皮尔斯的说法，象征符号是一种独特的符号，它不受对象的相似性或直接联系的限制，可以自由地表达对象，而且表达方式只与解释者有关，它可以从任何符号储备系统中选择任意媒介来表达，并且在传播过程中可以被约定俗成、稳定不变地使用。象征符号是设计符号系统的重要组成部分，它们可以描述外界事物在人们大脑中引发的心理效应，从而帮助人们更好地理解和表达外界事物，从而更好地表达自己的情感和思想。

简单的个别象征符号的意义也并不等同于整个文物符号的语义系统，为了更好地传达文物的象征意义，我们需要建立一个完整的文物符号体系，比如具有戏曲和戏曲元素的文物，它们可以代表一种高尚的品位、一种尊贵的身份、一种优质的生活。比如，文物中的图像，以蝙蝠的视觉形象为主，它们的"蝠"与"福"同音，象征着幸福、长寿、仁慈和优雅的德行。此外，还可以通过多种组合的图案，比如五只蝙蝠围绕着"寿"字，代表"五福捧寿"，蝙蝠飞向娃娃的头顶，传达出一种美好的祝愿，祝愿人们健康快乐、幸福美满，"福从天降"的蝙蝠与山石和海浪的结合，象征着"福山寿海"的美好愿景；除了文物本身的外观美，它们还蕴藏着更为丰富的内涵，让人们能够从中获得更多的启发。

象征性符号可以通过类象符号来表现，是直接以物作为本体，以物体的功能、形态等属性，从对象的语言、触觉、视觉等各个方面相对应来实现符号语言的类比的表征。

象征并非一种单一的修辞手段，而是建立在对事物的描述、比喻、暗示、转折等多种方式的综合运用之上，因此，在表达意图的过程中，必须仔细分析事物的结构、含义，并将其转化为具有代表性的符号语言。象征与被象征事物之间的联系，可以是因为被表征的像似性，也可以是被表征的邻接性，但是只是初度理据的像似与邻接不能被称为象征性。例如，把棉花糖比喻为白云，把小河比喻为绸带，乌云从而预示着下雨，虽然它的联系是十分明显的，但是却缺少了象征所必需的具备精神属性与意义的积累。例如，文物中的戏曲元素，大象图案象征吉祥如意，梅花与神鹿的图案就象征高洁和长寿以及福气，荷花图象征高洁，牡丹图象征富贵，运用了明喻、隐喻、提喻、转喻、潜喻等方法在文化中建构起了关联的关系，并且具有了深远的意义，在社会传播中成为了"象征"。

文物中元素的象征意义一直都存在于其中，它们的产生和发展都取决于人们的阅读和理解。随着时间的推移，这些意义逐渐被赋予了新的含义，并且以各种不同的方式呈现。这些意义不仅推动了作品的发展，而且还为观众提供了更加丰富的视角，使得观众能够更好地理解作品。

(六) 文物中的戏曲元素系统

一件具有戏曲元素的文物也是一种系统表征，各个基本的元素符号，按照一定的组合和排列，形成了文物的结构形态，使得文物具有功能性、实用性。但是具有戏曲元素的文物也不仅仅具有功能性，同时也是具有文化表征的内容系统，在文物的构成中加入了戏曲的元素使得文物的意义和表达的精神追求更加地具有层次。戏曲元素作为一种装饰图像，承载着文化的历史意义，装饰的戏曲元素的图像是装饰意义的载体，所要表达的内容隐藏在题材和形式中，戏曲元素的色彩、线条和图案给人带来强烈的视觉效果，在对传统文化了解的基础上通过对有关的事物、环境和特定的意义的研究从而进行表意。例如，具有戏曲元素的清代屏风，是一种实用性的家具，在功能性上是起到了分隔、美化、挡风、协调等的作用，在其中加入了戏曲的元素形制、图案以及文字，更加地丰富了文物的内涵，让其更加地具有艺术性，成为了古人室内装饰的重要组成部分，结合文物的结构与文物中戏曲元素的意义形成了系统表征的方式。系统表征的方式是具有戏曲元素文物的符号意谓中最有意义的结构。

五、客观题材的表征

在整体的文物符号系统中，戏曲元素的装饰与表义构成了文物整体文化意义表达的重要组成部分，且其选择倾向包含一种客观需求。如富含戏曲趣味的人物造型、动态、故事情节等，都能够成为文物客观表征、主观意义表达的重要依据。文物戏曲元素符号是文物戏曲客观题材与文化主观意指的集合，其中的客观题材即代表符号的可感知部分，通常作为文物戏曲元素符号表征而出现的客观实体与客观表义。完整的符号系统最先引起观者注意的正是其符号的客观表征，构成文物戏曲元素符号系统的表层结构。这类表征是独立于主观感觉之外的，结合文物及戏曲相关规则设计建构出的客观题材形象系统，符号的主观意指与整体性呈现都建立在客观题材的基础之上。当然，很多符号并不具备客观实体，如空符号、零符号①等，但其本质上仍依托于客观实体的标出。这正如未体会过"见山是山"的人无法领会"见山不是山"，未听过各种乐声的人不能体验"大音希声"一样。留白和飞白也不是真的全然空白，"零符号"也并非虚无，而仍然是一种真正的"存在"。因此，这类客观题材的符号表征毋庸置疑地占据一定主流趋势和基础地位，基于不同维度元素符号的分类逻辑，以及客观题材的表征具有的多种解构可能性和不同表征动因，可以将文物中戏曲元素符号的客观题材分为基本文物符号元素、文物符号整合形式、文物符号虚拟形式等几个方面。

（一）基本文物符号元素

基本文物符号元素是整体文物在初创过程中所运用的最小单位的客观符号语汇，这些基本语汇可分为客观形式与客观表义两种类型。客观形式的基本语汇为文物元素符号中组成客观实体的元素部分，各形式的文物元素中，人物元素便时常使用戏曲、典故等作为装饰题材。其余也包括装饰性的花卉植物纹样、几何纹样、各种色彩，乃至文物用材、结构形式等。同时，需要区分的是，当这些装饰性的客观形式元素因为某些主观因素超过了原本的意义，如战国漆器常用红色是因为崇尚火神祝融，汉代以凤鸟飞云间的装饰题材表示求仙问道之意等，便已经同时具有主观意指的情感表达。

在此基础上将客观的表征不局限于形式，而向更大范围的客观表义方向理解，客观题材的表征还包括语义下的客观意义符号表征。也就是说，这些文物客观题材的表征除涉及真实世界的、形象的表征外，还包括来源于民间文化形式和约定俗成的观念的表征，以及涉及某个戏曲主题的体裁式表征

---

① 赵毅衡：《符号学原理与推演》，南京大学出版社 2011 年版。

等。例如，属于约定俗成的符号图形的麒麟纹，或屈膝下蹲，或矫首昂视，时常装饰于挂檐、门围等位置。这些麒麟图案一旦被识别，无须结合背景、语境等加以解释，观者即可获取其"仁慈""祥瑞"等表义。类似的还有宝相花纹、蝙蝠纹、"福禄寿喜"等吉祥图案和文字，此外，还有用笔墨纸砚代表书香门第，各种博古图案寓意志趣高雅，五谷图案代表丰衣足食，等等，皆直接使用某种事物的代表性题材进行应用，给观者最为直观的祈福、吉祥、喜庆等印象。这些符号语汇在使用倾向上与其表义更加相关，而非其外形实体，但它们的符号意义不受主观影响，属于客观表义的符号语汇。与主观意愿性带有的强烈个人感情倾向不同，客观表义具有凝练性和紧缩性。正如理解一句话的表义，需要理解结合说话人语境的主观感情色彩，但更基础的是理解其客观核心内容。

总体来说，不论是客观形式还是客观表义的基本符号语汇，它们都有着各自独立的语义象征，且在不同维度上的交织与重构会产生远大于简单相加的效果，构建出我们如今欣赏到的文物世界。

（二）文物符号整合形式

文物符号整合形式是指基本文物符号元素基于合目的性表达需求进行整合后，其各个部分符号的表征和意谓形成了全新的符号系统，在文物中以平面或空间形式呈现。如家具文物上常有的"喜上眉梢""早生贵子"等图案纹饰，将喜鹊、梅花、枣、桂子等各种吉祥图案元素以名称的谐音规律进行整合构成，使这些符号语汇重新编码，在不同的图案组合里甚至能被赋予不同的象征意义。更复杂的还有戏台、戏楼、神龛以及一些家具文物中复杂完整的戏曲题材木雕插画等，不仅反映出当时人们的生活状态和审美文化，在象征意味上更加丰富，且能更系统化地表达文物文化内涵。

在中国古典装饰艺术中，戏曲中的经典人物故事、桥段画面都是民间文物钟爱的客观题材，如"牛郎织女鹊桥相会纹"、"西厢记"故事纹、"梁山伯与祝英台"故事纹等。与单独的客观题材基本符号元素不同，这些整合形式的客观题材具有了整体的画面表义和故事情节，能够与观者的生理、心理等多个方面形成交流，更具有沉浸感和具身性。

以上多讨论呈现为平面形式的客观题材整合形式，呈现在立体空间中，整合形式则多体现在图案元素与文物本身形制、构架关系的结合，使各种图案符号在满足自身视觉美感的同时，还能化为文物整体结构的一部分，体现出相得益彰的意匠美。如南京民俗博物馆，也即"甘家大院"，其友恭堂的双步梁木雕曲线丰富精致，很大程度上抵消了刚性建筑给人的重压感，而大厅额木上的云龙木雕，也为梁架赋予了曲直变化，颇具虚实结合之味[①]。

（三）文物符号虚拟形式

在数字化技术日益发展的今天，文物中的戏曲元素符号逐渐拥有了新的客观题材形式，我们可以称其为数字形式或虚拟形式。这种形式是使用数字媒介对文物符号进行数字化保护与展示的结果，它突破了时间与空间，同时具备历时性与共时性，成为一种足以影响传统符号系统根本的全新的符号构建形式。这种新型的表征形式是在前两种形式基础上更高维度的符号语言表达，它包含了前两种形式，且同时具有另外的特点，如需借助数字媒介的技术支撑进行展现，对观者的视觉、听觉甚至触觉等感官刺激更加明显，强调互动性与体验感，以及体验方式和应用场景更加灵活多变等。文物符号客观题材的数字化通过文化感知和演绎，对文物符号深层的主观意指具有更强的理解效果。

虚拟形式的文物客观题材表征现已经历多个途径的发展，且具有庞大的发展潜力。例如，使用数字孪生技术对文物进行数字化建模和虚拟复原，对

---

① 姚珏：《徽州民居木雕艺术研究》，博士学位论文，东南大学艺术学理论，2020 年。

实现文物戏曲文化广泛传播与高效利用有极强的推动作用。或建立戏曲元素文物数字博物馆，打破传统博物馆导览路线单一、内容缺乏创新的种种局限，加强观者与文物间的交流互动和沉浸体验，从叙事、阐释和展示等多个方面让这些文物符号实现真正意义上的"神圣化""现实化"与"活态化"。观者不必再被要求适应于文物展览的观看流程和编码方式，而是可以自己选择，甚至自己进行设计创造，从而唤起观者的活动意向，满足其活动需求。

本节讨论的客观题材的三种表征形式虽聚焦于文物中的戏曲元素符号，但广泛来说，所有符号元素的表征皆可如此理解，或在此基础上进行衍义。符号表征的基础地位不会受符号形式的影响。斯图尔特·霍尔的"文化表征理论"认为，文化是通过表征和意指实践构造出来，强调了文化与符号表征间的紧密联系。黑格尔所言"绝对精神"的显现与表达，更是通过符号表征认识和改造世界。符号的表征从艺术学、哲学、语言学等诸多方面联系与建构着文物与文化的意义世界。因此，对文物符号客观题材的了解，往往能够作为研究其主观意指的前提基础，解读之前，先行观察，或许就是研究这些文物符号最基本的流程。

六、主观意指的体论

文物中戏曲元素的可视化研究，其展示出的图像符号不仅具有客观题材上的表征，并且还具有主观意指中的体论，从某些方面来讲，文物中所涵盖的戏曲元素既作为传达主观意指的符号元素而存在，也因为后来之人对于文物所携带元素的解读而形成。也就是在面对文物中的戏曲元素的符号表征时，不同的戏曲文物代表着不同的符号，也能为观众带来不同的戏曲主观体验，如表演服装及配饰、砌末、面具、乐器等，不同器物能给观众传达不一样的戏曲信息，唤起观众对于不同戏曲的主观理解。从观众在面对表演时的直观体验方面讲，戏曲表演在表演者与观众交互的同时，其戏曲作品作为一种能被观众主观解读的符号存在，其主观意指也因观众的主观解读而存在。

正是由于多种戏曲元素在作为可视化的符号媒介的同时，通过演绎或文物展陈传达其意指，并且可以唤起观众对这些戏曲元素进行主观解读的符号特性，我们可以将戏曲符号元素中的主观意指的体论大致分为认识层面、感知层面、风格层面，再通过观众对戏曲元素所进行的主观解读整合到一起。

（一）主观意指体论在观众认知层面的表现

文物中戏曲元素的可视化研究中，其认知层面主要来自于戏曲作品所衍生出的器物其自身形象的符号性表达。通过符号媒介展现其自身魅力的同时对观众所传达出的自身特色和主题。比如在四川绵竹地区所保留的清代茶具中，其表面雕刻装饰常伴有戏曲元素，在日常所用的茶具中融入戏曲人物动态、场景等元素，这不仅展现出当时人们的审美，更是体现出当时人们在生活娱乐上的大致风貌，并且唤起欣赏者对于当时人们生活状态的联想。通俗来讲，文物中的戏曲元素符号就好比文学著作中的文字符号，正是由于不同人之间认识的个体差异，以及人与人之间的思维方式不同，使得我们对于文物中各种戏曲元素的解读带有强烈的主观构思，进而影响我们形成了不同的主观认识。

在戏曲元素中，这种情况非常的多见，就比如川剧在乾隆时期逐渐形成由五种声腔组成，即昆腔、高腔、胡琴、弹戏、灯调的演出风格；而京剧的唱腔通过不断融合之后却多为板式变化体，声腔主要是以二黄、西皮为主，不同的声腔在表演时结合不同剧目、服饰、砌末等符号元素，传递给观众以不同的戏曲认识信息，并且使得观众主观上形成对于不同戏曲的认识系统。由此可见，表演者在构建出不同戏曲特色的同时，也使得观众对不同戏曲有着不同认识，这还是仅仅源自于对观众视听刺激的主观表演。如果从文物中的戏曲元素出发，这些来源于可视化戏曲符号的认识在对于戏曲理解的丰富上表现得更加活跃，在端详文物之时对于其背后文化的揣摩更为丰富，最终汇聚成欣赏者对于不同戏曲符号的识别。通过这种认识所产生的影响既是来自于文物中戏曲元素的本身，通过可视化的符号传达其主题特色，又是来自于欣赏者在接收符号信息之后在自身头脑中形成的一套基于该戏曲形象的主观符号认知体系。即该戏曲元素所传达的信息在被观众吸取之后在观众脑海中所形成的主观印象，以及对服饰、场景、曲目、声腔、表演手法等各种戏曲元素的认识和体会。

（二）主观意指体论在观众感知层面的表现

文物中的戏曲元素的展现最终还是要服务于观赏者，所以，其观者感受是戏曲元素符号在传达中所需解决的重大问题。感知层面是戏曲元素中的主观意指的另一个重要部分，它形成于戏曲符号的传达之中，一方面，它体现出了文物中戏曲元素对于视觉感官的直观冲击，从而唤起欣赏者的共鸣；另一方面，它还体现出相应的戏曲符号元素对观者心灵或精神上的长久影响，欣赏者在端详文物之后受到文物中戏曲元素的影响，对所感之物进行联系或明或暗的推动，正如绵阳绵竹地区清代家具的装饰雕刻上有一位酷似关公形象的戏曲人物，其头戴帽盔，留有长须，骑着战马，手持大长刀，头部中箭，身后还有另一位人物在对其进行追逐，这使观众很容易就联想到黄忠为报关羽不杀之恩两次拉了空弦并故意射中关羽盔缨的典故，即使不知其典故仅凭雕刻上人物穿着和武器也容易联想到关公的形象，或是战场上武将相互追杀的场景。正是在看到文物中所展现的戏曲形象之后，欣赏者便自行在头脑中浮现出与戏曲元素相关的画面，即体现出了文物中的戏曲元素在对观赏者进行感官刺激，使得观赏者在接收表意符号之后在心里做出的自我转化，进而在每个人心中形成各异的审美体验和感受。这两个方面共同组成了观众对于戏曲符号的主观意指体论中的感知层面。

当观众接触到文物时，他们不可避免地会产生一些主观情感。这些情感的形成一部分来源于文物戏曲元素的符号系统，它们既体现了文物的实际用途，也体现了文化内涵对观众心理和精神的影响。通过一些相关的戏曲符号元素的刺激，人们的主观情感会产生各种不同的审美表现。经过人们对戏曲元素的深刻理解，这种审美表达被转化为一种独特的文化符号，从而形成一个更加统一的、更加和谐的审美体验。文物中戏曲符号系统的主观意指在情感结构方面表达的另一部分则来源于其文物中所携带的具有戏曲意义的元素符号和这些符号所属系统的直接意调。文物创作中，表面装饰是最有意义的图像符号，它们能够展现出文物的特色和主题。通过对这些装饰的意义表达，可以给欣赏者带来心理和情感上的刺激，使它们与文物融为一体，并传递信息，从而引起对该文物的有效反应。如文物中人物服饰、动态、所持器物等，即使人物面部细节刻画不够细致，又或是没有相应丰富的文字解释，欣赏者也能从画面中抽取一些具有代表性的部分带入到已有的戏曲系统中进行分析，从而体会到这些文物中所携带的戏曲元素之意。

正是在主观意指体论的感知层面中，通过带有情感的主观感知，使得欣赏者"心中生意"，其意义结构最初是建立在戏曲符号系统的客观题材的表征之上，通过人与文物的相互交流，形成对于欣赏者有意义的文物所涵盖元素的表意形式的主观认识结构。它既受作为欣赏客体的文物的情感结构的影响，但更主要的是其本身构成了文物中所携带元素的意义生发机制，正是有不同之意相交融，才从根本上充实了文物的表意结构，使得文物拥有源源不断的意义之流。在文物元素与自然生活、人物社会的对话中，意义之流源源不断地涌入，就形成了这种人文、社会、宗教不断融合的意义结构。

（三）主观意指体论在文物风格层面的表现

研究文物元素的符号秩序和结构时，主观意指在风格层面的表现可以从文物中所蕴含的戏曲元素的构建和构成中得到体现。风格是一种客观存在，一方面，它能够表达出主观意指，并引起欣赏者的主观感受，它的内在表现形式是文物元素本身所具有的有意义的秩序，这种秩序不仅反映出文物所处的时代精神和特征，而且还能够为文物的研究提供重要的参考；另一方面，它揭示了文物背后对生活的深刻思考和独特见解。戏曲是中国传统的娱乐表演形式，从皇室到平民，它既真实地展现了中国的民族文化，也体现出不同时期的戏曲元素与生活的交融，此外，它也激发了人们对文物中戏曲内容的深刻思考。通过将戏曲元素融入到文物中，可以充分体现出我国的传统文化，并且这种融合可以使各种文物的戏曲性符号更加稳固，从而使其呈现出独一无二的风格。

在构成文物系统中戏曲元素的主观意指的这三个层面是决定一件文物能否与欣赏者进行互动并且获得欣赏者肯定的决定性因素，因此，作为文物的数字化保护者，就应该从社会、文化、哲学等各个方面入手，将主客观因素加以考虑，来对文物的主题、元素和风格的表达进行全面的把控，以此构建出文物中戏曲符号元素系统"客观题材"和"主观意指"有效整合的符号系统，而不仅仅是为了还原文物表面而还原。

第五节　象征的表达

一、戏曲文物符号意义的表达与结构

符号因其语境和语义的不同而具有多重特征，从中体现出符号具有多义性和模糊性。符号的这些特征使得解读符号的过程变得逐渐复杂化，也使得符号的意义在各种语境下的解读有了各种不确定性。许多学者尝试去寻找符号的不同定义，这体现出符号的阐释人与符号创造者之间存在的多重关系。文物中戏曲元素的意义性结构是以其艺术性结构拓展为基础的。

在整件文物及其戏曲元素的符号结构中有一种整体联系，这种整体联系之上形成的意义是系统性的，系统的意义组合成了存在于符号内部结构中的特殊规律，这种特殊规律确保文物戏曲元素的表达依附在某种相沿成习的观念上，比如就戏曲色彩元素来说，红色普遍代指忠诚、勇敢、侠义等，白色代指阴险、奸诈、狡猾等，黄色代指勇猛、无畏、暴躁等人物特征。红色的意义性象征建构存在于普遍受众从正面英雄角色身上解读的正义、无畏等指向中，在一种潜移默化的环境暗示中形成红色的色彩元素印象性指代意义。

除了文物中的戏曲元素，图像也具有一种独特的象征意义，它们能够将人与物、人与自身的关系联系起来，从而形成一种沟通和联系。这种沟通和联系使得戏曲符号成为一种深刻的象征，它们的内在核心深藏于图像之下，通过探索，我们可以在不同的文化语境中，建立一种人与物、人与自身之间的对话。

二、戏曲文物符号象征

（一）戏曲文物符号的视觉传达

戏曲文物不仅仅局限于其本身，而且还包括其他更深层次的内涵，这些内涵超出了人们的常规认知。通过对戏曲文物的深入研究，可以将它们的意义从历史的洪流中提炼出来，并将其图像和符号的含义从宏观的视角中抽象出来，从而使它们能够更好地反映人们对生活的真切体验。受众解读戏曲文物图像时，时常会自动跳出文物艺术品原生结构的约束范畴，主动与文物结构之外的世界进行各种联系，结合自身的主观独特感受，探索文物戏曲元素艺术语言中更加深刻的内涵，加入自我情感和主观意念，从而形成一个全新的多方面感知体验构成。

在戏曲文物新的感知体验构成中，体现出受众所期待的理想图式结构。文物戏曲表现符号本身的含义，同时也将受众所想得到的"独特性"图像语言作为一种标志，体现在文物艺术品符号构成内部的联系之中。这种联系使得文物戏曲元素图像符号的扩展式延伸与受众个体的主观世界进行交流，形成一种良性互动交流式的符号交流体验。

（二）戏曲文物符号意义传达

戏曲文物的意义性结构是作为文物本身存在的基础性构建，而物质性结构的建构之功能性构成，是在物质实用性与视觉审美性的层面上将设计与观众结合到了一起。

文物设计本身渗透进文化底蕴层次的条件，使得戏曲文物的象征性意义结构成立。抛开最表面阶层视觉第一感官带来的直接生理反应，从人的直接反映到文物戏曲元素图像符号中形式与内在之互相联系，在文物文化范围的一定限制下，戏曲文物内在深层含义附上了人的主观意向性，这种附加意向性指的是：在某种水到渠成的观念中，戏曲文物的受众能够从戏曲文物的图像表征中寻求到自身的意向性感官体验，这也是人在文物审美过程中的意向性反应。

意向性反应来自两方面，第一方面是每个人的成长、价值观、审美观的不同带来的主观性意向的不同，从而最终对文物戏曲元素表征图像符号的反应不同；第二方面是文物本身及其文物所处的环境，每种文物戏曲自身的符号表征特点不同，给受众带来的感官不同。

文物所处的环境也包括两个方面，即文物诞生的时代文化环境和文物当下所处的文化和物理环境。时代文化环境指文物所处时代文化综合背景下，文物自身与时代文化的互相联系和符号表征特点，包括时空特点、文化意向性倾向、符号象征等构成因素。而文物当下所处的文化环境主要指受众所处的时代文化背景，受众在当下文化潮流的潜移默化下，对于文物戏曲元素解读过程的活动，总会不自觉地带有一部分时代本身的束缚，并主动寻找与所处时代文化相关的联系；文物当下所处的物理环境指文物所处的客观物理环境，例如文化馆、博物馆等地点，对受众潜在的心理暗示，影响着人在象征性意义结构层面的思维定位。

三、符号与早期文字的象征之意

人永远不会设想出戏曲文物符号最终的"指向"所在，因为对于符号，人永远面临着无限的、隐隐约约的、充满喻示的循环。在这里，"能指"常常在戏曲文物符号原型消逝后继续或者本身发展变化为"指向"。文物与其中戏曲元素的部分结构形式，是在这"能指"与"指向"之间的相互转换变化与延续传递过程中衍生出了种种符号的结构。在文物符号学的角度看来，戏曲文物图像符号结构的生成和文学语言文本的衍生存在着令人惊讶的相似之处。

文字是记录人类感情与思想发展的图像形式语言。在文字初始的原始社会时期，人类祖先创造各种象形符号作为文字记录与交流的功能，使用过程中逐渐有了构造、安排，并用于描述记录下他们的日常狩猎与神明崇拜等活动。将这些文字、图画与象征性装饰标识以某种形式安排组合，因此，具备了图像符号表征的内容。文字语言与戏曲文物符号是从现实中抽象出来的一体化符号表达。在早期，文字是偏向于图画形的符号表达，而文物戏曲元素图像符号更是高度抽象的符号表意。

四、文物符号象征的表意探究

(一) 戏曲文物符号象征表意

中国有悠长的历史发展史，在这个从古至今不断发展的文化发展进程里，先祖为后辈保留了资源丰富的戏曲文物图形图像符号遗产。这些戏曲文物图像符号成为了现今各种领域学者探索挖掘几千年前文化的宝贵资源，在当代图形符号设计的发展中，戏曲文物图像符号之传统文化价值的彰显变得更加重要与关键，尤其是中国现当代的图形图像符号设计受到西方设计潮流的影响发生了巨大变化。

关于用新符号延续传统戏曲文物元素内涵的理念，可以从古人观点窥之一二。古代绘画理论家谢赫曾在自己的著名艺术理论中提出"六法论"的观点，强调"神似"是艺术创作的最高境界。要取得传统文物图像符号之"神"，并非盲目地有样学样或是描摹照搬，而是需要对传统文物戏曲元素图像符号进行结构与重构，总的来说，这是一个戏曲文物图像符号系统再创造的过程。将传统文物图像符号提炼成现代平面设计图式，既能表达出设计图像符号的主题含义，又能表达出图像符号的传统文化内涵和民族标识。

为了延续戏曲文物符号的内涵，在新生成的图像符号中继承戏曲文物的文化含义，同时在传统文化底蕴中衍生出新的图像符号标识。戏曲文物符号的图形样式体现的是中国人几千年沉淀下来的视觉习惯，而文物符号传达的文化意念则是象征了中国人的精神传统。

在几千年前，图像符号就被古人赋予了丰富的含义和表征观念。在戏曲文物图像符号中，可以挖掘出古人的天人观念、等级意识、精神寄托等各种表意丰富的思想表征。在古代的发展中，各种图式、造型、符号标识通过不同的客观载体保存并流传于世，后人将这些图式整理归纳为了图像符号。很多文物图像符号的寓意其实都来自于民间日常生活的归纳集合，所以，在几千年后的今天依然能够引起受众的广泛共鸣，正是代表了人对美好生活的向往。

（二）戏曲文物符号象征的当代表意探究

1. 当代戏曲文物符号象征表达定位

从现代图像符号的设计思维来看，色彩搭配、构图比例、线面关系等图像构成要素似乎对视觉感知影响尤其大，然而，从文物及其中戏曲元素的整体图像符号语言来看，图像构成元素的选择并不是符号象征性表达的关键要素，最关键的是戏曲文物符号涉及传统文化与民族语言中语法运用的构成法则。

戏曲文物元素图像符号的表达运用不只是传统文化的传达。解读戏曲文物元素符号图像语言时，若仅仅只是从传统观点入手，那便会陷入教条主义形式法则的旋涡之中，这是一种典型的僵硬思维模式。探索戏曲文物元素图像符号的传统意味，需要跳出传统去探寻文物图像符号意味的关键，这是符号研究的关键态度。符号在不同的环境中会发生各种语义解读的变化，如果在研究符号的过程中故步自封地坚持使用一种研究方法去探究，将会越走越偏，最终远离符号探究的真正要义。

在戏曲文物元素图像符号探究的过程中，追溯到某个历史时期去探讨当时的技术手段和信息资源成就的形式感表达并非主要的，真正关键的是戏曲文物元素符号本身映射的文化内涵及其民族立场。而形式上的图像设计，只是文物戏曲元素图像符号传情达意的形式工具，不能作为符号的关键发挥作用。

现当代图像设计中可以明确地看到以戏曲文物元素图像符号为标本的设计范式，从这个角度能够看到文物及其戏曲元素图像符号映射在现当代设计图像符号中的文化价值。其中最重要的是看到戏曲文物元素图像符号如何在与现代图像符号设计的交流中发展衍生，通过新的图像符号形式发展传统文化和民族信念之深层内涵。

2.当代文物戏曲元素符号象征内在表达

当代的图像标志设计注重延续传统文化内涵，如 2008 年北京奥运会、中国银行设计标志这两个知名标志图像符号设计，其本质就是符号自身表征中传达出的传统意向与文化意趣。中国银行的标志图像简洁明了：一个圆形中包含一个镂空方形，中间上下连接两条线，在视觉上鲜明大方。该标志图像其中的符号元素将汉字"中"与古代文物钱币相结合，高度简化地表达出了中国银行的文化象征倾向。标志整体造型特征形似一枚古代铜币，古铜币是古代的一种货币流通工具，与今天银行货币组织供应职能相同，一语双关地传达出了该标志图像符号的文化语义。

在视觉辨识性的基础上实现人对符号图像的认知性，符号标志的设计者以这样匠心独运的方式将古代钱币文物上的戏曲元素图像符号标识与现代银行标志的符号语言进行巧妙联结，是对古代文物上的戏曲元素图像符号与现代社会功能表达需求两种符号表征意象的一次成功重构。中国的符号图像表征缺少涉及传统文化内涵的古代文物戏曲元素符号表征思想和民族信仰方面的创作底蕴。尤其是现当代图像符号设计，过于急躁，脱离民族信念和文化传统，过于强调西方极致化形式和观念技术的前卫性，反而脱离了中国几千年文化沉淀孕育的土壤。文物戏曲元素图像符号就是传统文化和民族信念的图像符号凝结标志，从中体现出了中国祖先们特有的情感情怀和审美观念。

从图像符号设计角度来看，符号设计的关键在于能够真正在符号图像创作的过程中将传统文化和民族语言同当下设计需求表述相结合来进行符号表征，从而传达现代语义。使受众通过视觉感官，接收到符号图像中表达的民族信仰和传统文化意象，从而形成图像标志符号的认同感，其中具有民族文化传统底蕴的文物图像意象是最关键的。脱离了几千年来孕育传统文化的土壤，一切的符号图像发展衍生都是无根之木。

第六节　文物戏曲元素符号表征的解构与重组

一、文物戏曲元素解构与重组的要义

在探究文物戏曲元素时，要使用文物戏曲元素符号表征的语法原则去构建图像符号，需要从文化自身高度去搭建新的符号结构，并非一味盲目照抄某一具体古代文物的客观形体。例如，修建一栋建筑，并非只要加上唐代四角攒尖样式的屋顶就是对民族传统文物戏曲元素图像符号的新表达。中国的符号图像设计者运用民族性的语法创作需要达到中国传统文化的高度，或者说是这片文化土壤应有的高度。在视觉感官的传达中，如何从符号图像的角度表现中国民族文化内涵和特有风貌，文物戏曲元素图像符号传统语义给了我们重要的启发和示范，是我们中国民族图像符号设计精神和结构的源泉。

构建新图像符号时，需要注意的是解构与重组是文物符号发展延续的语法结构方法，尤其是现代文物符号图像设计。通过对文物戏曲元素图像符号的各种构成要素分散重组而构成新的文物戏曲元素符号图式，经文物戏曲元素之基本图形解构重组而得的新图像符号，象征含义深厚，图像符号本身形

态优美，这是解构重组的意义所在。

二、文物戏曲元素解构与重组的逻辑

文物戏曲元素图像符号及其戏曲元素的解构重组不是一味地否定传统文化的图式语言，正如解读符号的过程充满了不确定性，文物图像符号在分解与重组的过程中也有许多未知的变化，对于理念的改变是肯定的。解构不只是对于文物图像符号本身而言，还有对过去传统文化的思考和演变。重组与解构是并存的，解构过程也发生细致微妙的重新组构，同时这些细微的变化也会影响符号表征最后的整体语义。

在一个文物图像符号的构建过程中，要通过解构与重组形成新的符号语义系统，意味着设计者需要能动地去分解一部分符号元素的结构。这一过程中，分解文物符号元素结构是对符号系统内的各个符号元素进行分解排列，然后重新组合，以文物图像符号完整系统为前提，展开符号系统的再重构。文物符号形式不同，解构符号结构的内在含义和内容也有具体区别。站在文物符号整体含义的宏观层面，对于具体图像符号元素的分解再组合是为了再构最优的文物图像符号系统，使得符号最终的形态与表意得到尽善尽美的呈现。让受众在接收图像符号时，能够从图像符号直接联想到表意的主题，也能将视觉图像转换为丰沛的符号文化含义表征。解构与重组不是一味盲目地去符号整体系统中找到细小的结构去消化分解再组合，而是通过找到文物符号系统中局部的具体生动意义，用重新排列组合的方式组成新的符号编码，整个符号系统由各个有意义的部分组成一个完整的符号意义集合体。

第七节　数字化文物保护手段作为
文化传播新方式的开启

随着技术手段的发展与数字化时代的到来，戏曲文物保护与文化传播皆展现出令人期待的生机与可能性。数字化文物保护手段逐渐广泛地出现在各线上平台、无实物数字展和博物馆中，并已形成一系列具有多重表现形式和强大影响力的文化传播方式。如今的数字化戏曲文物保护在采用不同的技术措施对戏曲文物进行数字化扫描、数字化修复和信息可视化的同时，也会根据时代需求，利用互联网展示、移动应用展示、现场数字体验展示等各种平台，通过多维展示、交互体验、沉浸式体验等方式实现对文物的保护与传播。在进行数字化保护时不仅关注戏曲文物本身的外延与内涵，更考虑到人们与时代对戏曲文物文化的审美需求，和数字化手段发展进程对人们带来的影响。

各种数字化手段使人们可以更加直观、有趣、深刻地了解戏曲文物本身及其文化内涵，并兼具艺术性、沉浸感和互动体验。近年来，艺术界和文物界等日益重视数字化为戏曲文物保护和戏曲艺术文化传播创造的重要价值，并纷纷策划和创造出绚烂多样的戏曲数字体验展。数字化文物保护手段正在催生出一系列颇具创新性和表现力的新式文化传播方式和艺术创造形式，其最突出的价值在于给观众长期以来形成的固化的感知框架带来突破，以一种冲击力向传统的文物观看模式和文化感知机制提出挑战，同时成为一个契机，为文化传播方式带来了面向艺术、身体和对象多重方向转变的开启。

一、面向艺术的开启

（一）艺术形式的表达

戏曲文物不仅是珍贵的文化瑰宝，其本身也是精美绝伦的艺术因素和符号。谈及戏曲与数字化保护手段的结合，人们有时会质疑其为戏曲文化带来的大众化、娱乐性和低成本化，是否会对艺术性带来影响。但实际上，运用恰当的数字化手段其实更能为戏曲文物文化带来崭新的生动化、生命感和艺术性。这种数字化手段中蕴含的艺术性同时影响着艺术创作者和艺术观看者的信息交互，不仅改变着文物本身的艺术表现形式，也改变着人们对文物展示的艺术感知和欣赏方式。

（二）艺术传播的技术媒介

随着艺术的多元化发展，数字技术在其中的重要性逐渐显露，包括戏曲文物中的文字、绘画、雕刻、建筑等艺术形式的数字化修复和保护，戏曲元素的数字化创新展示，戏曲文化的传播等，技术从戏曲艺术文化的产出、延续、发展、传播等各种方面提供支持和改变，展现出两者越发紧密的联系和相辅相成的关系。

面向戏曲艺术文化的数字化技术主要分为两个导向，其一为将重点置于保护与传承的戏曲文物数字化修复还原与再现，在技术手段上多使用戏台、戏曲等的高精度拍摄、三维立体扫描和建模等；其二为以戏曲文物艺术效果和文化传播为侧重的数字化体验与展示，技术上多使用虚拟现实、增强现实、混合现实等，偏向情境的沉浸式参与和互动。首先，若无行之有效的保护与传承方法，这些历史悠久的艺术文化将极易沦为无根之水，数字化修复与保护显然是密切联系戏曲艺术文化的技术手段中最为迫切的一种。迈克尔·拉什（Michael Rush）在《新媒体艺术》一书中，认为艺术和技术联姻之后诞生的新技术也许就是一切艺术之中最流行的艺术——时间艺术①。它可以看作是消除了通常被划分成过去、现在和将来的时间界限，以此完成戏曲艺术和文物突破时间的固化和保存。以已有并已付诸实施的数字化保护手段为例，建设专题数据库、数字图书馆等，为艺术文化的全方位系统化留存提供了平台和标准，并以高效、便捷的检索工具和开放的网络，使之宛如一个永久又巨大的艺术文化宝库，为这些艺术宝藏的保护与接续研究提供了强力的支撑。数字化手段也可以在不伤害原物的前提下，解决戏曲文物的损坏和变形问题，优化复杂的戏曲文物修复过程，减少人工成本并提高保护效

---

① ［美］迈克尔·拉什：《新媒体艺术》，俞青译，上海人民美术出版社 2015 年版。

率。而建设开放的数字博物馆和电子化展览，则是对艺术文化数字化的夯实。作为艺术展示和文化传播的重要阵地，数字化技术将原本散落各地的博物馆和美术馆之间的壁垒打破，不仅利于组建资源共享、全民共赏的展览效果，更协助了艺术文化的传播。马歇尔·麦克卢汉曾在《理解媒介——论人的延伸》中预想，电力媒介使人们的生活彼此纠缠，造成了极端的拥挤，所以它允许任何地方成为中心，并不再需要人群的大规模集中①。因此，互联网与数字化手段引发的"去中心化"效应，也使戏曲艺术文化的传播方式发生了改变。

（三）从"文物"到"作品"

对于数字化手段面向艺术层面开启的相关论述，仅止于文物的保护和展示还远远不够，数字化手段的潜力与作用并不止于此。戏曲文物自身具备的艺术性，因为数字化修复、再现，得以立体、具象地进行展示和传播，同时也可以因为数字技术而进一步丰富和深化其符号表征，突破和重构其符号意指，进行数字化创新、活态化展演和再设计，呈现出远超文物本身、突破传统的艺术性。这所达成的效果即是让静置的"文物"通过恰当的设计，成为一个鲜活的艺术"作品"，在不耗损原物的基础上，增加戏曲元素的使用率，从而使原本过于民间化的戏曲文物更加融入当代生活，符合雅俗共赏的当代审美。

这里使用"作品"二字，是因其本身便蕴含了复杂且综合化的艺术性和展示、传播功能。戏曲文物本身是有机融合历史、考古、表演、美术等多学科的艺术形式，因此，要对其进行艺术上的体现，仅仅只是修复完成、附上文字说明摆放在博物馆的一角，便略显乏味与单调。而若要寻找一个能够串联起其历史源流、物质遗存、叙事情境、艺术传承这些视角，将戏曲文物的

---

① [加] 马歇尔·麦克卢汉：《理解媒介——论人的延伸》，何道宽译，商务印书馆2000年版，第87页。

内涵意义真正呈现出来的线索，或许只有数字技术是最好的选择。以国家大剧院对涵盖表演艺术、视觉艺术、文化遗产三种展览类型的戏曲主题展览的策划为例，其已在视觉艺术部分中注重挖掘和传达当代艺术家对戏曲文化在新媒体艺术等新式技术上的全新解读和个性化表达，且经过统计，占比高达33.9%[1]。足以证明人们已越发充分地发现和重视数字技术对于戏曲文物展示的优化。在数字化保护手段的激发下，展柜中安静沉睡的文物、冰冷的面具和戏服、陈旧损坏的戏曲道具等，都得以重新活跃于舞台，将凝结在文物深处的匠心、艺术情怀、美学精神等无形之物，化作"有形"的艺术作品被观众感知和欣赏，最终实现戏曲文化的保护和传承。

（四）对传统艺术形式的突破

在使用数字化手段将戏曲文物化为"作品"的过程中，急需探讨的是当代数字技术对传统文物中蕴含的色彩、构图等艺术表达习惯的突破，这也是形成"新的"戏曲艺术的契机。在以砖雕石刻、木刻建筑构件、戏俑等雕塑形式为主的传统戏曲文物中，戏曲艺术元素多集中在墓葬、建筑装饰和家居摆件等，这也就形成了一些特定的戏曲艺术创作习惯。其中木雕石刻往往难以上色且磨损较大，人物与叙事情境大多浓缩在平面，非研究专家难以辨识。民间工艺品尚有"绘塑结合"的表现形式，在色彩和外形上较具优势，如色彩浓重的无锡泥人中的清代戏曲泥塑、天津"泥人张"清末戏曲彩塑等，将戏曲与民俗进行结合，成为戏曲文化深入生活的体现，但其大多限制在摆放桌面、手中把玩的范畴，缺少变化和设计创意。在此境况下，技术的碰撞成为一道斩开限制的利刃，让原本平面化的构图经过计算处理，呈现为三维立体、视角多变的艺术情景；让原本较为单调的色彩获得丰富和变化；让原本静止的雕塑出现动态、声音，同时记录和展现内部和外部特征，甚至可以

---

① 张晓杰：《戏曲·展览·舞台——国家大剧院戏曲主题展览概述与策展实践解析》，《北京文博文丛》2020年第3期，第97—106页。

互动等等。传统的表现形式经过数字技术的结合与激活，会发展出种种挑战原本设计惯性的艺术理念，只有适当的变化才能在保护、传承的基础上，继续发展和弘扬传统戏曲艺术文化。

二、面向身体的开启

无论是对于创作者还是观众，人们对于戏曲文化的感知，必然首先建立在身体及其感官的基础之上，这也就成为选择数字化保护手段的又一强势理由，也成为数字技术对戏曲文物进行保护的重要发展方向。一旦创作者双眼仅停留在手中活计或工作室的狭小范围，观众的身体凝固在戏曲文物的远处，具体的感知与想象无法接续，戏曲文物将逐渐只剩下风化和流逝过后没有生机与具身性的文字描述或影像记录。因此，数字化手段从面向身体的角度进行新的开启，为戏曲文化的感知层面带来突破和发展。

（一）对传统观看模式的突破

长期以来的传统文物展陈方式，令人们对文物的保护与观看形成一系列较为机械、模式化和同类化的感知机制。而数字化手段能够调动视觉、听觉等多重感官及其联觉效果，带来受众与文物的信息交融，从而激发出全新的观看模式。法国艺术史家福西永在《形式的生命》一书中也表示，身体的感觉是人们与世界间审美和创造的中介，眼睛从世界上飘过，而手才能真正触摸这个世界。新鲜的感官触发能够激发澎湃的创作热情和感知效果，让戏曲文物的保护与文化传播成为更加富有激情和活力的审美和创造过程。

对于多感官联觉的调用，在感知效果上会达成一种"沉浸"的审美体验。2021 年末，以数字构建为主体的"元宇宙"（metaverse）概念成为各界共同关注和讨论的热点，其内在特征即为"沉浸"。近年来戏曲文化产业蓬勃发展的过程中，对于具有沉浸感的多感官联觉空间造境体验作品不断涌现。其中对戏曲文化的感知效果和身体的主体性体现皆展露无遗。如在 2015 年国家大剧院的"明珠幽兰"昆曲主题艺术展，在展厅中搭建了戏台、上下场门、楹联等戏曲元素的小型造景，展厅中阵阵兰花香气刺激着观众的嗅觉，再以 3D 影像技术展示沉浸式戏曲演出，环绕的音响效果与生动的画面相结合，昆曲艺术之美在虚实结合的身体多感官体验中得到全方位的感知，带来远超传统文物观看方式的艺术体验。

（二）身体互动的功能延伸

在激发感官的基础之上，感官的互动更为戏曲文物的文化展现和传播带来了全新的解读和双向的诠释，解放观者的同时也解放了文物自身。身体互动的解放突破了文物因其易受损伤的属性不可被触碰的限制，让观众与戏曲文物共同成为一个作品，既成为文物展示环境的创造者，也成为戏曲文物叙事情节的参与者，更成为文物信息的反馈者，极大程度上增加了参与性和可观性。而这种身体的互动，如果说原先只能通过需要较大场地、互动感官较为单一且效率不高的装置实现，现在则可以使用数字化手段进行互动的功能延伸。如在某一戏曲文化数字体验展中，设计了京剧脸谱的多媒体交互装置，在识别观众位置、脸型、五官的基础上，将京剧脸谱贴合面部的绘制投影在观众身上，观众在这种互动的参与中，具身性地体验到脸谱在自己面部上绘制的过程，从而引发更大程度上的震撼与思考。

在传统的展览叙事机制和观看模式中，受众皆处于一个较为被动的地位，而在当下时代语境，人们往往更倾向于结合自己意愿和主动性的观看方式，数字化手段带来的互动便实现了这种主动化的观感。身体的互动以强化对戏曲文物的感知、记忆、体验的方式，不仅增强了对戏曲文物的主动感知，也在刺激人们对戏曲文物的主动保护。

三、面向对象的开启

如果说面向身体的开启主要针对戏曲文物和文化的感知与理解，面向对象的开启则针对戏曲文化的传播。对于戏曲文物更深层次的展示，不仅应让文物"触碰"到观众，更应寻找到文物与时代、与受众、与地域之间的关系，从而让戏曲文物与观众真正发生交集，产生更深的记忆与自发的传播。

（一）面向加速时代的受众审美体验

随着时代的发展，人类已经改变了传统的文字、图片和视频方式，他们开始更加自由地选择和理解那些受到广泛喜爱的艺术和文化。《文心雕龙·物色》中已有人与世界、环境间互相影响的相关论述：春秋代序，阴阳惨舒，物色之动，心亦摇焉。盖阳气萌而玄驹步，阴律凝而丹鸟羞，微虫犹或入感，四时之动物深矣①。人面对不同的环境会随之发生心境的变化，由此影响对文化和艺术氛围的深度感知。数字化的文物保护活动不应是闭门造车，而应是与时代、受众和设计者紧密结合，互相交流和感知的过程。同时，戏曲文化的传播本身也应关照不同层次和时代受众需求、注重观众审美反馈。我们所处的加速时代，对艺术与文化的创新性和冲击感提出了要求，同时网络技术的发展也让戏曲文物的受众层面变得复杂和多元。在此背景下，数字化技术所具备的生动、直观与灵活特性便呈现出明显的价值和意义，其以丰富的表现形式，能够兼顾不同需求，进行差异化的戏曲文物保护与传播设计。

将受众群体根据对生活的理解、审美心理的不同大致分为传统与新生代两类，传统受众多年龄较大，对于戏曲文物原本的古朴、禅意等神韵感的形式特征方面多有较高要求，在数字化保护与展示上应注重传统戏曲文物的高雅质感与意境体现，而在互动的复杂程度方面则应有所收敛。而对于崇尚文化娱乐和个性化体验的新生代受众，则应满足其新的诉求，侧重综合光影技

---

① 刘勰著、范文澜注：《文心雕龙注》，人民文学出版社 1958 年版。

术、裸眼 3D、全息投影等构建强刺激和符合当代审美的数字化视觉效果和沉浸感，加强互动的创新式体验，引起受众的观看兴趣。基于这种新旧互渗的展示与设计，能够让传统戏曲文化跟上新观念、新审美、新娱乐的时代节奏，任时代喧哗，永不褪色。

（二）面向未来的文化教育与科普需求

文物蕴含着古人的造物思想和历史文化，具备丰富的艺术和学术价值，对于文物的保护，本就包含文物欣赏与文物普及双重含义，戏曲文物也不例外。对于面向对象中的青少年等受教育群体，数字化手段中的信息可视化、互动与用户体验设计方面呈现出优秀的文化引导和科普效果，同时也极大地促进了对戏曲文物的保护与文化传播。当然，或许也并不止于面向青少年群体，严谨来说，应该是面对需要该方面教育与科普的所有对象群体，借此一定程度上消除艺术文化认知的落差和对于戏曲文物保护与传承的不自信，以促进戏曲文物及其文化的未来定位和突破发展。

在数字语境下，戏曲文物的数字化教育科普长期以来极获重视，数字博物馆的建设也被推向新的高度，力图发挥其数据存档、虚拟展示和宣传教育的功能。各种线上、线下文物展示设计的呈现，也为戏曲文物的科普教育带来了新的途径和前景。总体来说，戏曲文物的数字化科普信息大致可分为三类：图文类，音视频类和交互类[1]。其中图文类表达媒介传播条件较低，受众覆盖范围广，音视频类则以电视、互联网等作为传播途径，技术上要求较高但信息展现更细节全面。交互类科普则将传播信息与受众进行互动，在提供较大自由度的同时，倡导一种教育科普的人文情怀，拥有极大的发展空间，也最能呈现数字化手段的技术优势。

---

[1]　罗文伯、汤书昆:《信息化背景下的"非遗"科普模式研究》,《科技管理研究》2017年第 11 期, 第 229—233 页。

（三）面向地域的文化定位

地域是研究和传播文化的重要视角，戏曲文物具备的鲜明地域色彩，是丰富地域文化的物质依托，相当程度上体现了当地的文化精神，二者关系紧密，在保护和传播过程中缺一不可。而数字化文物保护手段根据其信息数据的丰富性，能够在文物保护和再设计过程中，击破地域壁垒和空间限制的同时，又可以精准定位地域特色，并进行针对地域文化及跨文化综合两个层面的表现。比如，以纵向时间轴为线索，展示戏曲文物在某个地域不同时期的历史故事和发展特点，叙述其"生平"和"履历"，再以横向空间为线索，综合不同地域间同类型文物的联系，构建更为整体的戏曲文物面貌。在此过程中，数字化技术不仅起到地域戏曲文物信息的综合整理作用，更能通过场景化信息表达等方式促进地域文化的展示与宣传，促使人们从地域层面了解戏曲文化，将生活与文物紧密联系，展现出强大的文化认同。

数字化文物保护手段为戏曲文化的展示与传播开启了面向艺术、身体与对象的新方向，同时文化的传播也为文物的保护与传承带来更多机遇。当今时代，技术与艺术、文化的关系越发紧密，从针对戏曲文物的修复、保护，针对受众的展示设计，到跨时间、跨地域的宣传，数字化技术皆在其中起到重要的推进与串联作用，开拓出一条不应回避的新航线。

参 考 文 献

中文文献

1. 包琳：《明清时期传统吉祥纹样在浙北地区的传承——以道家暗八仙纹为例》，《艺术生活—福州大学学报（艺术版）》2014年第5期。

2.[英] 勃罗德彭特：《符号·象征与建筑》，乐民成译，中国建筑工业出版社1991年版。

3.[美] 查尔斯·桑德斯·皮尔斯：《皮尔斯：论符号　李斯卡：皮尔斯符号学导论》，赵星植译，四川大学出版社2014年版。

4. 程瑜怀、潘健华：《图腾崇拜——中国传统戏曲服饰的符号基因》，《戏曲（中央戏曲学院学报）》2022年第4期。

5. 池海营：《传统博古画中的尚古意趣》，《淮北师范大学学报（哲学社会科学版）》2018年第1期。

6. 邓皓凡：《养蚕缫丝　素纱禅衣》，《少儿国学》2020年第15期。

7. 丁尔苏：《语言的符号性》，外语与教学出版社2000年版。

8.[德] 恩斯特·卡西尔：《人论》，甘阳译，上海译文出版社1985年版。

9. 方成军：《宋元戏曲的考古学观察》，硕士学位论文，安徽大学中国古代文学，2003年。

10.[瑞士] 费尔迪南·德·索绪尔:《普通语言学教程》,高名凯译,商务印书馆 2002 年版。

11.胡易容:《传媒符号学:后麦克卢汉的理论转向》,苏州大学出版社 2012 年版。

12.嘉绒遗民:《盘鳌万年台》,载《个人图书馆》2019 年 12 月 25 日。

13.[法] 杰克·德·弗拉姆:《马蒂斯论艺术》,欧阳英译,河南美术出版社 1987 年版。

14.景高娃:《中国传统鱼纹图案的发展及鱼的美好寓意》,《文学教育(中)》2014 年第 3 期。

15.荆世鹏:《浅析红色在中国当代艺术设计中的运用》,《文教资料》2010 年第 5 期。

16.李德君、宋魁彦:《明式椅类家具的语构学阐释》,《中国新技术新产品》2009 年第 8 期。

17.李智慧:《中国民间故事精选》,人民出版社 2008 年版。

18.刘海燕:《关羽形象与关羽崇拜的演变史论》,博士学位论文,福建师范大学中国古代文学,2002 年。

19.刘珩、施睿:《解析元青花〈萧何月下追韩信〉梅瓶》,《美术大观》2015 年第 6 期。

20.刘健、李佳欢:《家装设计中的回纹艺术》,《设计》2017 年第 11 期。

21.刘杰:《新中国雕塑类戏曲文物的发现与研究述略》,《传媒与艺术研究》2022 年第 1 期。

22.刘勰著、范文澜注:《文心雕龙注》,人民文学出版社 1958 年版。

23.卢阳光、闵庆飞、刘锋:《中国智能制造研究现状的可视化分类综述——基于 CNKI(2005—2018)的科学计量分析》,《工业工程与管理》2019 年第 4 期。

24.[美] 鲁道夫·阿恩海姆:《艺术与视知觉》,滕守尧译,中国社会科学出版社 1984 年版。

25.[美] 鲁道夫·阿恩海姆:《艺术与视知觉》,滕守尧译,四川人民出版社

1998 年版。

26.[法] 罗兰·巴特:《符号学美学》,董学文、王葵译,辽宁人民出版社 1987 年版。

27.[法] 罗兰·巴特:《符号学原理》,王东亮译,生活·读书·新知三联书店 1999 年版。

28.[法] 罗兰·巴尔特:《符号学原理》,李幼蒸译,中国人民大学出版社 2008 年版。

29.罗文伯、汤书昆:《信息化背景下的"非遗"科普模式研究》,《科技管理研究》 2017 年第 11 期。

30.吕丹丹:《清代扶手椅造型研究》,硕士学位论文,东北林业大学设计学, 2012 年。

31.《马克思恩格斯全集》(第 13 卷),人民出版社 1995 年版。

32.[德] 马克斯·本泽:《广义符号学及其在设计中的应用》,徐恒醇编译,中 国社会科学出版社 1992 年版。

33.[加] 马歇尔·麦克卢汉:《理解媒介——论人的延伸》,何道宽译,商务印 书馆 2000 年版。

34.[美] 迈克尔·拉什:《新媒体艺术》,俞青译,上海人民美术出版社 2015 年版。

35.眉山市党史和地方志编辑中心:《盘鳌古戏台》,载《四川省情网》2021 年 7 月 26 日。

36.倪彩霞:《戏剧起源于宗教仪式理论的再探讨》,《文化遗产》2019 年第 3 期。

37.牛天伟、牛一帆:《汉晋时期的"鸡首、牛首人身"神像新解》,《华中国学》 2018 年第 2 期。

38.彭志文:《明代笺纸中的博古纹饰》,《艺海》2014 年第 7 期。

39.任莹辉:《浅谈紫砂雕塑作品"天机"的工艺特色和文化内涵》,《江苏陶瓷》 2019 年第 2 期。

40.[美] R.L.格列高里:《视觉心理学》,彭聘龄译,北京师范大学出版社 1986

年版。

41.宋志岭:《基于图像学视野下的元青花人物故事纹饰研究——以〈萧何月下追韩信〉梅瓶为例》,《陶瓷研究》2018年第3期。

42.瑞霖:《砚上的麒麟纹》,《东方收藏》2019年第3期。

43.[美]苏珊·朗格:《艺术问题》,滕守尧、朱疆源译,中国社会科学出版社1983年版。

44.唐家路:《民间艺术的文化生态研究》,《山东社会科学》2005年第11期。

45.王国维:《王国维文学论著三种》,商务印书馆2010年版。

46.王洪军:《竹林七贤的耦合及其文学价值》,《哈尔滨工业大学学报(社会科学版)》2022年第3期。

47.王慧敏、朱天阳:《浅析元青花瓷器中的麒麟文化》,《美与时代(上)》2020年第1期。

48.王娅:《商周青铜器顾首夔龙纹初步研究》,硕士学位论文,陕西师范大学文物与博物馆,2020年。

49.吴小节、谭晓霞、汪秀琼:《市场分割研究的知识结构与动态演化——基于1998—2015年CSSCI经济管理类期刊数据库的文献计量分析》,《管理评论》2018年第12期。

50.吴艺华:《戏剧中的道具魅力——日本传统戏曲"能剧"中的面具造型艺术研究》,《戏剧文学》2017年第10期。

51.肖鹏:《解读黑川纪章空间设计中的传统意味》,《大众文艺》2010年第21期。

52.肖燕:《戏曲人物造型设计中的转喻和隐喻》,《戏剧艺术》2002年第4期。

53.谢子静:《古戏台戏曲彩绘图饰艺术探析》,《新美术》2018年第1期。

54.徐恒醇:《设计符号学》,清华大学出版社2008年版。

55.徐华铛:《高墙深巷中的幽古雅韵 中国古门窗艺术赏析》,《包装世界》2005年第4期。

56.徐艺乙:《木雕作品〈八仙过海〉》,《民族艺术》2021年第4期。

57.[法]雅克·德里达:《声音与现象:胡塞尔现象学中的符号问题导论》,杜小真译，商务印书馆 1999 年版。

58.杨公侠：《视觉与视觉环境》，同济大学出版社 1985 年版。

59.杨建邺、李香莲：《歌德、西贝克和歌德的〈颜色论〉》，《自然辩证法通讯》1994 年第 4 期。

60.杨云帆：《凤纹艺术的发展与应用研究》，《美术教育研究》2021 年第 19 期。

61.姚珏：《徽州民居木雕艺术研究》，博士学位论文，东南大学艺术学理论，2020 年。

62.姚元周：《四川宣汉姚氏及宗祠》，姚氏宗亲网，2016 年 9 月 25 日。

63.俞建章、叶舒宪：《符号：语言与艺术》，上海人民出版社 1988 年版。

64.俞潇潇、王俊杰：《桃树名称中的神奇意蕴》，《甘肃林业科技》2022 年第 3 期。

65.占士红、邵校：《戏曲脸谱艺术在陶瓷装饰中的运用》，《中国陶瓷》2010 年第 12 期。

66.张九玉：《佛珠无语悟人生——佛珠的规制》，《青少年书法》2009 年第 14 期。

67.张犁、程甘霖：《京剧服装中戏曲符号的呈现及美学特征》，《西安工程大学学报》2014 年第 5 期。

68.张良林：《莫里斯符号学思想研究》，博士学位论文，南京师范大学外国语学院，2012 年。

69.张唯佳、曾智泉：《鹤纹图像的艺术性研究》，《艺术教育》2021 年第 7 期。

70.张晓杰：《戏曲·展览·舞台——国家大剧院戏曲主题展览概述与策展实践解析》，《北京文博文丛》2020 年第 3 期。

71.张艳芳：《民间图案中梅花的寓意》，《花木盆景（花卉园艺）》2009 年第 12 期。

72.赵金平：《〈西京赋〉名物研究》，硕士学位论文，贵州师范大学中国古典文献学，2018 年。

73.赵毅衡：《符号学原理与推演》，南京大学出版社 2011 年版。

74.赵之怡：《翩跹之美——中国传统蝴蝶纹文化内涵与艺术形式浅析》，《中国民族博览》2022 年第 5 期。

75.周永纲：《〈如意金蟾〉的传统吉祥元素》，《陶瓷科学与艺术》2017 年第 9 期。

76.朱天慈：《蔓蔓卷草　吐故纳新：中国卷草纹样式的流变及其成因研究》，《美术教育研究》2021年第9期。

77.朱永明：《视觉语言探析——符号化的图像形态与意义》，南京大学出版社2011年版。

英文文献

KLEINBERG J., "Bursty and Hierarchical Structure in Streams", *Data Mining and Knowledge Discovery*, 2003, 7(4).

后　记

　　我们对戏曲文物艺术研究和数字化保护始于 2012 年夏天一次对川西民居的调研。在盛夏的蝉鸣声中，我走进老院子真切触摸到木雕文物的历史纹理，感受到木雕文物沧桑容颜下的脉脉温情，心绪激动。特别是这些木雕中所呈现的戏曲元素深深地吸引了我，会想起以往田野调查中接触的石刻文物中也大量地出现了戏曲元素，因此，出于对传统文化的热爱和守护，于是我想要将这些戏曲文物的石刻与木雕文物通过数字化形式整理出来，一方面，可以作为自己的教学资源用于专业教学，另一方面，也最大限度地数字留存传统优秀艺术作品的本真。2012 年寒假，我带领研究团队在川西地区用数字化方式对文物家具开始了调研整理。之后，我们又在田野考察中不断发现、收集整理戏曲文物的数字材料，以期更为详尽地还原这一艺术范式。

　　在此首先感谢我的研究团队主要研究者刘丽娟老师以及各位参与调研、资料整理等工作的老师和研究生同学们，孙妍、周思成、张楸檠、杨丹、舒馨、甘钰萍、宋美莲、张展瑜、张森茹、康玉环、田春容、詹宇晗、袁媛、饶东杰、谢月颖、饶诗琪、刘骐铭、熊栗、阳明珠、邢硕蕾、汪雨潇、刘姝仪、胡沐坤、陈默夏雨、李芷怡、杜若瑜、黄倩、舒畅、张凯文、黄友红、陈君萍、赵雅雯、桂瑞蔚、王洁玉、邵宇婧等参与了大量的田野调查工作以及课题基础研究。我们团队的老师们将本研究中的相关资源投放到大学研究生及本科生课程教学中，在科研式教学改革实践中也证实了当初我们的教学改革设想和立足本土、锐意创新的教学思路的必要性、可行性与科学性。此外，参与研究的同学以本项目研究的相关内容，作为他们在校学习期间的独立科研尝试，参加学校创新科研课题申报，最终出色完成任务，顺利结题并获得优异成绩。

特别感谢四川大学支宇教授给予我们无私支持，从艺术符号学角度对研究中的不足之处提出了宝贵建议。

作为一个以实践与研究并重的专业教师，最初，我只是想把这些戏曲文物以还原本真的方式记录并数字化保护下来，将其作为研究对象与资料素材来源。然而在整个数字化保护过程中，和我一起走过来的老师和同学们带给了我更多的思路，他们的专业有文学、历史、民俗、美术造型、影视、数字媒体艺术等，因此，我们的研究突破了数字化保护的方向，扩展到历史学、民俗学、文学、艺术学等学科领域的梳理。最终的成果让团队成员都感受到了文化多棱镜的巨大魅力。它不仅丰富了我们对四川地区民俗艺术的认识，而且打开了我们在设计教育方面的跨学科研究视野。

本书止于此，祈请业界专家斧正！

郑　轶　刘丽娟

2023 年 11 月

写于四川师范大学

责任编辑：邵永忠

装帧设计：胡欣欣

图书在版编目（CIP）数据

戏曲文物符号学向度艺术研究与数字化保护／郑轶，刘丽娟 著 . —北京：
  人民出版社，2024.6

ISBN 978－7－01－026467－7

I.①戏… II.①郑…②刘… III.①古代戏曲－历史文物－符号学－研究－
  中国 IV.① K875.54

中国国家版本馆 CIP 数据核字（2024）第 068003 号

戏曲文物符号学向度艺术研究与数字化保护
XIQU WENWU FUHAOXUE XIANGDU YISHU YANJIU YU SHUZIHUA BAOHU

郑 轶 刘丽娟 著

人民出版社 出版发行
（100706 北京市东城区隆福寺街 99 号）

北京九州迅驰传媒文化有限公司印刷 新华书店经销

2024 年 6 月第 1 版 2024 年 6 月北京第 1 次印刷
开本：710 毫米 ×1000 毫米 1/16 印张：23.5
字数：380 千字

ISBN 978－7－01－026467－7 定价：90.00 元

邮购地址 100706 北京市东城区隆福寺街 99 号
人民东方图书销售中心 电话（010）65250042 65289539

版权所有·侵权必究
凡购买本社图书，如有印制质量问题，我社负责调换。
服务电话：(010) 65250042